Chinas Außenfinanzierungsstruktur und der Prozeß
der Systemtransformation 1979-1993

Europäische Hochschulschriften
Publications Universitaires Européennes
European University Studies

Reihe V
Volks- und Betriebswirtschaft

Série V   Series V
Sciences économiques, gestion d'entreprise
Economics and Management

Bd./Vol. 1857

PETER LANG
Frankfurt am Main · Berlin · Bern · New York · Paris · Wien

Fengjiang Li

Chinas Außenfinanzierungsstruktur und der Prozeß der Systemtransformation 1979-1993

PETER LANG
Europäischer Verlag der Wissenschaften

Die Deutsche Bibliothek - CIP-Einheitsaufnahme

Li, Fengjiang:

Chinas Außenfinanzierungsstruktur und der Prozeß der
Systemtransformation 1979 - 1993 / Fengjiang Li. - Frankfurt
am Main ; Berlin ; Bern ; New York ; Paris ; Wien : Lang, 1996
   (Europäische Hochschulschriften : Reihe 5, Volks- und
   Betriebswirtschaft ; Bd. 1857)
   ISBN 3-631-49979-5

NE: Europäische Hochschulschriften / 05

D 38
ISSN 0531-7339
ISBN 3-631-49979-5
© Peter Lang GmbH
Europäischer Verlag der Wissenschaften
Frankfurt am Main 1996
Alle Rechte vorbehalten.

Printed in Germany 1 2 3 4 5 7

Vorwort

Inwieweit kann die Art der Anwendung ausländischen Kapitals, die Außenfinanzierung, einen Beitrag zur raschen und dauerhaften Systemtransformation eines Entwicklungslandes wie China leisten? Diese Frage wurde bis hierher durch die wirtschaftswissenschaftliche Forschung nicht umfassend erörtert. Die dem geneigten Leser nun vorliegende Arbeit nimmt eine umfassende empirische Untersuchung über ausländische Investitionen in Singapur, Taiwan, Südkorea und Indien vor, vergleicht verschiedene Formen und Modelle der Außenfinanzierung sowie ihre Auswirkungen und Determinanten. Auf dieser Basis analysiert sie die Entwicklung der Außenfinanzierungsstruktur Chinas im Zeitraum 1979 - 1993. Aus ordnungspolitischer Sicht werden Erfolg und Mißerfolg der chinesischen Außenfinanzierung und die Gründe dafür untersucht. Die Untersuchung kommt zu dem Schluß, daß einerseits China ohne eine tiefgreifende Privatisierung der Eigentumsordnung, Liberalisierung der Marktordnung und eine Verbesserung des Makro-Managements des Staates keine weiteren größeren Erfolge der Außenfinanzierung, damit der gesamten Wirtschaft erzielen wird, andererseits aber die zunehmenden ausländischen Direktinvestitionen die chinesische Systemtransformation in eine Marktwirtschaft unterstützen und eine Kehrtwende im wirtschaftlichen Reformkurs verunmöglichen.

Aus Anlaß der Veröffentlichung dieser Arbeit möchte ich meinem Doktorvater Prof. Dr. Dr. h.c. Gernot Gutmann von Herzen danken. Durch seine wissenschaftliche und menschliche Unterstützung ist es mir möglich gewesen, meine Promotion zügig abzuschließen. Besonderer Dank für die stete freundliche Unterstützung gilt auch seinen wissenschaftlichen Mitarbeitern Dr. S. Hamacher, Dr. W. Klein und Dr. M. Pförtner sowie seiner Sekretärin I. Fichtner. Dem zweiten Gutachter, Prof. Dr. R. Anderegg, möchte ich ebenfalls meinen Dank aussprechen.

Viele Menschen haben mir, seit ich 1990 nach Deutschland kam, mit Unterstützung und Rat zur Seite gestanden. Ihnen allen, insbesondere D. Ebert, Prof. Dr. A. Cramer und C. Thiemann, Dr. K.-H. Klär, I. und Dr. P. Seng, K. Seng und N.

Schäfer, Y. Li und X.-H. Jiang, Prof. A.-Z. Tang, Prof. J.-Y. Wang, L. Hartmann-Schippers, D. Borger und I. Adena, O. Garrido-Medoza, W. Fiedler, Prof. Dr. C. Herrmann-Pillath, J. Wolff und Dr. M. Zhong gilt mein besonderer Dank. Meinen Eltern und Schwestern, die mein Lernen und Studieren immer gefördert haben und mir immer den Rücken stärkten, kann ich für ihre unermüdliche Unterstützung und ihr Verständnis gar nicht genug danken. Finanziert wurde mein Promotions-studium von der Begabtenförderung der Hans-Böckler-Stiftung. Für die finanzielle Starthilfe in Deutschland bin ich der Gemeinnützigen Treuhandstelle e.V. Bochum verbunden.

Schließlich, aber nicht zuletzt, gilt mein Dank meiner Frau Edna. Mit gedankli-chen Anregungen, Tatkraft und vor allem mit großartigem Verständnis, Geduld und Liebe trug sie unverzichtbar zu meiner Arbeit bei. Daher sei ihr dieses Buch gewidmet.

am Rhein, den 3.Oktober1995

Fengjiang Li

Inhaltsverzeichnis

Verzeichnis der Übersichten, Tabellen und Grafiken

Verzeichnis der Abkürzungen

ADB	Asian Development Bank
AG	Aktiengesellschaft
ASEAN	Association of Southeast Asian Nations
BIP	Bruttoinlandsprodukt
BoC	Bank of China
BSP	Bruttosozialprodukt
bzw.	beziehungsweise
CIB	China Investment Bank
CITIC	China International Trust and Investment Corporation
COCOM	Coordinating Commitee for Export Controls
E-JK	Equity-Joint-Venture
EL	Entwicklungsland
EX	Exportförderung
f.	folgende
FAIR	Foundation for Advanced Information and Research (Japan)
FEC	Foreign Exchange Certificates
ff.	fortfolgende
GATT	General Agreement on Tariffs and Trade
GTZ	Gesellschaft für Technische Zusammenarbeit
ha	Hektar
Hrsg.	Herausgeber
IBRD	International Bank of Reconstruction and Development
IFAD	International Fund for Agricultural Development
IFC	International Finance Cooperation
IM	Importsubstitution
IMF	International Monetary Fund
IN	Internationalisierung
KPCh	Kommunistische Partei Chinas
M & A	Mergers and Acquisitions (Fusionen und Übernahmen)
Mill.	Million
MIT	Ministry of Trade and Industry (Singapur)

ML	Marktwirtschaft mit starker staatlicher Lenkung
MNC	Multinational company
MOFTEC	Ministry of Foreign Trade and Economic Cooperation
MP	Marktwirtschaft mit überwiegender Privatwirtschaft
Mrd.	Milliarde
NIACs	Newly Industrialising Asian Countries
OECD	Organisation for Economic Cooperation and Development
P-JV	Projektkooperations-Joint Venture
qkm	Quadratkilometer
R&D	Research and Development
RMB	Renminbi (Chinesische Währung)
RMRB	Renmin Ribao/People's Daily
s.	siehe
S.	Seite
SAEC	State Administration of Exchange Control
SW	Staatswirtschaft
SWZ	Sonderwirtschaftszone
UdSSR	Union der Sozialistischen Sowjetrepubliken
U-E	Entscheidungsträger in staatlichen Unternehmen
UN	Vereinte Nationen
UNESCO	United Nations Educational Scientific and Cultural Organisation
USA	Vereinigte Staaten von Amerika
USD	US-Dollar ($)
usw.	und so weiter
V-E	Entscheidungsträger in der staatlichen Verwaltung
Vgl.	vergleiche
VR China	Volksrepublik China
VVS	vertragsgebundenes Verantwortungssystem
WFOE	Wholly Foreign Owned Enterprise
z.B.	zum Beispiel
ZK	Zentralkomitee
...	keine Daten vorhanden
-	Zahlen gehen gegen null oder sind zu vernachlässigen

1

Einführung

1. Ziel und Gegenstand der Arbeit

Die Außenfinanzierung (external financing)[1] ist eins der wichtigsten Werkzeuge für die wirtschaftliche Entwicklung der Entwicklungsländer[2]. Die Arbeit setzt sich das Ziel, die folgenden Fragen zu beantworten:

- Welche Außenfinanzierungsstrukturen (structures of external finance)[3] gibt es und was determiniert sie?

- Welche Außenfinanzierungsstruktur ist für die rasche wirtschaftliche Entwicklung eines Entwicklungslandes am besten geeignet, insbesondere, wenn es sich um ein zu transformierendes, ehemals zentralverwaltungswirtschaftliches Land (wie z.B. die Volksrepublik China)[4], handelt?

---

[1] Der Begriff "Außenfinanzierung" wird dem betriebswirtschaftlichen Sinn entsprechend verwandt: Finanzierung durch Kreditfinanzierung, Einlagen- und Beteiligungsfinanzierung. Hier allerdings in der Bedeutung "Finanzierung eines Landes durch Zufluß ausländischen Kapitals". Dazu vgl. Wöhe, Günter; Bilstein, Jürgen (1986), S. 12 ff und auch Teil I (1) dieser Arbeit.

[2] Für den Begriff "Entwicklungsländer" gibt es keine einheitliche Definition. Zu den verschiedenen Begriffsdefinitionen vgl. Glisman, Hans H. u.a. (1987), S. 20 und Lachmann, Werner (1994), S. 19 ff. Der Verfasser schließt sich der Definition des Entwicklungshilfe-Ausschusses (DAC) der OECD an, dem auch die Bundesregierung Deutschlands folgt, und betrachtet die folgenden Länder als Entwicklungsländer: z.B. in Asien alle Länder außer Japan, in Amerika alle Länder außer der USA und Kanada, in Ozeanien alle Länder außer Australien und Neuseeland, mehr dazu vgl. Lachmann, Werner (a.a.O).

[3] Zur Außenfinanzierungsstruktur s. Teil I (2.1) dieser Arbeit.

[4] Hierunter werden hier die ehemaligen Ostblockstaaten, die Nachfolgerepubliken der Sowjetunion sowie Kuba, Vietnam und die Volksrepublik China verstanden. Vgl. dazu IWF (1994a), S. 67 f.

- Welche Außenfinanzierungsstrukturen hatte China im ordnungspolitischen Reformprozeß (1979-1993)?

- Wieso gelang es China - trotz unsteter Transformationsbemühungen - insbesondere seit 1992 in erheblichem Umfang Direktinvestitionen zu attrahieren?

Es ist unumstritten, daß die Außenfinanzierung für die wirtschaftliche Entwicklung eines Landes von entscheidender Bedeutung ist.[5] Die Kapitalzufuhr, d.h. die Verwendung ausländischen Kapitals als zusätzliche Ressource und Impuls löst das Problem der Kapitalknappheit und fördert die Kapitalakkumulation in den Entwicklungsländern.

Es erscheint jedoch zweifelhaft, ob die allgemeine Behauptung zutreffend ist, daß ausländisches Kapital auf jeden Fall zur wirtschaftlichen Entwicklung von Entwicklungsländern beiträgt. Die tatsächlichen Wirtschaftsentwicklungen in den Entwicklungsländern zeigen ganz unterschiedliche Ergebnisse. Länder wie die NIACs (Newly Industrialising Asian Countries) erzielten u.a. mittels Außenfinanzierung hervorragende Wirtschaftserfolge. Dagegen sind Länder wie Mexiko in den siebziger und achtziger Jahren und Indien bis zum Anfang der neunziger Jahre in eine wirtschaftliche und gesellschaftliche Krise (Verschuldungskrise, Hyperinflation, Wirtschaftsstagnation usw.) geraten.[6] Eine Transformation des Wirtschaftssystems[7] dieser Staaten fand trotz Außenfinanzierung nicht in nen

---

[5] Mehr dazu vgl. Nurkse, Ragnar (1935) und Lachmann, Werner (1994), S. 49 ff. sowie Meier, Gerald M. (1988), S. 217 ff. und Lele, Uma; Nabi, Ijaz (1991) und Kaiser, Martin; Wagner, Norbert (1986), S. 322 ff.

[6] Vgl. Galenson, Walter (1985); Meier, Gerald M. (1989) und Eichengreen, Barry; Lindert P. H. (1989).

[7] Das Wirtschaftssystem umfaßt nach der Definition des Verfassers zweierlei: Wirtschaftsordnung und Wirtschaftsprozeß. Damit bedeutet Transformation des Wirtschaftssystems einerseits Umstrukturierung der Wirtschaftsordnung in die Marktwirtschaft (Indikator: z.B. Privatisierung staatlicher Unternehmen, marktbestimmte Preisbildung) und andererseits des Wirtschaftsprozesses (Indikator: z.B. Wachstumsrate, BSP pro Kopf, Preisniveau). Die

nenswertem Umfang statt.[8] Es ist eine zentrale These dieser Arbeit, daß das Ausmaß der wirtschaftlichen Entwicklung und der Transformationsgeschwindigkeit eines Landes entscheidend von der Art der Außenfinanzierung abhängt.

2. Struktur der Arbeit

In der Arbeit soll daher die Außenfinanzierung differenziert betrachtet werden. Es werden verschiedene Außenfinanzierungsformen unterschieden mit dem Ziel, die Beziehung von Außenfinanzierungsstruktur und Wirtschaftsentwicklung und die Beziehung von Außenfinanzierungsstruktur und Wirtschaftsordnung[9] auf das genaueste zu untersuchen. Bedeutende und stabile Änderungen im Bereich der Wirtschaftsordnung und der Wirtschaftsentwicklung eines Landes führen zur Transformation des Wirtschaftssystems des jeweiligen Landes. Es ist die zweite zentrale These dieser Arbeit, daß Außenfinanzierungsstruktur und Wirtschaftsordnung eines Landes in hohem Maße interdependent sind. Die Unmittelbarkeit des Zusammenhanges gilt es, in dieser Arbeit näher zu untersuchen.

Teil I der Arbeit stellt am Beispiel der Länder Indien, Singapur, Taiwan und Korea verschiedene Außenfinanzierungsstrukturen dar und analysiert die Gründe für die Entstehung dieser spezifischen Strukturen. Die Hypothese der Arbeit, daß

Veränderung des Wirtschaftsprozesses ist hier gleichbedeutend mit der wirtschaftlichen Entwicklung. Wichtig zu betonen ist, daß die Wirtschaftsordnung und die wirtschaftliche Entwicklung nicht voneinander zu trennen sind. Die Wirtschaftsordnung steuert und entscheidet die wirtschaftliche Entwicklung; die wirtschaftliche Entwicklung wiederum unterstützt die Umstrukturierung der Wirtschaftsordnung. Vgl. hierzu auch Hamel, Hannelore (1992a), S. 11 f. und Wentzel, Dirk (1992), S. 163 f. sowie Cassel, Dieter (1988), S. 314 f.

[8] Zu empirischen und theoretischen Untersuchungen über die Wirtschaftsentwicklung und die ordnungspolitische Problematik in diesen Ländern vgl. Dürr, Ernst (1991) und (1994), S. 79 ff.

[9] Die Wirtschaftsordnung beinhaltet nach der hier verwandten Definition die drei Komponenten Eigentumsordnung, Marktsystem und Planungs- (Lenkungs-) Form, mehr dazu vgl. Teil I (1.2.2) dieser Arbeit. Zu anderen Begriffsbestimmungen vgl. Gutmann, Gernot (1993), S. 31 ff.

4

die Art der Außenfinanzierungsstruktur abhängig ist von der Art der Wirtschaftsordnung, soll dadurch auf induktivem Wege gefestigt werden.

Die Untersuchung soll jedoch desweiteren deutlich machen, daß sinnvoll zwischen direkter und indirekter Außenfinanzierung (direkten und indirekten Investitionen)[10] unterschieden werden kann, da sich die Auswirkungen der beiden
Außenfinanzierungsformen erheblich voneinander unterscheiden: Im Gegensatz
zu indirekten Investitionen haben direkte Investitionen eine positive systemtransformierende Kompetenz, d.h. direkte Investitionen treiben die Transformation
eines Wirtschaftssystemes rasch voran. Der Einfluß indirekter Investitionen auf
die Systemtransformation ist hingegen gering. Allerdings läßt sich die Wirtschaftsentwicklung kurzfristig durch indirekte Investitionen positiv beeinflussen.
Diese kurzfristige positive Wirkung der indirekten Investitionen wird durch die
negativen Auswirkungen auf die Wirtschaftsordnung beeinträchtigt und es ist
daher festzustellen, daß indirekte Investitionen sich nicht positiv auf die Systemtransformation auswirken.

Auf dieser Analyse aufbauend, untersucht die Arbeit schwerpunktmäßig den
Zusammenhang zwischen der Außenfinanzierungsstruktur und der ordnungspolit-
schen Transformation Chinas. Teil II der Arbeit untersucht die Außenfinanzierungsstruktur Chinas um festzustellen, welche Außenfinanzierungsstruktur China
im Untersuchungszeitraum (1979-1993) hatte.

Es soll die Außenfinanzierungsstruktur Chinas und ihre dynamische Änderung im
Zuge der Reformen seit 1979 analysiert werden, um dann das Ergebnis mit dem
Befund der in Teil I ausgewählten Länder zu vergleichen. Der Verfasser vermutet,
daß China noch nicht zur Klasse der Staaten mit überwiegend direkter Außenfinanzierung gezählt werden kann. Dieses Ergebnis würde zur Erklärung der
schleppenden Transformationsgeschwindigkeit Chinas beitragen.

---

[10] Zum Begriff der Außenfinanzierungsform bzw. der direkten und indirekten Außenfianzie-
rung, s. Teil I (1.1) dieser Arbeit.

Teil III der Arbeit untersucht die These der schleppenden Transformationsgeschwindigkeit aufgrund geringer Direktinvestitionen und analysiert den Zusammenhang zwischen Außenfinanzierung und Systemtransformation Chinas genauer. Dieser Teil der Arbeit richtet das Augenmerk auf die Reformpolitik Chinas, die
Veränderungen der Eigentumsstruktur, des Marktsystems, der Planungs- und
Lenkungsform sowie die Veränderungen des Entscheidungssystems und der Verhaltensweisen der Entscheidungsträger der chinesischen Außenfinanzierung. Um
die Schwierigkeiten der Transformation der herrschenden chinesischen Wirtschaftsordnung und des Entscheidungssystems deutlich herauszuarbeiten, werden
die im "Siebten Fünfjahrsplan" (1986-1990) getroffenen Fehlentscheidungen über
die Außenfinanzierungsstruktur exemplarisch vorgestellt und analysiert.

Anschließend folgt die Zusammenfassung der Arbeit.

Teil I: Außenfinanzierung der Entwicklungsländer: Formen, Struktur und Determinanten

1. Die Außenfinanzierungsstruktur und ihre Auswirkungen auf den Systemtransformationsprozeß

Fließt heimisches Kapital über die nationalen Grenzen seines Heimatstaates, wird es internationales Kapital genannt. Es ensteht eine internationale Kapitalbewegung.[11] Die internationale Kapitalbewegung enthält aus der Sicht der Entwicklungsländer zwei Kapitalströme, einerseits Kapitalausfuhr (outward foreign capital) aus den entwickelten Ländern, andererseits Kapitalzufuhr (inward foreign capital) in die Gastländer.[12] Die Außenfinanzierung der Entwicklungsländer ist Zufluß internationalen Kapitals, also Verwendung von Fremdkapital.

Die Außenfinanzierungen können danach unterschieden werden, wie bzw. in welcher Form die Entwicklungsländer ausländisches Kapital attrahieren und verwenden, oder wie bzw. in welcher Form ausländisches Kapital in diese Länder fließt. In diesem Sinne wird die Außenfinanzierungsform in dieser Arbeit auch als Form der internationalen Kapitalbewegung verstanden.

In diesem Abschnitt der Arbeit werden zuerst die verschiedenen Formen der Außenfinanzierung nach verschiedenen Kriterien klassifiziert. Im Anschluß daran werden die unterschiedlichen Außenfinanzierungsformen, sowie deren unterschiedliche Auswirkungen auf die Wirtschaftssystemtransformation in Entwicklungsländern verglichen.

---

[11] Vgl. Sieber, Eugen H. (1966), S. 51.

[12] Vgl. Thirlwall, A.P. (1989), S. 323 ff.

1.1 Klassifizierung der Außenfinanzierungsformen

Internationale Kapitalbewegungen werden je nach Unterscheidungskriterium unterschiedlich klassifiziert.[13] Um den Unterschied zwischen den unterschiedlichen Investitionsformen im Hinblick auf ihre Auswirkung auf Entwicklungsländer zu untersuchen, ist es wichtig zu wissen, wer die Investoren sind (öffentliche oder private) und welches Verhältnis zwischen den Investoren und dem Kapital besteht, genauer, welche Beteiligungsform gewählt wurde. So kann eingeschätzt werden, was die Investition den Entwicklungsländern 'bringt' (Kapital, Technologie, Management, Zugang zum Weltmarkt oder ordnungspolitische Veränderungen).

Es bietet sich folglich an, die Außenfinanzierungsformen nach Kapitalträger- und Kontrollaspekten zu unterscheiden.

1.1.1 Unterscheidung nach dem Kapitalträger

Man kann internationale Kapitalträger in zwei Gruppen aufteilen: in öffentliche und private Kapitalträger. Zu den öffentlichen Kapitalträgern gehören multinationale Organisationen (z.B. IBRD, IFAD), Regierungen und Entwicklungshilfeorganisationen (z.b. Deutschlands GTZ, Japans OECF). Zu den privaten Kapitalträgern zählen vor allem die nicht staatlichen multinationalen Unternehmen.[14] In der Praxis betreiben die öffentlichen Kapitalträger hauptsächlich indirekte Investitionen, vor allem in der Form von Krediten zu Vorzugsbedingungen (lange Rückzahlungsfrist, niedrige Verzinsung), sowie Hilfen und Darlehen (z.B. Export-

---

[13] Z.B. unterscheidet man autonome und induzierte, kurzfristige und langfristige, unentgeltliche und entgeltliche Kapitalbewegungen, vgl. Gabler Volkswirtschaftslexikon (1990), S. 384. In dieser Arbeit sollen nur langfristige Kapitalbewegungen behandelt werden.

[14] Es gibt auch staatliche Unternehmen, die international operieren, z.B der Autokonzern Renault, die Lufthansa. Zudem tätigen auch einige Entwicklungsländer wie (z.B. NIACs, Indien und China) staatliche Direktinvestitionen, mehr dazu Richter, Peter (1974), S. 127 ff. und Agarwal, Jamuna P. (1985), S. 68 ff. sowie Teil I (3.3.3) dieser Arbeit.

kredite) an Entwicklungsländer. Staatsunternehmen bzw. Gemeinschaftsunternehmen in Entwicklungsländern spielen im Vergleich mit privaten multinationalen
Unternehmen nur eine geringe Rolle.

Die Empfänger der öffentlichen Hilfen sind allerdings fast nur öffentliche Organisationen in Entwicklungsländern. Empfänger privater Investitionen in Entwicklungsländern können sowohl öffentliche Organisationen als auch private Unternehmen sein (s. Übersicht 1).[15]

Übersicht 1: Klassifizierungen ausländischen Kapitals nach dem Kapitalträger

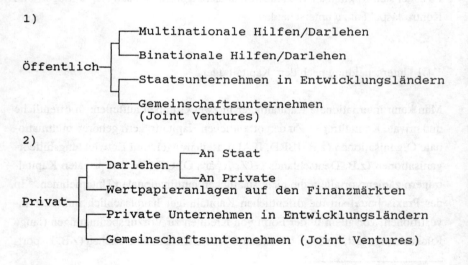

---

[15] Vgl. Richter, Peter (1974), S. 127 ff.

1.1.2 Unterscheidung nach dem Kontrollaspekt

In der Literatur ist es üblich, die internationalen Kapitalbewegungen bzw. die Außenfinanzierung in zwei Formen zu unterteilen: Direktinvestition (Foreign direct investment) und indirekte Investition.[16] Diese Klassifizierung der Formen der Kapitalbewegungen bezieht sich vor allem auf die Unterschiede in den unternehmerischen Kontrollmöglichkeiten von Unternehmensstrategie, Kapital, Technologie, Markt und Gewinn.[17]

Bei einer Direktinvestition wird, mittels einer Kapitalanlage im Gastland, durch natürliche oder juristische Personen des Inlands eine Kontrolle über die erworbenen Aktiva bezweckt. Im Zusammenhang mit multinationalen Unternehmen wird der Begriff der ausländischen Direktinvestition meist im Sinne der Gründung und Erweiterung ausländischer Tochterunternehmen verwandt. Wichtig für das multinationale Unternehmen ist die Einflußmöglichkeit auf die Geschäftstätigkeit der ausländischen Tochtergesellschaften. Gründung und Erweiterung ausländischer Tochtergesellschaften können sowohl durch den Aufbau neuer Produktionsanlagen oder Geschäftsräume, als auch durch den vollständigen oder anteiligen Erwerb bereits bestehender Unternehmen im Ausland erfolgen.[18]

Im Gegensatz zu der Direktinvestition ist die indirekte Investition eine internationale Kapitalbewegung ohne Kontrollmöglichkeit oder -absicht. Indirekte Investition kennt zwei Hauptformen, nämlich Wertpapieranlagen oder Portfolioinvestitionen (Wertpapiere in Form von Beteiligungspapieren[19] und Obligationspapieren)

---

[16] Vgl. Casson, Mark; Pearce, Robert D. (1987), S. 91 sowie Ball, Donald A; McCulloch, Wendell H. jr. (1985), S. 29 ff. und Stehn, Jürgen (1992), S. 1 ff.

[17] Vgl. Stehn, Jürgen (1992), S. 4 und Casson, Mark; Pearce, Robert D. (1987), S. 91 f.

[18] Vgl. Stehn, Jürgen (1992), S. 4 und Weltbank (1985), S. IX.

[19] Allerdings können Investoren durch Kauf von Beteiligungspapieren einen maßgeblichen Einfluß auf die Geschäftsführung nehmen. In diesem Fall zählt die Beteiligungsinvestition

und Darlehen (s. Übersicht 2).[20]

Übersicht 2: Klassifizierung der Außenfinanzierung

Kapitalträger\Kontrolle	Indirekt	Direkt
Öffentlich	1. Bi/Multinationale Hilfen 2. Bi/Multinationale Darlehen	5. Staatliche Unternehmen 6. Kapitalbeteiligung
Privat	3. Darlehen 4. Wertpapieranlagen (Beteiligungs- und Obligationspapiere)	7. Private Unternehmen 8. Kapitalbeteiligung

1.2 Die Auswirkungen von Direktinvestitionen und indirekten Investitionen auf Wirtschaftssysteme in Entwicklungsländern: Ein Vergleich

Im folgenden werden die beiden Außenfinanzierungsformen, Direktinvestition und indirekte Investition bezüglich ihrer Auswirkungen auf den wirtschaftlichen Entwicklungsprozeß und auf die Wirtschaftsordnung verglichen, um einen Maß-

---

zu den Direktinvestitionen. Eine quantitative Abgrenzung ist faktisch nicht möglich, da es in den meisten Ländern Höchstgrenzen der Beteiligungsquote gibt. Wenn die Beteiligungsquote einen bestimmten Satz der gesamten Investitionen überschreitet zählt die ausländische Investition zur Direktinvestition. In den meisten Ländern liegt diese Grenze bei 50%, in Mexiko bei 5%, in den USA bei 10%. Vgl. Nunez, Wilson P. (1990) S. 11, 35 und auch Stehn, Jürgen (1992), S. 5.

[20] Vgl. Ahmed, Masood; Gooptu, Sudarshan (1993), S. 9 ff.

stab für die Entscheidung über die Außenfinanzierungsstruktur bzw. die Zielsetzung der Verwendung ausländischen Kapitals zu gewinnen.

Die Auswirkungen der beiden unterschiedlichen Außenfinanzierungsformen können hinsichtlich ihrer Bedeutung für die wirtschaftliche Entwicklung und der bestehenden - oder zu schaffenden - Wirtschaftsordnung untersucht werden[21]:

1) Aus der Sicht der wirtschaftlichen Entwicklung müssen die unterschiedlichen Auswirkungen von Direktinvestitionen und indirekten Investitionen auf Kapitalakkumulation, Technologietransfer, Außenhandels- und Wachstumsförderung sowie weltwirtschaftliche Integration verglichen werden.

2) Aus ordnungspolitischer Sicht sollen die unterschiedlichen Auswirkungen von Direktinvestition und indirekter Investition auf die Wirtschaftsordnung untersucht werden. Dieser Vergleich ist eine zentrale Aufgabe dieser Arbeit, da es die These des Verfassers ist, daß eine unpassende Wirtschaftsordnung eine der entscheidenden Ursachen der Unterentwicklung ist.[22] Mangelnde wirtschaftliche Entwicklung beruht zumeist auf falsch gesetzten ordnungspolitischen Parametern.

Untersuchungen der ordnungspolitischen Bedeutung der Art der Außenfinanzierung sind nach Wissen des Verfassers bisher nicht erfolgt. In der UN-Studie über die Funktionen der multinationalen Unternehmen, bzw. der Direktinvestitionen in Entwicklungsländern wurde dieser Aspekt kaum betrachtet, lediglich Investition, Technologie, Handel, Humanressourcen und Umwelt wurden einbezogen.[23] Für die Betrachtung der Außenfinanzierungsstruktur von Entwicklungsländern sollte

---

[21] Die Bewertung der Auswirkungen ausländischen Kapitals wird auf unterschiedliche Weise unternommen, vgl. z.B. zum quantitativen Vergleich Sanders, Martin H.; Secchi, Carlo (1974) und zum "Agent-principal-approach" vgl. Corsepius, Uwe u.a. (1989).

[22] Vgl. Lachmann, Werner (1994), S. 105 ff. und Glismann, Hans H. u.a. (1987), S. 67 ff.

[23] Vgl. UN (1992a).

jedoch ein Vergleich der Außenfinanzierungsstrukturen unter ordnungspoliti-
schem Aspekt von hervorragender Bedeutung sein.

1.2.1 Auswirkung auf den wirtschaftlichen Entwicklungsprozeß

1) Quantitative Kapitalakkumulation vs. qualitative Investitionstätigkeit

Die Verwendung ausländischen Kapitals in der Form von Direktinvestitionen und
indirekten Investitionen hat aus Sicht der Entwicklungsländer zum Ziel, das Problem der Kapitalknappheit in vielen Entwicklungsländern zu lösen. Zwar können
die Entwicklungsländer durch Außenfinanzierung das im Inland fehlende Kapital
akkumulieren, aber die Kapitalknappheit oder der "Teufelskreis"[24] kann nicht
immer überwunden werden.

Kapitalakkumulation ist zwar für die wirtschaftliche Entwicklung von Wichtig-
keit, aber letztlich nicht der entscheidende Faktor. Entscheidend ist, ob und wie
das akkumulierte Kapital in der Produktion eingesetzt wird, die Frage nach der Investitionstätigkeit und deren Produktivität.[25] Die Kapitalakkumulation und die Investitionstätigkeit sind also weder im qualitativen noch im quantitativen Sinne
gleichwertig.[26] Daher soll hier zwischen Direktinvestitionen und indirekten Investitionen im Hinblick auf ihre Wirkung auf Investitionstätigkeit und deren Produktivität unterschieden werden.

---

[24] Die These von der Kapitalknappheit wurde auch als "Teufelskreistheorie" (Vicious Circle)
bezeichnet, nämlich "A country is poor because it is poor" (Nurkse, Ragnar (1935)). Dem
liegt die Behauptung zugrunde, es bestehe ein Kreislauf von niedrigem Einkommen, niedriger
Ersparnis bzw. niedriger Investition, niedriger Produktivität und niedrigem Einkommen, vgl.
Meier, Gerald M. (1989), S.28 ff. und UN (1992a), S. 111 sowie Lele, Uma; Nabi, Ijaz (1991),
S. 3 ff. und Timmermann, Vincenz (1982), S. 125 ff.; Woo, Henry K. (1991), S. 119 ff. sowie
Samuelson, Paul H.; Nordhaus, William D. (1989), S. 888 f.

[25] Vgl. Bender, Dieter (1988b), S. 506 ff.

[26] Vgl. Domar, Evsey D. (1947), S. 34 ff.

Direktinvestitionen sind daher für Empfängerländer mehr als reine Kapitalzufuhr. Kapitalträger bei Direktinvestitionen sind die Investoren. Sie tragen nicht nur Sorge dafür, wo das Kapital anzulegen ist, sondern auch wie Produktion, Distribution und Gewinnverteilung organisiert werden, d.h. sie tragen das Investitionsrisiko.[27] Aufgrund des erheblichen Ressourcenbedarfs können dieses Risiko zumeist nur internationale Unternehmen tragen. Deshalb sind Direktinvestitionen in der Regel eine Form der Investitionstätigkeit multinationaler Unternehmen.

Indirekte Investitionen sind anderer Natur. Zwar treffen die Kapitalgeber bei indirekten Investitionen die Entscheidung, welche ausländischen Wertpapiere sie kaufen oder wem sie Kredite geben. Aber wie das angelegte Kapital tatsächlich verwendet wird, können sie kaum direkt beeinflussen. Die Kapitalverwendung liegt in der Hand der Kreditnehmer, der Regierungen und Unternehmen in den Entwicklungsländern.[28] Indirekte Investitionen sind reine Kapitalzufuhr, wodurch Kapitalknappheit behoben oder zumindest zu ihrer Behebung beigetragen werden kann. Insbesondere bilaterale und multilaterale Hilfen und Darlehen erfolgen häufig ohne Bindung der Empfängerregierungen oder Unternehmen, so daß das Kapital oft unzweckmäßig und ineffizient (z.B. zur Anschaffung von Luxuswaren, zur Bestechung, Fehlentscheidungen) verwandt wird.[29] Der Entwicklungshilfe-Ausschuß (DAC) der OECD kam zu dem Schluß, daß nach Studien 33% der von den OECD-Entwicklungshilfeprogrammen unterstützten Investitionsprojekte als sehr erfolgreich einzustufen waren, 33% als zufriedenstellend und 33% als enttäuschend. Von den letzteren mußten 10% als vollständig mißlungen bezeichnet

---

[27] Zahlreiche empirische Untersuchungen zeigen, daß Direktinvestitionen multinationaler Unternehmen in Entwicklungsländern eine höhere Kapitalintensität als die heimischer Unternehmen haben. Vgl. Stehn, Jürgen (1992), S. 4 und Casson, Mark; Pearce Robert D. (1987), S. 99 ff.

[28] Dadurch entsteht das "Agent-principal"-Verhältnis zwischen dem Kapitalträger und dem Investitionstätiger, mehr dazu vgl. Nunnenkamp, Peter (1989) und Corsepius, Uwe u.a. (1989).

[29] Auch wenn einige öffentliche Kapitalgeber Prüfungsverfahren und Beschränkungsklauseln vorschreiben, vgl. Weltbank (1984), S. 110 ff. und Bender, Dieter (1988b), S. 529 ff.

werden.[30] Allgemein ist festzustellen, daß, infolge des Mangels an Technologie, Management, qualifizierten Arbeitskräften und bürokratischem Überbau, in Entwicklungsländern mit einer überwiegenden Außenfinanzierung durch indirekte Investitionen wenig Investitionstätigkeit, und insbesondere wenig produktive, effiziente Investitionstätigkeit folgt.

Die Folge dieser geringen und ineffizienten Investitionstätigkeit ist häufig eine übermäßige Schuldenbelastung (z.B. Verschuldungskrise in Mexico in den siebziger und achtziger Jahren)[31] und Stagnation, ja sogar Rezession (z.B. in Indien).[32] Deswegen werden indirekte Investitionen auch als Schulden kreierende (debt-creating) Außenfinanzierungsform bezeichnet.[33]

Die neuesten Erfahrungen bei der Bekämpfung der Verschuldungskrise zeigen, daß die Direktinvestition nicht nur keine Verschuldung verursacht, sondern die von den indirekten Investitionen induzierte Verschuldung beseitigen kann.[34] Mit der Finanzinnovation "Debt-Equity-Swap" können unter bestimmten Bedingungen Teile der Schuld eines Landes in Direktinvestitionen umgewandelt werden.[35] Dies ist von zunehmender Bedeutung für die verschuldeten lateinamerikanischen Länder (s. Tabelle 1).

---

[30] Vgl. OECD (DAC)(1985) und Meier, Gerald M. (1989), S. 229 ff.

[31] Vgl. Nunez, Wilson P. (1990), S. 35 und Eichengreen, Barry; Linder, Peter H. (1989), S. 122 ff.

[32] Vgl. Jha, Prem S. (1980), S. 65 ff.

[33] Vgl. UN (1992a), S. 11 und Rana, Pradumna B.; Dowling, Malcolm J. jr. (1988), S. 9.

[34] Vgl. UN (1992a), S. 26 ff.

[35] Der Debt-Equity-Swap ist ein wichtiges Instrument zur Lösung der internationalen Schuldenkrise. Die Verschuldung der Entwicklungsländer kann damit in Direktinvestitionen umgewandelt werden. Die Investoren kaufen mit Rabatt die Auslandsschulden auf und betreiben mit lokaler Währung ihr Investitionsprojekt. Damit werden die Sekundärmärkte für Altschulden zur Umwandlung von Bankkrediten in Beteiligungskapital genutzt. Mehr dazu vgl. Millington, Ann (1990), S. 503 ff. und Bender, Dieter (1988c), S. 10 ff.

Tabelle 1: Die ausländischen Direktinvestitionen im Rahmen von "Debt-Equity-Swap" (Mill. USD)

Land	Gesamte ausländische Direktinvestitionen (1)		Direktinvestitionen durch "Swaps" (2)	Anteil der "swaps" an den gesamten Direktinvestition (2/1) (%)
	1980-84	1985-89	1985-89	1985-89
Argentinien	2195	3646	731	20
Brasilien	10499	7687	4529	59
Chile	1210	3947	3160	80
Mexiko	7497	10098	3053	30

Quelle: UN (1992a), World Investment Report --- Transnational Corporations as Engines of Growth, New York, S.26.

2) Sachkapital vs. Humankapital

Es wird behauptet, daß Ausbildung, Technologie, Innovation und Unternehmergeist für die wirtschaftliche Entwicklung von großer Bedeutung seien.[36] Direktinvestitionen und indirekte Investitionen tragen in unterschiedlicher Art und Weise dazu bei.

Kapitalträger der Direktinvestitionen sind meist innovative multinationale Unternehmen und mittlere Unternehmen. Sie arbeiten effizienter als die heimischen

---

[36] Vgl. Solow, Robert (1957), S. 312 ff. und Schultz, Theodore W. (1971).

Unternehmen in Entwicklungsländern, wie zahlreiche Fallstudien bestätigten.[37] Neben großer Finanzkraft verfügen diese Unternehmen über fortschrittliche Technologien, ein effizientes Management und Know-how. Durch ihre Forschungs- und Entwicklungsaktivitäten (R&D Aktivitäten), Trainee-Programme und auch "learning by doing" führen die ausländischen Unternehmen nicht nur Kapital (Investitionstätigkeit), sondern auch Technologie, Know-how, Management und Unternehmergeist ein, Ressourcen, die vielen Entwicklungsländern fehlen, aber für eine rasche wirtschaftliche Entwicklung von kaum zu überschätzender Bedeutung sind.[38] Durch Außenfinanzierung mittels Direktinvestitionen verbessert sich daher nicht nur der quantitative Kapitalstock, sondern auch die qualitative Humanressource in Entwicklungsländern.

Mit indirekten Investitionen können die Entwicklungsländer zwar moderne Technologien, Know-how und entsprechende maschinelle Anlagen anschaffen (z.B. durch Lizenz- und Management-Verträge, schlüsselfertige Projekte). Aufgrund fehlender Informationen ist die genaue Auswirkung der durch diese Form insgesamt geschaffenen Technologie auf das Wachstum jedoch schwer festzustellen und Erfahrungen legen nahe, daß der Einkauf von Technologien nicht unproblematisch ist.[39] Denn nicht nur die Kosten, sondern auch die Gefahr von Fehlentscheidungen sind bei derartigen Investitionen sehr hoch (Erwerb unpassender Technologien, Maschinen oder unvollständige oder nicht optimale Nutzung von Technologie und Maschinen).[40] Der Mangel an qualifizierten Arbeitskräften (Wissenschaftlern, Technikern, Managern) und die Unvollkommenheit der Tech-

---

[37] Vgl. UN (1992a), S.144 und Wilmore, Larry N. (1986), S. 489 ff. sowie Tambunlertchai, Somsak; Ranstetter, Eric D. (1991), S. 98 ff. und Lee, Chung L.; Ranstetter, Eric D. (1991), S. 105 ff.

[38] Vgl. Hsu, Paul P. (1992), S. 7 ff. und Zhang, Weibin (1992), S. 43 ff. sowie Grubel, Herbert G. (1982), S. 10 ff.

[39] Vgl. UN (1992a), S. 152 ff.

[40] Vgl. Yue, Chia Siow (1985), S. 259 ff.

17

nologiemärkte tragen dafür die größte Verantwortung.[41] Erfahrungen in Thailand zeigten, daß teilweise keine Beziehung zwischen den Lizenzgebühren und der Komplexität der Technologien bestand. Obwohl viele Käufer wußten, daß die Kaufbedingungen ungünstig waren, hatten sie keine ausreichenden Informationen über alternative Bezugsquellen.[42]

Häufig bestehen Anbieter der Technologien oder Maschinen zudem auf strikten Beschränkungsklauseln bei der Nutzung, die wiederum den Nutzen indirekter Investitionen einschränken. Typische Beschränkungsklauseln sind: Beschränkungen der Einkaufsmöglichkeit der Anlagen (meist müssen die Maschinen im Land des Kreditgebers angeschafft werden), politische (staatliche) Interferenz (z.b. Handelsbeschränkungen), Beschränkungen des Verkaufs der Produkte, die durch die Technologie oder Maschine hergestellt werden (meist dürfen die Produkte nicht im Land des Kreditgebers vermarktet werden).

3) Außenhandelsförderung und weltwirtschaftliche Integration

Exportförderung ist eine wichtige Wachstums- und Entwicklungsstrategie (Export-led-growth) vieler Entwicklungsländer geworden. Außenhandelsförderung leistete einen Beitrag zur erfolgreichen Wirtschaftsentwicklung Singapurs, Taiwans und Koreas, um nur einige Entwicklungsländer zu nennen.[43] Die Auswirkungen von Direktinvestitionen und indirekten Investitionen auf die Exportwirtschaft bzw. das Wachstum in Entwicklungsländern sowie die Integration in die Weltwirtschaft können grundsätzlich nach folgenden Gesichtspunkten unterschieden werden.

---

[41] Vgl. UN (1992a), S. 154 f.

[42] Mehr dazu vgl. Weltbank (1990), S. 16.

[43] Vgl. Weltbank (1987), S.94 f., auch UN (1992a), S.197 ff. und Bender, Dieter (1989b), S. 520 ff. sowie Meier, Gerald M. (1989), S. 302.

Zum Einen ist der Marktzugang (Zugang zu internationalen Absatzmärkten) von entscheidender Bedeutung. Investoren, die direkt investieren, sind meist international erfahrene Unternehmen, die Marktanteile bestimmter Waren kontrollieren und über eine erprobte Marketingstrategie verfügen. Die multinationalen Unternehmen vermarkten ihre Produkte ganz oder teilweise international.[44] Das fördert den Export, den Arbeitsmarkt und die wirtschaftliche Entwicklung. Der Warenverkehr auf den inländischen und den Weltmärkten wird gefördert.[45] Darüber hinaus können heimische Unternehmen von den ausländischen Unternehmen lernen, z.B. Produktdesign, Marketing-Methoden. Indirekte Investitionen erfüllen diese Marktzugangsfunktion nicht.[46]

Zum anderen ist Export-Diversifikation ein Schlüsselproblem für die meisten Entwicklungsländer.[47] Viele Entwicklungsländer besitzen nur eine Exportstruktur für sog. "single products" oder "primary products"[48] und exportieren nur wenige Industriegüter. In den fünfziger und sechziger Jahren wurde dies im Zuge der Verschlechterung der "terms of trade" als das gravierendste Problem der Entwicklungspolitik und des Süd-Nord Konflikts bezeichnet.[49] Künstliche und politische Preiserhöhungen tragen zur Lösung des Problems jedoch wenig bei[50]. Eine Ent

---

[44] Vgl. Oberhänsli, Herbert (1992), S. 44 ff.

[45] Vgl. UN (1992a), S. 214 ff.

[46] Vgl. UN (1992a), S. 197 ff. und Thirlwall, A.P. (1989), S. 358 ff.

[47] Vgl. Thirlwall, A.P. (1989), S. 353. und Bender, Dieter (1988b), S. 520 ff. sowie Donges, Jürgen B. (1971), S. 41 ff.

[48] z.B. 1977 erzielte Kolumbien 62,5 % der Exporterlöse durch den Verkauf von Kaffee, Sri Lanka 58,9% durch den Vekauf von Tee. Viele Entwicklungsländer hängen zu mehr als 50 % vom Export landwirtschaftlicher Rohprodukte ab. Mehr dazu vgl. Lachmann, Werner (1994), S. 159 ff.

[49] Vgl. Mayrzedt, Hans u.a. (1981) und Jonas, Rainer; Tietzel, Manfred (Hrsg.) (1976).

[50] Durch eine Erhöhung der Preise sinkt auch die Nachfrage und ein Substitutionseffekt tritt ein. Konsumenten reduzieren den Konsum dieses Produkts oder verzichten ganz darauf und substituieren durch andere Produkte. vgl. Samuelson, Paul A.; Nordhaus, William D. (1989),

schärfung des Problems gelang vornehmlich Ländern mit einer klugen Exportdiversifikationstrategie.[51] Die multinationalen Unternehmen investieren mit neuen Technologien in neue Produkte, dadurch wird die Exportstruktur und die Struktur der gesamten Volkswirtschaft der Entwicklungsländer wesentlich verändert und diversifiziert.[52]

Durch die zunehmenden Warenströme zwischen dem Exportland und dem Rest der Welt findet ein wirtschaftlicher Integrationsprozeß statt, d.h. das Exportland wird in die Weltwirtschaft eingegliedert. Zwischen den Entwicklungsländern und den entwickelten Ländern entsteht dann ein Interdependenz-Verhältnis.[53] Die weltweit verbesserte Ressourcen-Allokation erhöht die Effizienz aller Volkswirtschaften.[54]

Im Vergleich dazu können die Kapitalbewegungen in Form von indirekten Investitionen den Außenhandel (Exportförderung und -diversifizierung) und das Wachstum in Entwicklungsländern sowie die Integration in die Weltwirtschaft nicht oder nur wenig fördern, da - wie oben skizziert - aufgrund fehlender oder falsch gesetzter Anreize systematische Fehlallokationen von Ressourcen vorgenommen werden.[55]

S. 451 ff.

[51] Vgl. Meier, Gerald M. (1989), S. 401 ff.

[52] Vgl. UN (1992a), S. 202 f.

[53] Vgl. Waltz, Kenneth N. (1970), S. 205 ff.; Jungk, Wolfgang (1978), S. 20 ff. und Meier, Gerald M. (1989), S. 105 ff.

[54] Vgl. Oberhänsli, Herbert (1992), S. 44 ff.

[55] Vgl. Meier, Gerald M. (1989), S. 232 ff.

1.2.2 Auswirkungen auf die Wirtschaftsordnung

Eine Wirtschaftsordnung ist jene organisatorische Vereinbarung (Regeln des Rechts und der Konvention), in der die wirtschaftenden Menschen ihre Entscheidungen über Produktion, Verteilung, Konsum, Investitionen usw. treffen.[56] Zur Wirtschaftsordnung zählen vornehmlich drei Elemente: Eigentumsordnung[57], Marktsystem[58] und Planungsform[59]. Ausländisches Kapital kann die Wirtschaftsordnung, gerade wenn die Kapitalgeber Mitglieder einer anderen Wirtschaftsordnung sind, beeinflussen.[60]

In diesem Abschnitt wird versucht, die unterschiedlichen Auswirkungen der unterschiedlichen ausländischen Investitionen auf die Elemente der Wirtschaftsordnung zu vergleichen.

---

[56] Vgl. Gutmann, Gernot (1993), S. 41.

[57] In der Wirtschaft finden sich verschiedene Formen des Eigentums, z.B. Privateigentum, Gemein- (Staats-) eigentum. Diese Formen bilden zusammen die Eigentumsordnung einer Wirtschaft und eines Staates. Vgl. Gutmann, Gernot (1993), S. 42 ff.

[58] Unter dem Marktsystem wird hier der "Raum" verstanden, in dem nicht nur alle Waren gehandelt werden, sondern auch alle privaten und öffentlichen Akteure sich verhalten und miteinander handeln. Marktsystem wird folglich als Marktinfrastruktur mit Funktionsweise und Regelungen verstanden. Umfaßt werden davon also auch die Fragen der Geldentstehung, Preisbildung, der Unternehmensformen und der öffentlichen Finanzwirtschaft usw. Bezüglich der einzelnen Elemente wird hier keine separate Analyse vorgenommen. Vgl. Gutmann, Gernot (1993), S. 42 ff. und Berg, Hartmut (1988), S. 240 ff.

[59] Unter Planungsform wird hier die Form der Lenkung gefaßt, in der Produktionen (Ressourcenallokationen) zentral oder dezentral organisiert werden. In einer zentralen Planung der Produktionsprogramme spielt der Staat eine überwiegende Rolle für die Entscheidungen. Dagegen treffen in einer dezentralen Marktwirtschaft die Unternehmen die Entscheidungen und der Staat übt nur konjunkturelle und strukturelle Wirtschaftspolitik aus. Vgl. Gutmann, Gernot (1993), S. 42 ff. und Conklin, David W. (1991), S. 346 ff. sowie Schüller, Allfred (1992), S. 8.

[60] Vgl. Conklin, David W. (1991), S. 364 ff.

1) Eigentumsordnung

Wie bereits festgestellt, kann man die Kapitalbewegungen jeweils nach ihren Trägern in zwei Gruppen unterteilen, in öffentliche Träger und private Träger.[61] Die öffentlichen Kapitalträger sind multinationale Organisationen oder Staaten. In der Tat transferieren sie Kapital in die Entwicklungsländer überwiegend und bevorzugt in Form von indirekten Investitionen. Unternehmerische Investitionen oder Zusammenarbeit mit privaten Betrieben sind selten. Sie erfolgen zumeist unter Ägide des IFC oder der Weltbank.[62]

Es ist eine These dieser Arbeit, daß öffentliche und indirekte Investitionen die Eigentumsordnung nicht positiv beeinflussen. Im Gegenteil, eine derartige Kapitalzufuhr unterstützt zumeist öffentliche Organe und staatliche Betriebe. Eine ordnungspolitische Änderung bzw. Systemtransformation in Richtung private Marktwirtschaft dürfte dadurch sogar erschwert werden. Die private Wirtschaft wird durch die Außenfinanzierung in der Form der indirekten Investition nicht unterstützt, sondern wird im Gegenteil benachteiligt.

Ausländische private Direktinvestitionen sind nur in einer Wirtschaftsordnung langfristig und stabil durchführbar[63], in der Privateigentum an Produktionsmitteln zugelassen und gesetzlich geschützt wird.[64] Damit wirken sie insbesondere in den von der Staatswirtschaft beherrschten - meist sozialistischen - Ländern besonders positiv auf die Änderung der Eigentumsstruktur bzw. für eine rasche System-

---

[61] S. Teil I (1.1.1) dieser Arbeit.

[62] Vgl. Weltbank (1975) und OECD (1992), S. 17 ff.

[63] Allerdings können ausländische private Direktinvestitionen kurzfristig in einer Staatswirtschaft eingesetzt werden, denn die Risiken können durch Verfügbarkeit der Ressourcen und die Außenhandelspolitik des Empfängerlandes kompensiert werden. Mehr dazu s. Teil I (3) dieser Arbeit.

[64] Vgl. Kallwen, Paul-Bernhard (1987), S. 21.

transformation.[65] Die Gründe dafür sind die folgenden:

Erstens führt die Zunahme der ausländischen privaten Investitionen direkt zu einer Vergrößerung des privatwirtschaftlichen Sektors in der gesamten Volkswirtschaft und verändert so die gesamte Eigentums- und Wirtschaftsstruktur. Im Konflikt mit der Staatswirtschaft gewinnen nicht nur die ausländischen privaten Unternehmen sondern durch die Konkurrenz mit ihnen auch die heimischen privaten Unternehmen an Boden. Der private Sektor nimmt gegenüber dem öffentlichen Sektor an Bedeutung zu.[66]

Zweitens werden durch die staatlichen Bemühungen ausländisches Kapital zu attrahieren, nicht nur die ausländischen Unternehmen gesetzlich geschützt und steuerlich begünstigt, sondern auch die heimischen Unternehmen. In einer für ausländische Investitionen offenen Wirtschaft verbreiten sich langfristig internationale Regelungen und marktwirtschaftsorientierte Praxis. Die heimischen Unternehmen profitieren davon.[67] Auf der internationalen Ebene (z.B. im Rahmen von OECD, IBRD usw.) sind bereits einige internationale Vereinbarungen und Institutionen zustande gekommen, die einen Beitrag zu Schutz und Förderung internationaler privater Investitionen leisten und zur Liberalisierung der internationalen Direktinvestitionen führen sollen.[68]

---

[65] Vgl. Strohm, Gunther Veit (1991), S. 32 ff.

[66] Vgl. Porter, Michael E. (1990), S. 73 ff.

[67] Vgl. Strohm, Gunther Veit (1991), S. 32 und Safarian, Edward (1992), S. 2 ff.

[68] Z.B. "Declaration on International Investment and Multinational Enterprise" (OECD 1976), "Multinational Investment Guarantee Agency" (IBRD 1985), mehr dazu vgl. Bergsten, C.F.; Graham, E.M. (1992) S. 13 ff. und UN (1992a), S. 75 ff. sowie UN (1994), S. 277 ff.

2) Marktsystem

Die Direktinvestitionsträger, multinationale Unternehmen, sind Akteure auf den Weltmärkten. Die Aktivitäten multinationaler Unternehmen auf dem Markt des Gastlands erzeugen positive externe Effekte: Durch Wettbewerb, neue Produkte und Branchen (backward und forward linkages), Weltmarktinformation, Marktinfrastruktur, marktwirtschaftliche Spielregeln usw. können in Entwicklungsländern die Vervollständigungs-, Modernisierungs-, sowie Öffnungsprozesse des inländischen Marktes in Gang gesetzt und beschleunigt werden.[69] Die Mechanismen, Regelungen und die praktische Funktionsweise der Marktwirtschaft wird durch die Lerneffekte der multinationalen Unternehmen und anderer ausländischer Investitionen in die Entwicklungsländer eingeführt. Die einzelnen Volkswirtschaften werden so zunehmend in die Weltwirtschaft eingebunden, wodurch sich nicht nur der Wohlstand der Entwicklungsländer sondern auch der Wohlstand der gesamten Welt erhöht.[70]

Letztlich bilden die multinationalen Unternehmen, ihre Lieferanten, Abnehmer und Endverbraucher einen neuen Markt, der mit den Weltmärkten in Verbindung steht. Daher muß die Wirtschaftspolitik im Bezug auf ausländische Direktinvestitionen neu definiert und erweitert werden, um die zunehmende Rolle multinationaler Unternehmen als integrations- und wachstumsfördernde Akteure in der Weltwirtschaft zu berücksichtigen.[71] Dies ist für viele Entwicklungsländer in der Anfangsphase der Entwicklung besonders bedeutsam.[72]

Multinationalen Unternehmen wird häufig ihre monopolistische Stellung und

---

[69] Vgl. UN (1992a), S. 117.

[70] Vgl. UN (1992a), S. 4 ff.

[71] Vgl. UN (1992a), S. 5.

[72] Vgl. Lachmann, Werner (1994), S. 159 ff.

Transfer-Preis Praktiken vorgeworfen. Regierungen und etablierte nationale Unternehmen in Entwicklungsländern fürchten starke Konkurrenz von neuen Unternehmen. Diese können nicht nur die lokale und nationale Politik beeinflussen, sondern auch kleinere lokale Unternehmen vom Markt verdrängen.[73] Mit Transfer-Preis-Praktiken können multinationale Unternehmen ihre steuerpflichtigen Gewinne ausführen. Diese Kritik wurde insbesondere in den sechziger und siebziger Jahren geübt.[74] Seit der Mitte der achtziger Jahre werden die multinationalen Unternehmen zunehmend vor allem als Partner und als Motor des Wachstums angesehen.[75] In vielen Entwicklungsländern werden ausländische private Unternehmen sogar wirtschaftspolitisch begünstigt.[76]

Kapitalzufuhr in der Form indirekter Investitionen trägt zumeist nicht zur Schaffung neuer Märkte bei, da es in vielen Fällen an Know-how, Management und Zugang zu den Weltmärkten fehlt. Die indirekten Kapitalanleger sowie private und öffentliche Geldgeber sind nicht direkt von den Marktproblemen der Entwicklungsländer, weder auf dem Rohstoff- noch auf dem Absatzmarkt, betroffen. Auf der Seite des Kapitalempfängers ist es trotz der in vielen Fällen begünstigten Verzinsungen infolge des verhärteten Wirtschaftssystems und Mangels an Know-How, Management und Information über die Weltmärkte außerordentlich schwierig und langwierig, den Zugang zum Weltmarkt zu erschließen und den inländischen Markt aufzubauen[77], in dem funktionsfähige marktwirtschaftliche Regelungen herrschen.

---

[73] Dies wird mit dem "infant-industry"-Argument begründet. Vgl. Meier, Gerald M. (1989), S. 400 und Donges, Jürgen B.; Hiemenz, Ulrich (1988), S. 5 f. und S. 34 f.

[74] Vgl. Hymer, Stephen; Rowthorn, Robert (1970), S. 57 ff; Waltz Kenneth N. (1970), S. 205 ff. und Meier, Gerald M. (1989), S. 263 ff. sowie Casson, Mark; Pearce, Robert D. (1987), S. 107 ff.

[75] Vgl. Cassel, Dieter (1990), S. 1 ff. und UN (1992a), S. 97 ff.

[76] Vgl. Lall, Sanjaya; Streeten, Paul (1977); Jungk, Wolfgang (1978), S. 13 ff. und Teil I (2.2) dieser Arbeit.

[77] Vgl. Thirlwall, A. P. (1989), S. 140 ff.

3) Planungs- und Lenkungsform

Die Planungs- und Lenkungsform ist eines der wichtigsten Elemente zur Unterscheidung einer zentralen Planwirtschaft (z.b. ehemalige UdSSR) von einer Marktwirtschaft (z.B BRD, USA).[78] In einer Zentralverwaltungswirtschaft planen die staatlichen Behörden Produktion und Verteilung. In einer Marktwirtschaft wird dies jedoch von den Unternehmen gemäß den Marktsignalen (z.b. Preis) selbst organisiert. Allerdings übt der Staat die Kontrolle über den Markt mit konjunktureller und struktureller Wirtschaftspolitik aus.[79]

Die multinationalen Unternehmen praktizieren ihr marktwirtschaftliches Verhalten, wenn sie sich in Entwicklungsländern betätigen. Dies beeinflußt das Verhalten und die Entscheidungsstruktur des Gastlands. Es ist zu erwarten, daß marktwirtschaftliches Denken und Handeln die ursprüngliche Verhaltens- und Entscheidungsstruktur des Wirtschaftssystems des Gastlandes penetriert. Daher sind die Aktivitäten der multinationalen Unternehmen im Fall eines noch zu transformierenden Landes, das von einer zentralen Planwirtschaft zu einer Marktwirtschaft übergeht, besonders positiv.[80] Neben der Bildung von Privateigentum[81], der Förderung der Privatisierung (z.B. durch M&A Aktivitäten) und der Marktbildung können die betrieblichen Aktivitäten der multinationalen Unternehmen die staatlichen Planer dazu veranlassen, die marktwirtschaflichen Regeln zu akzeptieren und sie dazu anhalten, sich marktwirtschaftlicher zu verhalten, um ihr Ziel - die Wirtschaftsentwicklung - voranzutreiben (z.B. durch die Bildung von Sachkapital, Humankapital und Exportförderung).

---

[78] Detailliert dazu vgl. Gutmann, Gernot (1993), S. 42 ff.

[79] Mehr dazu vgl. Gutmann, Gernot (1993), S. 42 ff.

[80] Die jüngste Erfahrung im ehemaligen sozialistischen Ostblock zeigt dies deutlich, vgl. UN (1994), S. 104 ff.

[81] Vgl. UN (1994), S. 104.

Indirekte Investitionen beeinflussen die Planungs- und Lenkungsform kaum. Die öffentlichen Anleihen und Hilfen sind zum großen Teil in der Hand des Staates, und sollen von ihm weiterverteilt werden. Marktanleihen sind ohne die Intervention der staatlichen Behörden nicht möglich. Angesichts der Devisenkontrollen in den meisten Entwicklungsländern, insbesondere in zu transformierenden Planwirtschaften, muß die Inanspruchnahme des Kredits oder eine Bondemission vom Staat genehmigt werden und der Staat tritt meist als Kreditnehmer auf.[82] Dieses Verfahren bei indirekten Investitionen führt nicht dazu, daß die Bürokratie den Wirtschaftsablauf weniger kontrolliert, sondern räumt ihr noch ein zusätzliches Kontrollinstrument ein.

2. Modelle der Außenfinanzierungsstruktur in den Beispielländern

2.1 Begriff der "Außenfinanzierungsstruktur"

Jedes Land, in das ausländisches Kapital in verschiedenen Formen fließt, hat eine Außenfinanzierungsstruktur.[83] Die Zusammensetzung der verschiedenen Außenfinanzierungsformen oder das Gewicht einer Form in der gesamten Struktur unterscheidet sich von Land zu Land und ändert sich langfristig im Zeitablauf. Demgemäß ist die Außenfinanzierungsstruktur in unterschiedlichen Ländern unterschiedlich.

---

[82] Vgl. Teil II (1.1.2) und (2.2.3) dieser Arbeit.

[83] "Außenfinanzierungsstruktur" ist, abweichend von der hier verwandten Begriffsbestimmung "Finanzierung durch ausländisches Kapital", auch schon als "Struktur des Kapitaltransfers" definiert worden. Vgl. Kaiser, M.; Wagner, N. (1986), S. 322 f. Diese Begriffsbildung ist nach der Auffassung des Verfassers hier nicht geeignet, denn in dieser Arbeit wird der Vorgang der Kapitalbewegung aus der Perspektive eines Landes betrachtet, also aus einem quasi subjektiven Blickwinkel. Zudem ist der Begriff Kapitaltransfer irreführend, denn darunter werden meist öffentliche Entwicklungshilfe oder begünstigte Kredite verstanden, hier soll aber ausdrücklich auch privater Kapitalzufluß umfaßt werden.

Es ist zu beobachten, daß manche Länder ausländisches Kapital in der Form von Direktinvestitionen als Hauptform der Außenfinanzierung attrahieren, während andere Länder ausländisches Kapital fast ausschließlich in der Form indirekter Investitionen attrahieren. Vereinfachend lassen sich drei Außenfinanzierungs-strukturmodelle unterscheiden: das direkte Modell, das indirekte Modell und das gemischte Modell. Anhand von ausgesuchten asiatischen Ländern sollen diese Modelle nun erläutert werden.

2.2 Die Modelle der Außenfinanzierungsstruktur

2.2.1 Direktes Außenfinanzierungsmodell: Das Beispiel Singapurs

Seit der Abtrennung vom Malaiischen Staatenbund 1965, insbesondere nachdem der neue "Economic Expansion Incentives (Relief from Income Tax) Act" 1967 verabschiedet wurde, verfolgte der Stadtstaat Singapur kontinuierlich die - im Vergleich zu anderen Entwicklungsländern - liberalste Politik gegenüber ausländi-schen Direktinvestitionen.[84] In der Folgezeit wurden Direktinvestitionen die überwiegende Außenfinanzierungsform und es entstand eine von Direktinvesti-tionen dominierte Außenfinanzierungsstruktur. Singapur nahm 1981 lang- und mittelfristige ausländische Darlehen in Höhe von 30 Mill. USD auf; dagegen er-reichten die Direktinvestitionen 1,5 Mrd. USD.[85] Ausländische Direktinvestitionen stellen die dominierende Form der Außenfinanzierung Singapurs dar.

Die liberale Außenfinanzierungspolitik ist Teil der Industrialisierungsstrategie Singapurs. Die ausländischen Investitionen flossen zunächst überwiegend in die Fertigungswirtschaft, den Maschinenbau, die Ölproduktion und die Elektronik-industrie. Im Jahr 1963 waren 50% der Unternehmen der Fertigungswirtschaft

---

[84] Vgl. Abraham, George (1988), S. 79 ff. und Yue, Chia Siow (1985), S. 280 ff.

[85] Vgl. Yue, Chia Siow (1985), S. 280 f.

Singapurs ausländische Unternehmen. 1980 erzeugten sie schon 85% der gesamten Produktion der Fertigungswirtschaft (26% davon in Joint Ventures), beschäftigten 70% der Arbeiter und stellten 93% der Exporte.[86] Ausländische Firmen trugen also zu dem Erfolg der Fertigungswirtschaft bzw. der gesamten wirtschaftlichen Entwicklung in Singapur erheblich bei. Mit Hilfe der Direktinvestitionen hat sich die alte arbeitsintensive Marktstruktur der sechziger Jahre in den achtziger Jahren in eine kapital- und technologie-intensive Struktur verwandelt.[87] 1987 wurde das Außenfinanzierungsgesetz revidiert. Das neue Gesetz förderte die Hochtechnologie-Industrie, die Dienstleistungsorientierung und die Internationalisierung.[88] So entwickelte sich Singapur in diesem Jahrzehnt zu einem Hochtechnologiestandort und einem internationalen Finanzzentrum.

Zusammenfassend läßt sich festhalten, daß sich Singapurs Außenfinanzierungspolitik aktiv und mit großem Erfolg um die Attrahierung von Direktinvestitionen bemüht.[89]

2.2.2 Gemischtes Außenfinanzierungsmodell: Das Beispiel Taiwan

Taiwans Außenfinanzierung begann mit finanzieller Hilfe der Vereinigten Staaten in den fünfziger Jahren.[90] Von 1952 bis 1960 erhielt Taiwan amerikanische Hilfe in Höhe von über einer Mrd. USD und ausländische Darlehen in Höhe von 188 Mill. USD. Diese indirekten Investitionen machten 96.7% der gesamten Außenfinanzierung Taiwans aus. Dagegen betrug die Höhe der Direktinvestitionen nur

---

[86] Vgl. Kraus, Lawrence B. (1985), S. 28 f.

[87] Vgl. UN (1992b), S. 265; Yue, Chia Siow (1993), S. 65 ff. und Abraham, George (1988), S. 79 ff.

[88] Vgl. UN (1992b), S. 3.

[89] Vgl. Yue, Chia Siow (1985) S. 281

[90] Vgl. Ranis, Gustav; Schive, Chi (1985), S. 85 ff.

41,5 Mill. USD, (3,3% der gesamten Außenfinanzierung, s. Tabelle 2).

Im Jahr 1965 richtete die taiwanesische Regierung eine Export Processing Zone (EPZ) in Kaohsiung ein, wohl die erste EPZ in Asien überhaupt. Im Jahr 1969 wurden noch zwei EPZ in Nanxing und Taichung eingerichtet.[91] Es wurde deutlich, daß Taiwan eine Exportförderungsstrategie und eine aktive Außenfinanzierungspolitik verfolgte. In den sechziger Jahren erhielt Taiwan sechsmal soviel Direktinvestitionen wie im vorangegangenen Jahrzehnt. Der Anteil der Direktinvestitionen stieg auf mehr als 20% der gesamten Außenfinanzierung. Diese Relation konnte auch in den siebziger Jahren konstant gehalten werden (s. Tabelle 2). Bis 1977 betrug der Exportanteil multinationaler Unternehmen in Taiwan 30%, sie stellten 19,9% der gesamten Industrieproduktion her und trugen 7,9% zum Bruttoinlandsprodukt (BIP) bei.[92]

Verglichen mit der Politik Singapurs ist die taiwanesische Außenfinanzierungspolitik gegenüber den ausländischen Direktinvestitionen eher vorsichtig: In den achtziger Jahren erreichte das Verhältnis von Direktinvestitionen zur gesamten Kapitalbildung in Singapur 25,5%, in Taiwan 14,4%.[93] Taiwan modernisierte aber, insbesondere in den sechziger und siebziger Jahren, durch die Verwendung ausländischer Direktinvestitionen seine Industriestruktur und schuf den Zugang zu den Weltmärkten für seine Exportprodukte, was zur raschen wirtschaftlichen Entwicklung Taiwans beigetragen haben dürfte.[94]

---

[91] Vgl. Chen, Edward K. Y. (1993), S. 26 und Ranis, Gustav; Schive, Chi (1985), S. 94.

[92] Vgl. Jungfer, Joachim (1991), S. 363 f.

[93] Vgl. Lall, Sanjaya (1993), S. 107.

[94] Vgl. Hsu, Paul P. (1992), S. 4 ff.

Tabelle 2: Außenfinanzierung Taiwans 1952-80 (Mill. USD)

Jahr	Direktin- vestition	Nettokapi- talzufuhr *	Ausländi- sche Hilfe	Anteil ausländischen Kapitals an den Gesamtinvestitionen (in%)
1952-60	41,5	188,0	1028,5	55,6
	(3,3)**	(14,9)	(81,8)	
1961-70	241,6	430,3	453,7	14,9
	(21,5)	(38,2)	(40,3)	
1971-80	940,0	3365,9	0	9,2
	(21,8)	(78,2)	(0)	

*Langfristiger Kapitalzufluß ohne Direktinvestition.
**Zahlen in Klammern: Anteil an der gesamten Außenfinanzierung in %.

Quelle: The Central Bank of China, Balance of Payments; Council of Economic Planning and Development (1983). s. Ranis, Gustav; Shiva, Chi (1985), S.91.

2.2.3 Indirektes Außenfinanzierungsmodell: Das Beispiel Indiens und Südkoreas

In Indien herrschte seit der Unabhängigkeit 1947 eine ablehnende Haltung gegen-über ausländischen Investitionen und Investoren. Die sozialistisch orientierte In-dustriepolitik und das "Self-Reliance"-Prinzip führten zu einer strikten und kon-tinuierlichen Ablehnung ausländischen Kapitals.[95] Folglich entstand eine extrem auf indirekte Investitionen ausgerichtete Außenfinanzierungsstruktur.[96]

Indien setzt wenig privates ausländisches Kapital ein, multi- und bilaterale (öf-

---

[95] Vgl. Wiemann, Jürgen (1987), S. 27, 53 und auch Reddy, K. J. (1988), S. 137 ff.

[96] Vgl. Lall, Sanjaya (1993), S. 105 ff.

fentliche) Darlehen sind die Hauptform der Außenfinanzierung und der indische Staat ist der Hauptkreditnehmer. Ausländische Direktinvestitionen betrugen z.B. 1980 nur 8 Mill. USD, anteilsmäßig 0,5% der gesamten Außenfinanzierung. 1990 erzielte Indien Direktinvestitionen - troz der neuen Liberalisierungspolitik[97] - in Höhe von 425 Mill. USD. Dies machte lediglich einen Anteil von 7% an der gesamten Außenfinanzierung aus (s. Tabelle 3).

Tabelle 3: Außenfinanzierung Indiens 1980-90 (Mill. USD)

Form\Jahr	1980	1985	1988	1989	1990
Direktinvestition	8 (0,5)*	160 (4)	287 (4)	425 (6)	425 (7)
Indirekte Investition	1714	4123	7019	6586	5344
Insgesamt	1722	4283	7306	7011	5769

*Zahlen in Klammern: Anteil an der gesamten Außenfinanzierung in %.

Quelle: Weltbank (1991), Trends in Developing Economies, S. 276.

Obwohl Südkorea wie Indien hauptsächlich indirekte Investitionen zur Außenfinanzierung heranzieht, gibt es doch erhebliche Unterschiede[98] (s. Tabelle 4). Im Unterschied zu Indien ist Südkorea ein offensiver Kreditnehmer. Dies ergibt sich nicht nur aus der Menge des Zuflusses ausländischer direkter Investitionen (die Relation von Direktinvestition zur gesamten Kapitalbildung betrug in Südkorea

---

[97] Vgl. Indische Botschaft (BRD) (1994), S. 2.

[98] Vgl. auch Cole, David C.; Lyman, Princeton N. (1971).

von 1985-87 1,4% im Vergleich zu Indiens 0,2%[99]), sondern vor allem aus der Struktur der indirekten Investitionen: private Bankdarlehen dominieren, nicht öffentliche Darlehen; und die Hauptkreditnehmer sind private Banken und Unternehmen, nicht der Staatssektor.[100]

Tabelle 4: Außenfinanzierung Südkoreas 1965-83 (Mill. USD)

Form\Jahr	1964	1969	1974	1979	1982	1983
Direktinvestition	3	7,0	1622	127	101	101
Indirekte Investition	30	501	988	2668	2782	2467
Insgesamt	33	508	1151	2795	2882	2568

Quelle: Economic Planning Board (1984), Indicators of Major Statistics, Seoul

3. Erklärungshypothese der Entstehung verschiedener Außenfinanzierungsmodelle

3.1 Einleitung

Aufgabe dieses Abschnittes ist es nicht, allgemein die Determinanten für die internationalen Kapitalbewegungen oder die Direktinvestitionen in Entwick-

---

[99] Vgl. Lall, Sanjaya (1993), S. 107 ff. und UN (1992a), S. 322 ff.

[100] Vgl. auch Teil II (3.2.1), (3.2.3) und (3.4.2) dieser Arbeit.

lungsländern aus der Sicht des Investors zu erörtern.[101] Es wird versucht werden, aus der Sicht des Kapitalempfängerlandes die Frage zu beantworten, warum unterschiedliche Modelle der Außenfinanzierungsstruktur in Entwicklungsländern entstehen und zu unterschiedlichem wirtschaftlichen Erfolg geführt haben.

Aus der Sicht des Kapitalempfängerlandes sind die folgenden Determinanten für die Außenfinanzierungsstruktur verantwortlich: die Ressourcenstruktur, die Außenhandels-Politik, die Wirtschaftsordnung, sowie die weltwirtschaftliche Entwicklung (s. Übersicht 3). Dies wird im folgenden begründet werden.

Übersicht 3: Determinanten der Außenfinanzierungs-struktur

Determinante	Endogene	Exogene
durch die Wirtschaftspolitik unveränderbar	Ressourcenstruktur	Weltwirtschaft
durch die Wirtschaftspolitik veränderbar	Außenhandelspolitik Wirtschaftsordnung	

---

[101]Aus der Sicht des Investors, gibt es zahlreiche Studien der landesspezifischen oder firmenspezifischen Determinanten von Direktinvestitionen im Ausland (z.B. Industrielle Organisationstheorie, Lokationstheorie, Firmentheorie, Eclectic Approach), vgl. Dunning, John (1973, 1988 a, b), Stevens, Guy V. (1969), Vernon, Raymond (1966), Kawack, Sung Y. (1972), Aliber, Robert Z. (1970), Knickerbock, Frederick T. (1973), Ohlin, Bertil (1933), Corden, Max W. (1974), Hirsch, Seev (1976), Buckley, Peter J.; Casson, Marc C. (1988).

3.2 Ressourcen und Außenfinanzierungsstruktur

Ressourcen sind die Mittel, die in die Produktion von Gütern und Dienstleistungen eingehen. Die wirtschaftliche Entwicklung eines Landes ist abhängig von dessen Ressourcen. Die Menge und die Struktur der Ressourcen entscheidet nicht nur über das Entwicklungspotential, sondern auch über das Außenfinanzierungs-modell.[102]

Ressourcen teilen sich in zwei Kategorien: Natur- und Wirtschaftsressourcen. Zu den Naturressourcen gehören die natürlichen Ressourcen (Bodenschätze und landwirtschaftliche Erzeugnisse) und die nicht ausgebildeten Arbeitskräfte. Unter Wirtschaftsressourcen versteht man zweierlei: Humanressourcen (ausgebildete Arbeitskräfte) und Marktressourcen (Marktgröße, Kaufkraft usw.).

Im Folgenden werden die natürlichen Ressourcen und die Human- und Marktres-sourcen separat analysiert, um ihre Funktion im Hinblick auf die Entstehung der Außenfinanzierungsstruktur zu erörtern. Es bieten sich zwei Ansätze für die Begründung an, warum die Ressourcenstruktur in einem Land die Außenfinanzie-rungsstruktur beeinflußt:

Einerseits kann das Land dem potentiellen Investor je nach Land unterschiedliche Ressourcen anbieten. Ressourcen sind weltweit unterschiedlich verteilt, d.h. die Ressourcenstruktur in unterschiedlichen Ländern ist unterschiedlich, oder wird zu unterschiedlichen Zeiten erschlossen bzw. erwirtschaftet.

---

[102] Vgl. Campagna, Anthony S. (1981), S. 202 ff.

Andererseits kann ein Investor das Land aufgrund der vorhandenen Ressourcen aussuchen. Direktinvestitionsträger (zumeist multinationale Unternehmen) haben aus unterschiedlichen Branchen unterschiedliche Geschäftsstrategien und unterschiedliche Grade der Ressourcendependenz bzw. -orientierung.[103]

Es gibt also auf die Frage der Ressourcenstruktur unterschiedliche Perspektiven und damit unterschiedliche Ansätze für eine Untersuchung. Nach der Art der Ressourcenorientierung lassen sich multinationale Unternehmen in drei Gruppen unterteilen (s. Übersicht 4):

1) Naturressourcenorientierte multinationale Unternehmen sind aus Sicherheits- oder Kostengründen vornehmlich daran interessiert, Rohstoffe zu fördern und rohstoffintensive Produkte herzustellen (primärer Sektor).[104] In der Praxis arbeiten sie in Entwicklungsländern in der Form von "Joint ventures" oder auf Projektvertragsbasis. Ihr Hauptinteresse gilt dem direkten Zugang zu den Naturressourcen. Die Absatzmärkte in diesen Ländern sind für sie nur von untergeordneter Bedeutung, weil sie z.B. planen, ihre Produkte anderswo abzusetzen.

2) Marktressourcenorientierte Unternehmen sind meistens Produktionsfirmen. Um Transport- oder Fertigungskosten zu sparen und die Produkte kostengünstiger und in größerem Umfang abzusetzen, investieren sie in Ländern, in denen große Märkte oder große Marktperspektiven bestehen (sekundärer Sektor).[105] Naturressourcen

---

[103] Vgl. Behrman, Jack N. (1988), S. 61 ff. und Fayerweather, John (1982), S. 50 ff.

[104] Vgl. Agarwal, Jamuna P. (1976).

[105] Der Markt kann in diesem Zusammenhang eng oder weit definiert werden. Der enge Begriff bezeichnet den Waren-Absatzmarkt. Der weitere Begriff umfaßt nicht nur den Absatzmarkt (Indikatoren: Bevölkerung, Kaufkraft), sondern auch den Kapitalmarkt. Für die Unternehmen

und Humanressourcen sind für sie nur von untergeordneter Bedeutung.

3) Humanressourcenorientierte Unternehmen sind Dienstleistungsanbieter, z.B. multinationale Banken, Beratungsfirmen, Anwaltskanzleien, Spediteure (tertiärer Sektor). Ihr Hauptinteresse gilt entsprechenden Humanressourcen: ausgebildeten, hochqualifizierten Arbeitskräften (z.B. Wissenschaftler, Manager, Techniker, Bankiers) und der Schaffung der notwendigen Rahmenbedingungen, um derartige Arbeitskräfte heranzubilden (durch Bau von Ausbildungs- und Forschungsstätten, Vergrößerung der Informationsfreiheit).

Übersicht 4: Direktinvestitionen der multinationalen Unternehmen (MNC) und Ressourcenstruktur in Entwicklungsländern (EL)

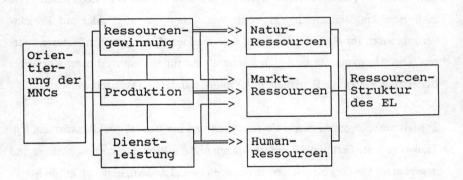

*Bedeutung der Pfeile:
=======>>   Haupt-Orientierung
————>   Neben-Orientierung

---

ist der Absatzmarkt von großer Bedeutung.

Darüber hinaus ist es von größter Bedeutung anzumerken, daß die Orientierung der multinationalen Unternehmen sich im Laufe der Zeit aufgrund der industriellen und technischen Entwicklung erheblich verändert hat. Vor den siebziger Jahren galt vor allem der Nutzung der Naturressourcen der Entwicklungsländer das größte Interesse der multinationalen Unternehmen, während mit Beginn der achtziger Jahre den Marktressourcen der Entwicklungsländer größte Beachtung geschenkt wurde. Seit dem Anfang der neunziger Jahre spielen die Humanressourcen neben den Markt- und Naturressoucen eine zunehmend wichtige Rolle für globale Investitionen. Dies wird reflektiert in den sektoralen Änderungen (Anteilgröße, Zuwachswerte) der globalen Direktinvestitionen aus den wichtigsten Industrieländern.[106] Z.B. investierten amerikanische Unternehmen 1975 26% in den primären Sektor, 45 % in den sekundären Sektor und 29% in den tertiären Sektor. Bis 1990 hatte sich die Investitionsstruktur erheblich verändert, 8% aller Investitionen erfolgten im primären, 44% im sekundären und 47% im tertiären Sektor.[107]

3.2.1 Natürliche Ressourcen und Außenfinanzierungsstruktur

Rohstoffreiche Länder sind bevorzugte Zielländer für Direktinvestitionen, insbesondere aus rohstoffarmen Industrieländern.[108] Da die Verteilung der Naturressourcen nicht gleichmäßig ist, konnte man bereits in den vergangenen Jahrhunderten feststellen, daß die Naturressourcen anderer Länder für die frühindustrialisierten europäischen Länder einen ersten Anreiz boten, um in Entwicklungsländern zu investieren. Zu jener Zeit investierten vor allem die Kolonialländer Eng-

---

[106] Vgl. Agarwal, Jamuna P. (1976), S. 6 ff.; UN (1992a), S. 18.

[107] Mehr dazu vgl. UN (1992a), S. 18.

[108] Vgl. Heinen, Hjalmar (1982), S. 86 ff. und Hemmer, Hans-Rimbert (1987), S. 22 f.

land, Niederlande und Frankreich, die vermehrt von den ausländischen, vor allem tropischen Ressourcen abhängig waren.

Nach dem zweiten Weltkrieg war die Frage der Sicherung des Zugangs zu Naturressourcen, insbesondere infolge des Ölembargos der OPEC-Staaten 1973, Anlaß vielfältiger Diskussionen.[109] Japan, als fast rohstoffloses Industrieland, löst dieses Problem durch eine Konzentration seiner Direktinvestitionen auf Rohstoffinvestitionen.[110] Amerikanische Unternehmen investieren im Ausland, um den Zugang zu Erdöl, Kupfer, Bauxit und anderen, in den USA nicht oder nicht ausreichend vorhandenen, Rohstoffen aufrechtzuerhalten.[111]

Es läßt sich andererseits feststellen, daß ressourcenreiche Länder leichter Direktinvestitionen attrahieren können. Zum Beispiel besitzt Brasilien mit einer Fläche von 8,51 Mrd. qkm und einer Bevölkerung von 144,4 Mill. (1992) beinahe unerschöpfliche Naturressourcen. Für Brasilien war der Reichtum an Naturressourcen ein wichtiger Faktor, um - insbesondere in den sechziger und siebziger Jahren - ausländische Direktinvestitionen anzuziehen. Bis 1979 investierten multinationale Unternehmen in die rohstoffintensive brasilianische Fertigungswirtschaft insgesamt 120,64 Mrd. USD: 75,6% aller ausländischen Direktinvestitionen.[112] Die Tatsache, daß Brasilien seit Anfang der siebziger Jahre dazu tendierte, mehr aus-

---

[109] Vgl. Agarwal, Jamuna P. (1976), S. 1 ff.

[110] Ein großer Anteil des japanischen Bedarfs an Kohle 82%, Öl 100%, Erdgas 91%, Eisenerz 99%, Zink 69% u.s.w. muß durch Importe befriedigt werden. Vgl. Marsh, Felicity (1983), S. 15; Yoshino, Michael (1975), S. 87 ff. und Agarwal, Jamuna P. (1986), S. 16 ff. sowie Choi, Ki-chul (1991), S. 50.

[111] Vgl. Hemberger, H. (1974).

[112] Vgl. Su, Zhenxing (1987), S. 75.

ländische Kredite, also indirekte Investitionen, aufzunehmen und dann in die Verschuldungskrise geriet, hat andere Gründe.[113] Sicher ist, daß in Brasilien eine Voraussetzung für Direktinvestitionen (Rohstoffreichtum) vorhanden ist.

Rohstoffarme Entwicklungsländer sind nur schwer in der Lage, Direktinvestitionen zu attrahieren, insbesondere dann, wenn andere Ressourcen noch nicht vorhanden sind. Z.B. hat es im naturressourcenarmen Südkorea lange Zeit an der Attraktion für Direktinvestitionen gefehlt. Gerade in dem Zeitraum von den fünfziger bis zu den sechziger Jahren war das Land von ausländischen Hilfen und Darlehen abhängig, um seine wirtschaftliche Entwicklung voranzutreiben.[114] Für das Entstehen des koreanischen indirekten Außenfinanzierungsmodells war zwar die wirtschaftspolitische Entscheidung insbesondere seit der Mitte der sechziger Jahre für indirekte Investitionen von entscheidender Bedeutung, aber fehlende Naturressourcen machten eine andere Entscheidung unmöglich.[115]

---

[113] Zu den Gründen zählen hauptsächlich wirtschaftspolitische Fehler, die zu Staatsverschuldung und Kapitalflucht führten, hinzu traten hohe Zinssätze auf dem internationalen Kapitalmarkt und fallende Exportwarenpreise, vgl. auch Cardoso, Eliana A.; Dornbusch, Rüdiger (1989), S. 124 ff.

[114] S. Teil I (2.2.2) und (2.2.3) dieser Arbeit.

[115] Der Versuch, mit dem Erlaß des "Foreign Capital Inducement Promotion Act" (Januar 1960) ausländische Direktinvestitionen zu attrahieren, war bis Mitte der sechziger Jahre gescheitert. 1967 wurde er durch das Gesetz "Comprehensive Measure for Rationalization of Foreign Captial Inducement" ersetzt. Damit wurden indirekte Investitionen von der Wirtschaftspolitik gefördert. Mehr dazu vgl. Koo, Bohn Young (1985), S. 177 ff.

3.2.2 Marktressourcen und Außenfinanzierungsstruktur

Mit Sicherheit sind die Marktressourcen in den Entwicklungsländern eine weitere wichtige Motivation ausländischer Investoren, direkt in diese Länder zu investieren.[116] Die Konkurrenz um Marktanteile ist immer härter geworden. Der Erhalt und Gewinn von Marktanteilen ist das Ziel der meisten großen Unternehmen und Investoren.[117] Deshalb sind die Marktressourcen ausländischer Märkte für multinationale Unternehmen von großer Bedeutung.[118]

Folglich haben viele Kapitalimportländer versucht, größere Marktressourcen für ihre Investoren zu schaffen. Zum Beispiel nutzten Brasilien und Singapur in den sechziger Jahren die Öffnung ihrer lokalen Märkte als wichtiges Mittel, ausländische Direktinvestitionen zu attrahieren. Singapur besaß während der rasanten Industrialisierung nicht nur einen funktionierenden und konsumkräftigen Markt, in dem die ausländischen Unternehmen den gleichen Status wie lokale Unternehmen genossen, sondern war auch ein günstiger Standort für die Märkte in der Umgebung (insbesondere Malaysia, Indonesien, Thailand, aber auch Australien).[119]

Zunächst muß aber der Begriff der Marktressourcen näher bestimmt werden. Die Größe der Marktressourcen ist nicht nur durch die geographische Größe, Bevölkerungszahl oder Kaufkraft bestimmt, sondern wesentlich durch eine Politik der

---

[116] Vgl. Glismann, Hans H. (1987), S. 226 ff.

[117] Vgl. Hemmer, Hans-Rimbert (1987), S. 20 ff.

[118] Vgl. Goldberg, Michael A. (1972), S. 692 ff. und Stevens, Guy V. (1969), S. 137 ff. sowie Kawack, Sung Y. (1972), S. 373 ff.

[119] Vgl. Yue, Chia Siow (1985), S. 280 ff.

Öffnung gegenüber ausländischen Produkten und Investitionen. Eine protektionistische Politik beschränkt die Marktressourcen und den Zufluß ausländischer
Investitionen. Indien verfügt zwar über die zweitgrößte Bevölkerung der Welt
(800 Mill.) und eine Größe von 3,3 Mill. qkm, aber seine Marktressourcen waren,
zumindest bis zu Beginn der neunziger Jahre, gering. Diese Situation hat folgende
Ursachen:

Erstens leben trotz der großen Bevölkerung und einer sichtbaren Mittelklasse die
meisten Menschen in Armut. Die gesellschaftliche Spaltung und das Kastensystem verschärfen und verhärten diese Situation.[120]

Zweitens spalten - trotz der bereits existierenden Marktinstitutionen (wie z.B.
Banken, Börse) - politische, religiöse und kulturelle Konflikte den Markt und
verhindern seine Integration sowie seine weitere Entwicklung.[121]

Drittens verhindern das indische Nationalbewußtsein und die protektionistische
Politik zugunsten der nationalen Industrien gegenüber ausländischen Konkurrenten Direktinvestitionen.

Daher hatte Indien bis Anfang der neunziger Jahre keine Marktressourcen für
ausländische Direktinvestitionen anzubieten. Erst seit Beginn der neunziger Jahre
versucht die indische Regierung mit ihrem neuen Programm der Wirtschaftsliberalisierung und Marktöffnung, Direktinvestitionen zu attrahieren.[122]

---

[120] Vgl. Wiemann, Jürgen (1987), S. 11 ff.

[121] Vgl. Wiemann, Jürgen (1987), S. 9 f.

[122] Vgl. Indische Botschaft (BRD) (1994), S. 2 und UN (1994), S. 81 ff.

Das Beispiel Indiens zeigt, daß ein Land mit großen Marktressourcen zwar potentiell gute Voraussetzungen mitbringt Direktinvestitionen zu attrahieren, daß sich die Marktressourcen aber nur realisieren lassen, wenn die Außenhandelspolitik Direktinvestitionen zumindest zuläßt oder fördert.[123]

3.2.3 Humanressourcen und Außenfinanzierungsstruktur

Humanressourcen spielen eine entscheidende Rolle für die wirtschaftliche Entwicklung eines Landes.[124] Ein humanressourcenreiches Land verfügt über mehr Möglichkeiten, zwischen verschiedenen Außenfinanzierungsstrukturen zu wählen und die Allokation ausländischen Kapitals zu lenken. Die Erfahrungen in Südkorea und Singapur zeigen dies deutlich.

1) Die südkoreanische Erfahrung zeigt: je reicher ein Land an Humanressourcen ist, umso eher ist ein solches Land in der Lage, Investitionstätigkeit selbst zu betreiben. In der Zeit nach dem Krieg und bis zu den sechziger Jahren war Südkorea nicht nur arm an Naturressourcen, sondern auch an Humanressourcen. Die einzige Außenfinanzierungsform waren Hilfen und Kredite aus den USA.

Mit dieser Hilfe brachte Südkorea die Wirtschaftsentwicklung in Gang und baute gleichzeitig mit der Hilfe der UNESCO sein Erziehungs- und Hochschulausbildungssystem auf.[125] Dies erhöhte nicht nur allgemein die Qualifikation der

---

[123] Vgl. Teil II (3.3) dieser Arbeit.

[124] Vgl. Schultz, Theodore W. (1971, 1980).

[125] Vgl. Cho, Lee-Jay; Breazedale, Kennon (1991), S. 575 f.

Bevölkerung, sondern vergrößerte auch die Anzahl koreanischer Wissenschaftler, Manager und Techniker erheblich: Spezialisten, die für die weitere Entwicklung Koreas außerordentlich wichtig waren. Die Rate der Alphabetisierung nahm in Korea von 30% (1953) bis auf über 80% (1963) zu. Friedrich Harbinson und Charles A. Myers kamen 1964 zu dem Schluß, daß die Humanressourcen den Standard eines oberen Schwellenlandes erfüllten, während Korea die Einkommensstruktur eines unterentwickelten Landes besaß.[126] Korea besaß also bereits eine der wichtigsten Voraussetzungen für Wirtschaftswachstum, bevor es seine schnelle und kontinuierliche Industrialisierung begann (s. Tabelle 5).[127]

Mit Beginn der sechziger Jahren bemühte sich die Regierung Park, Wissenschaft und Technologie in Korea aufzuwerten. 1966 gründete die Regierung das koreanische Institut für Wissenschaft und Technologie (KIST) und 1967 das Ministerium für Wissenschaft und Technologie.[128]

Der Reichtum an Humanressourcen ermöglichte es Korea, sich zwischen verschiedenen Außenfinanzierungsmodellen zu entscheiden. Seit dem Ende der fünfziger Jahre bis zur Mitte der sechziger Jahre versuchte die Regierung zwar mit dem "Foreign Capital Inducement Promotion Act" und anderen Gesetzen[129],

---

[126] Vgl. Harbinson, Frederick H.; Myers, Charles H. (1964)

[127] Vgl. Koo, Bon Ho (1992), S. 23 ff.

[128] Vgl. Cho, Lee-Jay; Kim, Yoon Hyung (1991), S. 25 und Song, Byong-Nak (1990), S. XV.

[129] Das Gesetz wurde im Jahr 1960 verabschiedet, wobei den ausländischen Investoren verschiedene Incentives (z.B. Gleichbehandlung mit inländischen Firmen, tax holiday, Garantie der Gewinnüberweisung und Entnahme-Prinzip, Steuerermäßigung für Technologie-Lizenznehmer) angeboten worden sind. Die koreanische Regierung hat noch im Jahr 1966, 67, 69, 73, 74, 79, 83 und 88 das Gesetz und vergleichbare überarbeitet und ergänzt. vgl. Koo, Bohn Young (1985), S. 177 ff. und UN (1992b), S. 3.

ausländische Direktinvestitionen anzuziehen, aber dies gelang wegen der instabilen politischen Lage, des Mangels an Naturressourcen und letztlich wegen der Furcht vor ausländischer Konkurrenz für die nationalen koreanischen Industrien nicht. Folglich wurden die öffentliche und die private Kreditaufnahme zum tragenden Bestandteil der koreanischen Außenfinanzierungsstruktur (s. Tabelle 4).[130]

2) Die Erfahrung von Singapur zeigt: je reicher ein Land an Humanressourcen ist, umso kooperationsfähiger ist das Land, mit ausländischen Investoren zusammenzuarbeiten.

Den meisten Entwicklungsländern mangelt es an Humanressourcen. In den fünfziger und sechziger Jahren galt dies auch für Singapur. Zu dieser Zeit besaß Singapur nur einen landwirtschaftlichen Sektor (einschließlich Fischerei), das traditionelle Handwerk und billige Arbeitskräfte.[131] Nach der Unabhängigkeit 1965 bemühte sich Singapur, die wirtschaftliche Entwicklung zu beschleunigen und attrahierte nach Einführung des "Economic Expansion Incentives Act (1967)" zunehmend Direktinvestitionen aus dem Ausland.

Auch wenn Wholly Foreign Owned Enterprises (WFOE) nicht untersagt oder eingeschränkt waren, versuchte die Regierung vor allem Joint Ventures zwischen lokalen und ausländischen Firmen zu fördern, um die Verflechtung mit dem Ausland zu verstärken und den Lerneffekt zu maximieren.[132] Auf diese Weise nahm die Anzahl der Joint Ventures zwischen 1963 und 1980 von 69 auf 686, ent-

---

Vgl. auch Teil I (3.2.1) dieser Arbeit.

[131] Statistische Daten dazu, s. MTI (1987), S. 102 f., 138.

[132] Detaillierter hierzu vgl. Yue, Chia Siow (1985), S. 280 ff.

sprechend auch die Anteile der Joint Ventures an Produktion und Beschäftigung zu. Dieser Prozeß, der lokale Arbeitskräfte sowie moderne Technologie und Management in den multinationalen Firmen und Joint Ventures kombinierte, sorgte für eine Verbesserung der Qualifikation der Arbeitnehmer und im Gefolge dieser Entwicklung für eine rasche industrielle Modernisierung Singapurs.

Aufgrund des steigenden Wohlstandes konnte Singapur, wie Korea, vermehrt in sein Ausbildungs- und Erziehungswesen investieren (s. Tabelle 5) und auf diese Weise die Kooperationsfähigkeit zwischen den lokalen und ausländischen Firmen weiter fördern.[133]

Tabelle 5: Ausbildungszahlen im Vergleich (Anteil der Altersgruppe in %)

Schultyp	Grundschule		Mittelschule		Hochschule	
Land\Jahr	1965	1986	1965	1986	1965	1986
Korea	101	94	35	94	6	33
Singapur	105	115	45	71	10	...
Japan	100	102	82	96	13	29
USA	...	102	...	100	40	59
BRD (West)	...	97	...	72	9	30

Quelle: Weltbank, World Development Report 1989, Washington D.C. und Koo, Bon Ho (1992), S. 22 ff.

---

[133] Vgl. Koo, Bon Ho (1992), S. 22 ff.

3.3 Außenhandelspolitik und Außenfinanzierungsstruktur

Auch die Außenhandelspolitik wurde, wie bereits angedeutet, als Entwicklungsstrategie eingesetzt. Von den fünfziger Jahren bis heute wurden hauptsächlich drei
Strategien in Entwicklungsländern angewandt: Importsubstitution (IM), Exportförderung (EX) und Internationalisierung (IN).[134]

Die Außenhandelspolitik ist von Land zu Land, zeitlich und quantitativ, sehr
unterschiedlich. Zudem kann sich die Handelspolitik eines Landes im Laufe der
Zeit erheblich ändern (s. Übersicht 5). Festzuhalten ist jedoch, daß die Außenhandelspolitik eines Landes von entscheidender Bedeutung für dessen Außenfinanzierungsstruktur ist. Die Außenfinanzierung ist oft als Mittel zur Realisierung
der Außenhandelspolitik oder als Entwicklungsstrategie verwendet worden. Der
Zusammenhang zwischen Außenhandelspolitik und Außenfinanzierungsstruktur
ist offensichtlich.[135]

Im folgenden sollen die Charakteristika jener drei Typen der Außenhandelspolitik
und deren Wandel in Zusammenhäng mit der Außenfinanzierungsstruktur untersucht werden.

---

[134] Mehr zu den Außenhandelspolitiken (IM, EX und IN) vgl. Lachmann, Werner (1994), S.
110 f., 232 f.; Bender, Dieter (1988d) S. 299 ff. und Welfens, Paul J. (1990 b), S. 17 ff. sowie
Donges, Jürgen B. (1981), S. 149 ff.

[135] Vgl. Donges, Jürgen B. (1981), S. 149 ff.; Krueger, Anne O. (1984), S. 66 ff.

Übersicht 5: Außenhandelspolitik und ihre Veränderungen in Indien, Taiwan/Korea, Singapur.[136]

Jahr\Land	Indien	Taiwan/Südkorea	Singapur
1950-60	IM	IM	IM
1960-70	IM	IM-EX	IM-EX
1970-80	IM	EX	EX-IN
1980-90	IM-EX	EX-IN	IN
Modus*	passiv	neutral	aktiv

* Modus der Außenfinanzierungspolitik bzw. -struktur

3.3.1 Importsubstitution und passive Außenfinanzierungsstruktur

Importsubstitution als Außenhandelspolitik und Entwicklungsstrategie wurde in den fünfziger Jahren in den meisten Entwicklungsländern eingeführt.[137] Motivation dazu war zum einen das Bemühen um eine Nationalisierung der Wirtschaft und zum anderen die Sorge um Zahlungsbilanzungleichgewichte.[138]

---

[136] Vgl. Weltbank (1987), S.94 ff. und zu Indien: Weltbank (1992), S. 37 ff.; Wiemann, Jürgen (1987), S. 41 ff.; Agawal, Jamuna P. (1985), zu Taiwan: Kuo, Shirley W.Y.; Fei C.H. (1985), S. 45 ff., zu Korea: Weltbank (1992), S. 33 ff.; Balassa, Bela (1985), S. 141 ff. und Kuznets, Paul W. (1977), S. 149 ff.; (1994), S. 75 ff. sowie Bae, Jin-Young (1990), S. 81 ff., zu Singapur: Donges, Jürgen B. (1981), S. 156 f.; Aw, Bee-Yan (1991), S. 309 ff.

[137] Vgl. Donges, Jürgen B. (1981), S. 149 ff.

[138] Vgl. Glismann, Hans H. (1987), S. 132.

Im Einklang mit dieser Strategie waren die Länder zurückhaltend gegenüber ausländischen Direktinvestitionen, um Konkurrenz für die nationalen Industrien zu vermeiden. Zu Beginn der IM-Politik betonten fast alle Länder eine Strategie des "Inward-development" ihrer Volkswirtschaften. Deswegen erfolgte die Kapitalzufuhr aus dem Ausland, insbesondere in der Form von Direktinvestitionen, nur unter strikten gesetzlichen Vorschriften, die sowohl den Investitionssektor, als auch die Beteiligungsquote vorschrieben und die Marktchancen und Möglichkeiten des Gewinntransfers beschränkten.[139] Direktinvestitionen erfolgten folglich in diesen Ländern nicht in nennenswertem Umfang. Öffentliche Hilfen und begünstigte Kredite waren zu dieser Zeit die Hauptform der Außenfinanzierung der Entwicklungsländer, die Importsubstitution betrieben.[140]

Nach einiger Zeit bemerkten viele der Importsubstitution betreibenden Länder, daß sie des Zugangs zu modernem Know-how, Technologien und Maschinen aus entwickelten Länder bedurften, um die Importsubstitution zu realisieren.[141] Daher wurden die Beschränkungen gegenüber Direktinvestitionen gelockert. Zu diesem Zeitpunkt begannen die Entwicklungsländer zwei unterschiedliche Strategien zu verfolgen, um das Ziel rascher wirtschaftlicher Entwicklung zu erreichen (was später zu erheblichen wirtschaftlichen Unterschieden führte): manche Länder, etwa Indien und das ehemalige Jugoslawien, behielten grundsätzlich die IM-Politik mit mehr oder weniger starker Lockerung bei.[142] Zumeist waren dies Länder, die natürliche Ressourcen oder Marktressourcen besaßen (wohl die wichtigste

---

[139] Vgl. Bergsten, C.F.; Graham, Edward M. (1992), S. 13.

[140] Vgl. Donges, Jürgen B.; Hiemenz, Ulrich (1988), S. 8 ff.

[141] Vgl. Glismann, Hans H. (1987), S. 132 f.

[142] Vgl. Donges, Jürgen B. (1981), S. 149 f.

Voraussetzung für das weitere Beibehalten der passiven IM-Politik). Entweder begegneten sie jeglicher Form der Außenfinanzierung mit Skepsis (Indien)[143] mit dem Ergebnis langjähriger Stagnation oder sie nahmen hauptsächlich indirektes Kapital auf (z.b. Jugoslawien, Mexiko, Brasilien) mit der Folge von Verschuldungskrise und Hyperinflation.[144]

Andere Länder, wie Singapur, Taiwan und Korea, entschlossen sich in den sechziger Jahren, eine Politik der Exportförderung zu verfolgen. Diese Länder besaßen geringe Naturressourcen und kleine inländische Märkte. Das zwang ihre Entscheidungsträger, zu einer "outward-led-development"-Strategie der Wirtschaft.[145]

3.3.2 Exportförderung und neutrale Außenfinanzierungsstruktur

Exportförderungsstrategie bedeutet, daß die Länder durch ihre Wirtschaftspolitik den Export ihrer Produkte auf die Weltmärkte, sowohl quantitativ (Menge der Exporte) als auch qualitativ (Exportstruktur), fördern.[146] Die Außenfinanzierung dient dem Ziel, ausländisches direktes und auch indirektes Kapital zu attrahieren, um Exporte zu fördern. Daher wurden exportfördernde Technologien, Management- und Marketingmethoden gerne gesehen. Rückblickend lassen sich zwei unterschiedliche Vorgehensweisen unterscheiden:

---

[143] Vgl. Feinberg, Richard E. u.a. (1990), S. 154 ff.

[144] Vgl. Nunnenkamp, Peter (1991), S. 139 ff. und Weltbank (1980), S. 172 ff. sowie Müller, Anton P. (1991), S. 30.

[145] Vgl. Myint, H. (1971), S. 271 ff. und Donges, Jürgfen B.; Hiemenz, Ulrich (1988), S. 12 ff.

[146] Vgl. Donges, Jürgen B. (1981) S. 152 ff. und Glismann, Hans H. (1987), S. 131 ff.

1) Singapur war wohl das erste Land, das die Exportförderungsstrategie einführte.[147] Aufgrund seiner Vorteile (geographische Lage und Humanressourcen) konnte sich das Land erfolgreich bemühen, hauptsächlich Direktinvestitionen zu attrahieren. Damit wurde die alte Wirtschaftsstruktur (Wiederausfuhrhandel/entrepôt trade), durch die Kombination lokaler Arbeitskräfte und moderner Technologien der ausländischen Firmen, schnell ergänzt und modernisiert.[148] Das erlaubte Singapur nicht nur den Erhalt der arbeitsintensiven Industrien, sondern darüber hinaus auch den Aufbau technologieintensiver Industrien. Im Falle von Direktinvestitionen waren Joint Ventures die bevorzugte Form, den Zugang zu den Weltmärkten zu schaffen. Sie wurden von der Regierung Singapurs besonders unterstützt.[149]

2) Während der Zeit der Exportförderung nahm Korea ausländische Darlehen auf (wegen der gesetzlichen Bestimmungen, die Direktinvestitionen erschwerten, und des Mangels an natürlichen Ressourcen)[150] und es gelang Korea, seine Export- und Schwerindustrie bis Anfang der siebziger Jahre stark zu entwickeln.[151] Im koreanischen Fall prägten zwar die indirekten Investitionen die Außenfinanzierungsstruktur, aber es waren die privaten Bankdarlehen, Bondemissionen und kurzfristigen

---

[147] Vgl. Lim, Linda Y.; Fong, Pang Eng (1991) S. 25 ff. und Donges, Jürgen B. (1981), S. 156.

[148] Vgl. Yue, Chia Siow (1985), S. 272 f.

[149] Vgl. Yue, Chia Siow (1985), S. 289 f. und Donges, Jürgen B.; Hiemenz, Ulrich (1988), S. 31 ff. sowie Teil I (2.2.1), (3.2.3) dieser Arbeit.

[150] Vgl. Park, Eul Yong (1985), S. 106 ff.

[151] Vgl. Chen, Edward K. Y. (1993), S. 27 und Kim, Kyo Shik (1993) sowie Koo, Bohn Young (1985), S. 181.

Finanzierungen, deren Bedeutung in den siebziger Jahren erheblich zunahm.[152] Hierdurch verminderte sich die Verschuldungsgefahr des Staates und die Gefahr einer ineffizienten Kreditvergabe und Kreditnutzung durch die öffentliche Hand.

3.3.3 Internationalisierung und aktive Außenfinanzierungsstruktur

Trotz der wirtschaftlichen Erfolge der exportorientierten Länder ist klar festzustellen, daß die IM-Strategie, im Unterschied zur EX-Strategie, defensiv gegenüber ausländischen Waren, wirtschaftlichen und politischen Einflüssen ist. Dennoch sind beide binnenwirtschaftlich orientiert, sie streben nämlich lediglich an, daß die eigene Handelsbilanz positiv bleibt. Seit Mitte der achtziger Jahre ergriffen die erfolgreichen Länder, insbesondere die NIACs wie Singapur, Hongkong, Korea, Taiwan, die Internationalisierungsstrategie als ihre neue Entwicklungsstrategie und entwickelten eine entsprechend offensive Außenfinanzierungspolitik.[153] Die IN-Strategie entspricht der inländischen Situation und der weltwirtschaftlichen Entwicklung, die im folgenden dargestellt werden:

1) Die zunehmende Integration der Weltwirtschaft ist unausweichlich, sie wird durch die revolutionären Kommunikations- und Transporttechnologien ermöglicht.[154] Alle Länder, auch die Entwicklungsländer, müssen und werden an diesem

---

[152] Vgl. Koo, Bohn Young (1985), S. 180.

[153] Vgl. Far Eastern Economic Review (1993), S. 5 und Ahn, D. S. (1989), S. 447 ff.

[154] Zu der Entwicklung der weltwirtschaftlichen Integration vgl. Balassa, Bela (1962); Machlup, Fritz (1977) und Langhammer, Rolf J.; Hiemenz, Ulrich (1990).

Integrationsprozeß teilnehmen und davon wirtschaftlich profitieren.[155]

2) Durch ihre starke Exportwirtschaft sind die NIACs eng mit den Weltmärkten und der Weltwirtschaft verbunden. Ihre gesamte Wirtschaft ist von der zunehmend integrierten Weltwirtschaft abhängig. Sie exportieren nicht nur Waren ins Ausland, sondern produzieren, insbesondere seit der Mitte der achtziger Jahre, im Ausland.[156]

Für die Länder, die eine IN-Strategie verfolgen, bedeutet dies, daß sie mit ihren nationalen Volkswirtschaften aktiv am internationalen und regionalen Integrationsprozeß teilnehmen.[157] Nationale ökonomische Entscheidungen werden unter Berücksichtigung der weltwirtschaftlichen Entwicklung getroffen. Die künstlichen Hindernisse, die die Freizügigkeit der Produktionsfaktoren einschränken, werden durch Marktöffnung, Finanz-Liberalisierung, Lockerung der Migrationsmöglichkeiten u.a. zunehmend beseitigt. Seit Mitte der achtziger Jahre bemühen sich die NIACs um die Verwirklichung dieser Maßnahmen.[158]

Dementsprechend änderte sich die Außenfinanzierungspolitik dieser Länder wie folgt:

---

[155] Eine theoretische Analyse über die positiven Effekte der wirtschaftlichen Integration, z.B. aus der Sicht der Economies of Scale und der Externalität-Theorie, vgl. Balassa, Bela (1962), S. 120 ff., eine Studie am Beispiel der asiatischen Region s. Rinsche, Günter (1993), S. 4 und mehr dazu vgl. Werner, Horst (1978), S. 197; Welfens, Paul J. (1990b), S. 183 ff. und Bender, Dieter (1988d), S. 285 ff. sowie Teil I (3.4) dieser Arbeit.

[156] Vgl. Kim, Si Joong (1992), S. 28 ff.

[157] Dieser Integrationsprozeß findet sich insbesondere bei EG, NAFTA und ASEAN.

[158] Vgl. Sakong, Il (1993), S. 87 ff.

1) Direktinvestitionen wurden Hauptbestandteil der Außenfinanzierungsstruktur dieser Länder. Die NIACs verabschiedeten oder revidierten Gesetze über ausländische Investitionen, um Direktinvestitionen zu fördern.[159] Diese Länder werden in den neunziger Jahren grundsätzlich Restriktionen und Interventionen gegenüber multinationalen Unternehmen beseitigen und eine Investitionsförderungspolitik ergreifen. Damit werden die multinationalen Unternehmen unter weit liberaleren Rahmenbedingungen operieren. Die NIACs erhalten bereits die meisten Direktinvestitionen in der Welt und dieser Trend wird sich in den neunziger Jahren noch verstärken.[160]

2) Neben der stetig wachsenden Absorption ausländischer Direktinvestitionen investieren die NIACs zunehmend im Ausland. Die asiatischen Direktinvestitionen (exklusive Japan) ins Ausland betrugen 1990 8 Mrd. USD. Durchschnittlich hatten sie im Zeitraum 1986 bis 1990 eine jährliche Zuwachsrate von 75%. Die Investitionen von Südkorea (seit 1990) und Taiwan (seit 1988) im Ausland überschritten die ausländischen Direktinvestitionen in diese Länder (s. Tabelle 6).[161] Ihre Investitionstätigkeit im Ausland hat auch das Ziel, neben den Absatzmärkten ausländisches Kapital vor Ort zu nutzen.[162]

3) Hinzu kommt, daß die NIACs seit den achtziger Jahren versuchen, funktionierende inländische Finanzmärkte aufzubauen und für ausländische Investoren zu öffnen. Mit Hilfe der internationalen Finanzmärkte können ihre inländischen

---

[159] Vgl. UN (1992a), S. 39 ff. und UN (1992b), S. 3 ff.

[160] Vgl. UN (1994), S. 71.

[161] vgl. auch UN (1992a), S. 24 f.

[162] Vgl. Urata, Shujiro (1993), S. 38 ff. und UN (1992a), S. 25.

Ressourcen im Zusammenspiel mit ausländischem Kapital optimal eingesetzt werden. Singapur, das führende Finanzzentrum Asiens, ist das beste Beispiel. Taiwan und Korea lockerten ihre Devisenkontrolle bereits in erheblichem Umfang.[163]

Tabelle 6: Direktinvestitionen aus Südkorea und Taiwan in andere Länder im Vergleich mit Japan (Mill./Mrd. USD)

	Japan			Südkorea			Taiwan		
	BIP(1)	DI(2)	1/2	BIP(1)	DI(2)	1/2	BIP(1)	DI(2)	1/2
Jahr	Mrd.	Mrd.	(%)	Mrd.	Mill.	(%)	Mrd.	Mill.	(%)
1986	1992,5	14,48	0,7	102,8	110	0,01	82,4	66	0,08
1987	2420,8	19,52	0,8	128,9	183	0,14	115,2	704	0,61
1988	2915,1	34,21	1,2	172,6	151	0,09	127,3	4120	3,24
1989	2886,3	44,16	1,5	211,2	305	0,14	151,4	6951	4,59
1990	2961,0	48,05	1,6	238,0	820	0,34	160,3	5418	3,57

Quelle: IMF, Balance of Payments Statistics; Taiwan Statistical Data Book, s. Kim, Si Joong (1992), S.34.

---

[163] Zu Entwicklung und Stand der Finanzmärkte in den NIACs detailliert vgl. FAIR (1991) und Classen, Emil-Maria (1992), S. 136 ff. sowie Park, Yung Chul (1991) S. 47 ff.

3.4 Wirtschaftsordnung und Außenfinanzierungsstruktur

3.4.1 Typen der Wirtschaftsordnung

In diesem Abschnitt soll versucht werden, unter Berücksichtigung der Erfahrungen Indiens und der NIACs den Einfluß der Wirtschaftsordnung auf die Außenfinanzierungsstruktur darzulegen.

Um verschiedene Wirtschaftsordnungen zu klassifizieren benötigt man Klassifikationskriterien. Hier soll nach Eigentumsordnung, Marktsystem und Planungsform[164] unterschieden werden in Staats-Wirtschaft (SW), Marktwirtschaft mit starker staatlicher Lenkung (ML), und Marktwirtschaft mit überwiegender Privatwirtschaft (MP).[165] Betrachtet man die Wirtschaftsordnungen der drei Modell-Länder im Zeitablauf, so lassen sich ihre Wirtschaftsordnungen wie folgt klassifizieren (s. Übersicht 6)

---

[164] Bezüglich der Definitionen vergleiche Teil I (1.2.2) dieser Arbeit.

[165] Hamel, Hannelore (1992a), S. 12 und Gutmann, Gernot (1993), S. 74 ff.

Übersicht 6: Wirtschaftsordnungen und ihre Veränderungen in Indien, Taiwan/-
Südkorea, Singapur[166]

Jahr\Land	Indien	Taiwan/Südkorea	Singapur
1950-60	SW	ML	ML
1960-70	SW	ML	ML
1970-80	SW	ML	ML-MP
1980-90	SW-ML	ML-MP	MP

3.4.2 Staatswirtschaft und Außenfinanzierungsstruktur

Indiens Wirtschaftsordnung ist die einer Staatswirtschaft. Dies kann durch die
folgenden Charakteristika begründet werden.

1) Staatliche Planung und Bürokratie: Seit der Unabhängigkeit Indiens machte der
Staat eine umfassende und detaillierte Mehrjahresplanung zur Grundlage seiner
Wirtschafts- und staatlichen Haushaltspolitik. Für die staatlichen Unternehmen,
die durch erhebliche staatliche Investitionen begründet und unterstützt worden
sind, sind diese Planungsdaten verbindlich.[167] Die Privatindustrie wurde von den
Planern mit Hilfe eines umfassenden Kontroll- und Steuerungssystems gezwun-

---

[166] Vgl. zu Indien: Wiemann, Jürgen (1987); Jha, Prem S. (1980); zu Taiwan: Jungfer, Joachim
(1991), S. 349 ff.; zu Korea: Cho, Lee-Jay; Kim, Yoon Hyung (1991) und Cole, David C.;
Lyman, Princeton N. (1971), Schweickert, Rainer (1989), S. 2 f.; zu Singapur: Yue, Chia Siow
(1985), S. 259 ff.

[167] Vgl. Wiemann, Jürgen (1987), S. 26.

gen, sich in die staatliche Planung und Industrialisierungsstrategie zu integrieren. Zur Gewährleistung dieser wirtschaftlichen Planung und Kontrolle bildete sich in Indien ein großer bürokratischer Apparat heraus, der durch seine Ineffizienz und Korruption die wirtschaftliche Entwicklung behindert.[168]

2) Staatliche vs. private Betriebe: Die Verstaatlichung bzw. Kollektivierung des Privateigentums fand nach der Unabhängigkeit Indiens nicht im gleichen Umfang wie in der UdSSR statt, aber als Folge staatlicher Investitionen entstanden in Indien beachtliche staatliche Unternehmen in den Schlüsselindustrien (s. Tabelle 7).[169]

Indien errichtete eine quasi-sozialistische Gesellschaftsstruktur, die dem öffentlichen Sektor eine erhebliche Unterstützung gewährte. Bereits zu Beginn der Wirtschaftsplanungen gab es in Indien Bestrebungen, die staatlichen Firmen zu alimentieren und den Handlungsbereich privater Firmen einzuschränken. Die Entschließung über Industriepolitik von 1956 wird generell als Grundlage der Industriepolitik Indiens angesehen. Sie basierte auf der Entschließung über Industriepolitik von 1948.[170] Der Staat übt eine strikte Kontrolle der privaten Unternehmen mittels seines Industrielizenzsystems und der Kartellpolitik aus. So erlangten nicht nur staatliche Betriebe sondern auch private Betriebe eine Monopolposition auf dem Markt.[171] Kürzlich wurde in Indien vorgeschlagen[172], vor der Privatisierung

---

[168] Vgl. Myrdal, Gunnar K. (1989) und Wiemann, Jürgen (1987), S. 80 f.

[169] Vgl. Wiemann, Jürgen (1987), S. 26.

[170] Vgl. Sankar, T. L.; Reddy, Y.(1991), S. 550 f.

[171] Vgl. Wiemann, Jürgen (1987), S. 26; Rieger, Hans Ch. (1989), S. 84 ff.

[172] Mehr dazu vgl. Sankar, T. L.; Reddy, Y.(1991), S. 552.

der staatlichen Unternehmen zunächst die privaten Unternehmen zu "privatisieren". Es wurde darauf angespielt, daß viele private Unternehmen dem Staat gegenüber hoch verschuldet und daher von ihm abhängig sind.

Neben den Staatsunternehmen beherrschen überwiegend die indischen großen Familienunternehmen (z.B. Tata, Birla) monopolistisch Marktpositionen.[173] Durch die Notwendigkeit, auf mächtige Gruppeninteressen Rücksicht zu nehmen, kommt es nicht nur zu einer schwindenden Zielorientierung der Bürokratie, sondern vor allem zu einer Interessenkoalition zwischen Privatindustrie und staatlicher Bürokratie, in der die Motivation, Renteneinkommen zu erzielen, die Oberhand gegenüber dem Ziel der effizienten Kapitalnutzung gewinnt.[174] Diese Form der Unternehmensstruktur verhindert also die Funktion der Marktwirtschaft und ihre Entwicklung.[175]

---

[173] Die Problematik der indischen großen Unternehmen wird im Zusammenhang mit staatlichen Eingriffen empirisch untersucht. Mehr dazu s. Nafziger W. (1978) und (1986).

[174] Vgl. Wiemann, Jürgen (1987), S. 28.

[175] Vgl. Wiemann, Jürgen (1987), S. 27 ff.

Tabelle 7: Entwicklung staatlicher und privater Unternehmen (Mrd. Rupien)

Jahr	Staatliche Unternehmen		Private Unternehmen		
	Zahl	Investitionen in Sachanlagen (Mrd. Rupien)	Zahl	Investitionen in Sachanlagen (Mrd. Rupien)	Anteil an den gesamten Investitionen (%)
1960	142	5,47	26.007	12,71	70
1970	314	20,64	30.098	22,37	52
1975	651	61,22	42.755	34,97	36
1980	851	114,43	61.863	47,02	29
1984	980	224,47	106.389	58,38	2

Quelle: Ministry of Industrial Development and Company Affairs (Indien), Annual Report 1960-88, sowie eigene Berechnungen.

In der indischen Staatswirtschaft entwickelte die Außenfinanzierungstruktur einen besonderen Charakter:

1) Gegenüber ausländischen Direktinvestitionen findet sich eine allgemeine Voreingenommenheit.[176] Das Ziel einer Staatswirtschaft ist es ja, die volkswirtschaftliche Entwicklung und deren Richtung durch den staatlichen Plan, staatliche Investitionen u.a. zu regulieren und zu kontrollieren. Eine offene Volkswirtschaft ist

---

[176] Genauer dazu vgl. Sankar, T. L.; Reddy, Y. (1991), S. 551.

mit zentraler Planung und staatlicher Kontrolle folglich nicht vereinbar. Ausländische Direktinvestitionen werden deshalb von den Staatsorganen und privaten etablierten Unternehmen - wegen der dadurch für sie entstehenden Konkurrenz für die staatlichen und privaten Monopolunternehmen - prinzipiell abgelehnt.[177] Folglich mußte Indien indirekte Außenfinanzierung wählen.

2) Bei den indirekten Investitionen bevorzugten indische Bürokraten überwiegend bilaterale und multilaterale Hilfen und Darlehen.[178] In Indien tritt im Gegensatz zum koreanischen Modell der Staat als Hauptkreditnehmer auf.[179]

3.4.3 Marktwirtschaft mit starker staatlicher Lenkung und Außenfinanzierungsstruktur

Nicht nur in Südkoreas Industrialisierungsprozeß sondern auch in der wachsenden marktwirtschaftlichen Ordnung Südkoreas spielt der Staat eine wichtige Rolle.[180] Im Zuge der wirtschaftspolitischen Liberalisierung, der Privatisierung staatlicher Unternehmen sowie der Banken wurde Korea zu einem typischen ML-Staat, dessen wirtschaftliche Entwicklung von einer durch die Regierung gesteuerten

---

[177] Vgl. Feinburg, Richard E. u.a. (1990), S. 158-159 und Wiemann, Jürgen (1987) S. 53 ff.

[178] Vgl. Dernberger, Robert F.; Eckaus, Richard S. (1988), S. 71 ff.

[179] Vgl. Teil I (2.2.3) dieser Arbeit.

[180] Vgl. Cho, Lee-Jay; Kim, Yoon Hyung (1991), S. 15 ff.

Entwicklungsstrategie (Government-Led-Development-Strategy) bestimmt wurde.[181]

Ende der sechziger Jahre, von 1968-73 fanden dann Privatisierungen statt.[182] In den achtziger Jahren wurde die ökonomische Doktrin der privaten Marktwirtschaft oder des Kapitalismus entschieden von der Regierung unterstrichen. Dennoch erzeugte bis Ende der achtziger Jahre der staatliche Unternehmenssektor noch 10% des Bruttoinlandsprodukts in strategisch bedeutenden Industriezweigen. 1963 schufen die staatlichen koreanischen Unternehmen 50% der gesamten Inlandskapitalbildung, 1986 nur noch 20%.[183]

Folgende Unterschiede zwischen der Außenfinanzierungsstruktur Indiens und Koreas lassen sich festhalten:

1) Die koreanischen Privatunternehmen sind aktiv in die Außenfinanzierung involviert, d.h. sie treten selbst als Kreditnehmer und aktive Akteure auf den Kapitalmärkten auf. In Indien ist dagegen hauptsächlich der Staat Kreditnehmer.[184]

2) Koreanische Kreditnehmer nehmen ihre Kredite vor allem auf dem internatio-

---

[181] Vgl. Song, Dae Hee (1991), S. 583 und Song, Byung-Nak (1990), S. 86 ff. sowie Sakong, Il (1993), S. 70 ff.

[182] Vgl. Song, Dae Hee (1991), S. 586 ff.

[183] Vgl. Song, Dae Hee (1991), S. 584 f. und Sakong, Il (1993), S. 79 ff.

[184] Vgl. Teil I (2.2.3) dieser Arbeit.

nalen Kapitalmarkt auf (Marktanleihen), während Indien vornehmlich öffentliche Kredite (öffentliche Anleihen) aufnimmt.[185]

Dementsprechend ist die Außenfinanzierungsstruktur Koreas zwar als indirekt zu kennzeichnen, aber wegen der marktwirtschaftlichen Ordnung hat sie einen grundlegend anderen Charakter als die Außenfinanzierungsstruktur Indiens.

3.4.4 Marktwirtschaft mit überwiegender Privatwirtschaft und Außenfinanzierungsstruktur

Singapurs Wirtschaft verändert sich seit Mitte der siebziger Jahre in Richtung einer liberalen Marktwirtschaft mit überwiegend privatwirtschaftlichem Anteil (MP-Ordnung), wobei der Staat bemüht ist, soweit möglich, seine wirtschaftliche Lenkungsfunktion (Interventionen, Regulierung) durch Privatisierung und andere Deregulierungsmaßnahmen zügig abzugeben.[186] Dadurch reguliert sich der Markt zunehmend selbst. Seit Anfang der neunziger Jahre bemühen sich auch Korea und Taiwan verstärkt um die Abgabe wirtschaftlicher Lenkungsaufgaben.[187] Thailand versucht - nach den Vorschlägen der Weltbank - ebenfalls, seine vom öffentlichen Sektor dominierte Wirtschaft in eine vom privaten Sektor dominierte Marktwirtschaft umzuformen.[188]

MP-Länder, wie Singapur, werden die Zielländer für internationale Investitionen.

---

[185] Vgl. Teil I (2.2.3) dieser Arbeit.

[186] MTI (1988), S. 7 ff.

[187] Vgl. IWF (1994a), S. 58 f.

[188] Vgl. Dhirataykinant, K. (1991), S. 687 ff.

63

Die Ähnlichkeit mit der Wirtschaftsordnung des Heimatlandes des Investors bedeutet für die multinationalen Unternehmen ähnliche Rahmenbedingungen, wie in ihrem Heimatland. Dies vereinfacht die Kapitalbewegungen zwischen den MP-Ländern und mindert die Transaktionskosten der internationalen Investitionen. Die Ähnlichkeit der Wirtschaftsordnungen ist für die multinationalen Unternehmen vorteilhaft und für ihre Zulassung, Operation, Sicherheit, Rentabilität entscheidend.

In den MP-Ländern entsteht daher eine Außenfinanzierungsstruktur mit folgenden Charakteristika: Direktinvestition ist die Hauptform (Singapur) oder wird zunehmend zur Hauptform (Korea, Taiwan). Im Zusammenhang mit der wirtschaftspolitischen Liberalisierung und der wirtschaftlichen Integration erfolgen auch Direktinvestitionen der MP-Länder im Ausland.[189]

3.5 Weltwirtschaftliche Entwicklung und Außenfinanzierungsstruktur

Wirtschaftliche und politische Einflüsse anderer Länder müssen bei der Analyse der Außenfinanzierungsstruktur berücksichtigt werden.[190] Die weltwirtschaftliche Entwicklung ist eine Determinante der Außenfinanzierungsstruktur.

Nach dem zweiten Weltkrieg war die weltwirtschaftliche Entwicklung durch vielerlei Turbulenzen (Ölkrise, Verschuldungskrise) gekennzeichnet, die die internationalen Kapitalströme quantitativ und qualitativ beeinflußten. Die schwanken-

---

[189] S. Teil I (2.2) dieser Arbeit.

[190] Vgl. Neuberger, Egon; Duffy, William (1976), S. 11.

64

den internationalen Kapitalbewegungen beeinflußten wiederum die Außenfinanzierungsstruktur der Entwicklungsländer.[191]

Die Entwicklung der Weltwirtschaft nach dem zweiten Weltkrieg kann nach der Art der internationalen Kapitalbewegungen in drei Phasen unterteilt werden. Bezüglich jeder Phase sollen hier die wichtigsten weltwirtschaftlichen und finanziellen Erscheinungen sowie ihr Einfluß auf die Außenfinanzierungsstruktur dargestellt werden.

3.5.1 Phase I (1950-70): Unabhängigkeitsbewegung und wirtschaftlicher Aufschwung

Der Zeitraum von Beginn der fünfziger bis Anfang der siebziger Jahre umfaßt jene erste Phase, in der die Entwicklungsländer ihren wirtschaftlichen Wiederaufbau und ihre Entwicklung durch multilaterale und bilaterale Hilfen und Kredite finanzierten. Direktinvestitionen und private Darlehen nahmen zu jener Zeit langsam zu.[192]

Nach dem 2. Weltkrieg befand sich die Weltwirtschaft zuerst in einer Zeit des Wiederaufbaus. Eines der bemerkenswertesten Phänomene der Nachkriegszeit war die Herausbildung öffentlicher Kapitalbewegungen in Entwicklungsländern. Entwicklungshilfe stellte die Hauptform des Kapitalzuflusses dar. Einzige Form

---

[191] Der IWF konzipierte einen sogenannten "External Conditions Index", der die Bedingungen und Auswirkungen der weltwirtschaftlichen Entwicklung für die Entwicklungsländer aufzeigen soll. Dieser Index basiert auf Zinssatz, Wachstumsrate sowie den Terms of Trade; mehr dazu vgl. IWF (1994a), S. 63 f.

[192] Vgl. Weltbank (1985), S. 2 ff. und OECD (1985)

der Direktinvestition waren Kapitalbeteiligungen im Rohstoffverarbeitungssektor. Z.B. verzeichneten die Entwicklungsländer 1956 einen Netto-Kapitalzufluß in Höhe von 6,3 Mrd. USD, davon 3,3 Mrd. USD Entwicklungshilfe; Exportkredite beliefen sich auf 500 Mill. USD, während private Bankdarlehen zu vernachlässigen waren.[193]

Von den sechziger Jahren an herrschte die "goldene Zeit" des Kapitalismus in den westlichen Industrieländern. Zugleich strebten viele Entwicklungsländer nach der langen Kolonialzeit nach politischer und wirtschaftlicher Unabhängigkeit.[194] Vor diesem Hintergrund entstand eine spezifische Struktur der internationalen Finanzströme.

1) Insbesondere in den industrialisierten Ländern stabilisierte sich die Weltwirtschaft bis zu den sechziger Jahren. Die Vereinigten Staaten betrieben eine Ausfuhrplanung mit staatlichem Kapital (Marshall-Plan, "Four Point Program" (Truman)). Damit versuchten die USA, einerseits politisch den Kommunismus in Ländern wie Korea oder Taiwan zurückzudrängen und ihren eigenen politischen Einfluß zu stärken und andererseits den Zugang zu wirtschaftlichen Ressourcen in Lateinamerika, Asien und Afrika zu sichern.[195] Die jungen Industrieländer wie die Bundesrepublik Deutschland und Japan, die ihre Wirtschaft mit den amerikanischen Hilfen wiederaufgebaut hatten, begannen sich bereits zu wirtschaftlichen Konkurrenten der USA zu entwickeln. Um Zugang zu Absatzmärkten und Res-

---

[193] Vgl. Krueger, Anne O. (1984), S. 75 f.

[194] Vgl. Bhagwati, Jagdish N. (1984), S. 50 ff.

[195] Vgl. Bhagwati, Jagdish N. (1984), S. 50.

sourcen zu erhalten, gingen auch sie dazu über, öffentliche Hilfen und Kredite für Entwicklungsländer bereitzustellen.[196]

Trotz der politischen Unabhängigkeit waren die Entwicklungsländer wirtschaftlich noch schwach. Deswegen bestand dort ein großer Kapital- und Hilfsbedarf. Indirekte Investitionen waren vor allem politisch gut geeignet, diesen Hilfsbedarf zu befriedigen, denn Direktinvestitionen wurden von den in jüngster Zeit unabhängig gewordenen Entwicklungsländern aus Gründen der Furcht vor wirtschaftlicher Dominanz von außen abgelehnt.

2) Private Bankkredite spielten in Entwicklungsländern eine geringe Rolle; dies läßt sich folgendermaßen erklären: Die Industrieländer, die sich gerade im Wirtschaftsaufschwung befanden, nutzten ihr Kapital für Investitionen im eigenen Land. Folglich bestand für die Kreditbanken kein Interesse, Kreditgeschäfte in anderen Ländern zu betreiben. Zweitens waren die meisten unterentwickelten Länder, infolge ihrer politischen Instabilität und fehlender Managementkräfte, nicht in der Lage, private Kredite aufzunehmen.[197]

3.5.2 Phase II (1970-85): Von der Ölkrise zur Verschuldungskrise

Die Ölpreisexplosionen 1973 und 1979-81, die auch als Ölkrisen bezeichnet wurden, hatten schockartige Auswirkungen auf die internationalen Kapitalmärkte

---

[196] Vgl. Huan, Xiang u.a. (1984), S. 121 ff.

[197] Vgl. Weltbank (1985), S. 2 ff.; 114 f.

und die Außenfinanzierungsstruktur der meisten Entwicklungsländer, insbesondere auf die erdölimportierenden Länder (z.B. Korea, Brasilien).[198]

In dieser Phase waren die privaten Bankkredite wichtige Finanzmittel für die Entwicklungsländer, insbesondere die erdölimportierenden Länder, die ihre wegen der Ölpreiserhöhungen entstandenen Zahlungsungleichgewichte ausgleichen mußten. Direktinvestitionen aus den Industrieländern nahmen zwar zu, aber deren Anteil an der gesamten Kapitalzufuhr in die Entwicklungsländer nahm deutlich ab.[199] Im folgenden wird dies detailliert analysiert.

1) Am schwersten waren die erdölimportierenden Entwicklungsländer (z.B. Südkorea, Taiwan) von der Ölpreisentwicklung betroffen. Diese Entwicklung wurde in ihren Zahlungsbilanzen reflektiert. Zum Zeitpunkt des Schocks 1973 beliefen sich die Leistungsbilanzdefizite auf 9,54 Mrd. USD und die eingesetzten amtlichen Währungsreserven auf 12,75 Mrd. USD. Nach dem Ölpreisschock erhöhten sich die Leistungsbilanzdefizite auf 37,12 Mrd. USD und die Währungsreserven fielen unter 4,28 Mrd. USD. Die Länder waren 1974 gezwungen, private Bankkredite in Höhe von 21,59 Mrd. USD und öffentliche Darlehen in Höhe von 8,08 Mrd. USD aufzunehmen; 1975 nahmen sie private Bankkredite in Höhe von 26,34 Mrd. USD und öffentliche Darlehen in Höhe von 13,06 Mrd. USD auf (s. Tabelle 8).

Als Ergebnis stieg der Anteil der privaten Bankkredite an der gesamten Außenfinanzierungsstruktur von Entwicklungsländern. Den privaten Bankdarlehen kam

---

[198] Vgl. Thirlwall, A. P. (1989), S. 314 ff. und Park, Yung Chul (1986); IWF (1994a), S. 20 f. sowie Sander, Harald (1988), S. 38 ff. und Ahmed, Masood; Summers, Lawrence (1992), S. 2 ff.

[199] Vgl. Weltbank (1984), S. 148 ff.

dabei eine dominante Rolle zu.[200] Die neue Entwicklung der Kapitalbewegungen nahm mit Mexikos Verschuldungskrise 1982 (Brasilien 1987) ihren Anfang und wurde durch sie maßgeblich beeinflußt. Die unkontrollierte Kreditaufnahme und das schlechte staatliche Schulden-Management lösten zuerst in Mexiko, dann in Brasilien eine akute Verschuldungskrise aus.[201]

Tabelle 8: Außenfinanzierungstruktur in den erdölimportierenden Entwicklungsländern 1972-84 (Mrd. USD)

Jahr	1972	73	74	75	76	77	78	79	80	81	82	83	84
1)Leistungsbilanz-defizit	8,4	9,5	37,1	45,3	31,9	28,2	39,6	59,6	31,4	104,8	82,6	49,8	35,2
2)Währungsreserven(-)	11,4	12,8	4,3	2,1	15,6	14,1	20,1	13,1	8,7	5,8	4,5	10,8	16,2
3)Netto-Außenfinanzierung	16,5	17,1	31,3	41,5	46,6	39,0	55,2	59,4	86,3	111,8	83,7	60,2	47,1
4)Öffentliche Anleihen	5,1	4,5	8,1	13,1	12,8	11,9	12,3	28,9	23,1	27,3	29,4	30,2	29,9
5)Marktanleihen*	11,1	12,3	21,6	26,3	29,8	26,0	40,9	29,0	58,6	77,5	43,7	22,8	12,6
6)Direktinvestition	2,7	4,2	4,8	4,9	4,5	5,1	6,4	8,6	8,4	12,8	11,8	8,3	9,4
7)Öffentlicher -Transfer	3,8	5,8	9,3	7,9	7,8	8,7	8,6	11,4	12,3	13,2	12,6	13,0	13,2

*einschließlich kurzfristige öffentliche Darlehen.

---

[200] Mehr dazu IWF (1991), S. 11 ff.

[201] Vgl. Cardoso, Eliana A., Dornbusch, Rüdiger (1989), S. 106 ff. und Aggarwal, Vinod K. (1989), S. 140 ff.

69

Quelle: IMF (1991), Determinants and Systemic Consequences of International Capital Flows, S. 12 f.

2) Durch die Ölpreiserhöhungen erzielten die erdölexportierenden Länder erhebliche Einnahmesteigerungen. Die OPEC-Länder insbesondere die APEC-Länder legten einen großen Teil der Erlöse in den Industriestaaten an. Das Recycling der "Petro-Dollars" unterstützte das Anwachsen des "Euro-Dollar-Marktes" maßgeblich, der zu einer wichtigen Finanzierungsquelle der nicht erdölexportierenden Entwicklungsländer wurde.[202] Seit 1973 erzielten die erdölexportierenden Länder einen beträchtlichen Leistungsbilanzüberschuß (in Höhe von 69,64 Mrd. USD 1974 und von 109,79 Mrd. USD 1980).[203] Dieser Überschuß floß als "Petro-Dollars" in den sogenannten "Euro-Dollar-Markt" zurück und finanzierte zum Teil die Defizite der erdölimportierenden Industriestaaten und der Entwicklungsländer.[204]

3) Die Weltwirtschaftskrise 1973-1975, zu der die Ölkrise zum Teil beitrug, die sinkende Nachfrage in den Industriestaaten einerseits und die zunehmende Wettbewerbsfähigkeit bei den arbeitsintensiven Produkten der Entwicklungsländer andererseits verschärften den Konkurrenzdruck auf den Weltmärkten.[205] Unter diesen Umständen wurden die multinationalen Firmen gezwungen, entweder ihren technischen Fortschrittt voranzutreiben oder im Ausland zu investieren und damit

---

[202] Vgl. Kindleberger, Charles P. (1987), S. 46 f.

[203] Vgl. IWF (1991), S. 14 f.

[204] Vgl. IWF (1991), S. 4 f. und Weltbank (1987), S. 133 f.

[205] Vgl. Glismann, Hans H. (1987), S. 173 ff.

von dem Produktionskostenvorteil zu profitieren. Folge war eine geringe Steigerung der Direktinvestitionen in Entwicklungsländer. Trotzdem nahm der Anteil der Direktinvestitionen an der gesamten Außenfinanzierungsstruktur von Entwicklungsländern im Vergleich mit der ersten Phase ab (s. Tabelle 8). Im Zeitraum 1960-66 betrug der Direktinvestitionsanteil 18% aller Kapitalzufuhren in Entwicklungsländern. Im Zeitraum 1974-1982 dann 11%.

Als Reaktion auf und Ergebnis der Verschuldungskrise stabilisierte sich zum Ende der zweiten Phase die Weltwirtschaft und es fand eine wirtschaftliche Wiederbelebung und Restrukturierung der Finanzmärkte in einigen Regionen (z.B. Südostasien, Europa) statt:

1) Für die Entwicklung der Kapitalmärkte spielten die Auswirkungen der Verschuldungskrise eine große Rolle. Die Verschuldungskrise verschlechterte nicht nur die Bonität der Kreditnehmer, der Entwicklungsländer, sondern auch die Liquidität der Kreditgeber. Deswegen reduzierten die privaten Banken die langfristigen Darlehen an Entwicklungsländer, von 215 Mrd. USD 1983 auf 85 Mrd. USD 1984.

Unter diesen Umständen zeigten sich Portfolioinvestitionen als vorteilhaft. Wertpapierhalter konnten ihre Bonds fast jederzeit wieder "verkaufen", so daß ihr Risiko minimiert wurde. Zudem entwickelte sich der Wertpapiermarkt nach der Verschuldungskrise institutionell weiter.[206] So ist es etwa für ausländische Banken seit 1979 erlaubt, auf dem japanischen Wertpapiermarkt (Gensaki) zu agieren.[207]

---

[206] Vgl. Ahmed, Masood; Gooptu, Sudarshan (1993), S. 9 ff.

[207] Mehr zur Deregulierung des japanischen Kapitalmarktes s. Terry, Brian J. (1990), S. 540.

Angesichts der Aufhebung der Kapitalertragssteuer 1984 erwerben nicht nur deutsche Bürger Euro-DM-Bonds, sondern die inländischen DM-Bonds wurden auch für ausländische Investoren attraktiver.[208] Es wurden neue Finanzinstrumente entwickelt, z.b. Swap-Geschäfte.[209] Noch 1980 wurden Wertpapiere in Höhe von 28 Mrd. USD emissioniert, die 17% der gesamten privaten Bank-Darlehen ausmachten. 1984 hatte das Wertpapiergeschäft bereits das gleiche Volumen erreicht wie die privaten Bankdarlehen, nämlich 84 Mrd. USD, und 1985 erreichten die Wertpapiere ein Volumen von 162,8 Mrd. USD.[210]

2) In den achtziger Jahren fiel der Erdölpreis langsam, sowohl wegen der Konflikte zwischen den Lieferanten-Ländern als auch aufgrund der Substitution des Erdöls in den Verbraucher-Ländern: Der Erdölpreis fiel von 30 USD per Barrel in den siebziger Jahren auf rund 15 USD seit 1993. Dies führte einerseits zu einem Rückgang der Investitionen in der Petroleum-Branche, andererseits zu einer Reduzierung der Euro-Dollar-Anlagen.[211]

3) Die Verschuldungskrise verunsicherte auch die Direktinvestoren erheblich, z.b. beim Gewinntransfer aus stark verschuldeten Ländern wie Mexiko oder Brasilien. Direktinvestitionen in ölimportierende Entwicklungsländer nahmen nach 1982

---

[208] Vgl. Terry, Brian J. (1990), S. 543 und IWF (1991), S. 7.

[209] Detailliert zum Swap-Geschäft und anderen Finanzinnovationen vgl. Bender, Dieter (1988c), S. 10 ff. und Terry, Brian J. (1990), S. 681 ff. sowie Thieme, Jörg H.; Vollmer, Uwe (1990), S. 51.

[210] Vgl. Weltbank (1987), S. 130 ff. und Ahmed, Masood; Gooptu, Sudarshan (1993), S. 9 ff.

[211] Vgl. UN (1994a), S. 20 ff.

deutlich ab. Sie betrugen im Jahr 1981 11,75 Mrd. USD, 1983 8,33 Mrd. USD, 1984 9, 43 Mrd. USD und 1985 8,73 Mrd. USD.[212]

3.5.3 Phase III (1985-heute): Internationalisierung

Mitte der achtziger Jahre begann sich die Weltwirtschaft deutlich zu stabilisieren und trat in eine neue Entwicklungsphase ein.[213] Charakteristika dieser Phase waren die verstärkte Internationalisierung der Weltwirtschaft sowie die damit einhergehende Liberalisierung der nationalen Wirtschaften. Diese neuen Entwicklungen, die globale und regionale Wirtschaftsliberalisierung und die in Europa, Nord- und Südamerika und Asien sich vollziehenden Integrationsprozesse (EG, NAFTA, ASEAN), beeinflußten auch die Außenfinanzierung der Entwicklungsländer.[214]

1) Die Wirtschaftsliberalisierung fördert den internationalen Handel und internationalisiert das Finanzwesen. Die GATT-Verhandlungen (Uruguay-Runde)[215] führten zu einer weltweiten Minderung des Handelsprotektionismus und einer Zunahme des Welthandels, davon profitieren insbesondere die außenwirtschaftsorientierten Entwicklungsländer (z.B. NIACs). Außer diesen politischen Fortschritten tragen die neuen technischen Entwicklungen (Kommunikationstechno-

---

[212] Vgl. IWF (1991), S. 13.

[213] Im Zeitraum 1986-1990 betrug die Wachstumsrate des gesamten Outputs (reales BIP) 3,6% und die des Welthandels 6,1%. Vgl. IWF (1994c), S. 119, 144.

[214] Vgl. UN (1992a), S. 104 ff.

[215] Die Uruguay-Runde des GATT endete am 15.12.1993. Die Vereinbarungen traten am 14.4.1994 in Kraft. Mehr dazu UN (1994), S. 278.

logie und Transportwesen) ebenfalls zu dem Liberalisierungsprozeß des Welthandels und der internationalen Finanzmärkte bei.[216]

Der Liberalisierungsprozeß des Finanzwesens fand - und findet - insbesondere in
den NIACs statt.[217] Die Freizügigkeit der internationalen Kapitalbewegungen
nimmt zu, die Möglichkeit von Investitionen im Ausland wird weltweit erweitert.
In den NIACs werden die strengen Devisenkontrollen abgebaut, ausländische
Direktinvestitionen und Portfolioinvestitionen sind besonders erwünscht.[218] Im
Zuge der Internationalisierung betreiben diese Länder auch zunehmend Investitionstätigkeit im Ausland.[219]

In den neunziger Jahren nahmen die Direktinvestitionen in die Entwicklungsländer allerdings wieder zu. Der Zufluß der Direktinvestitionen betrug
13,3 Mrd. USD jährlich im Zeitraum 1983-89, 34,2 Mrd. USD im Zeitraum 1990-
93.[220] Die Konkurrenz um ausländische Direktinvestitionen zwischen den Entwicklungsländern wurde härter.[221] Es ist zu beobachten, daß Direktinvestitionen

---

[216] Vgl. Thieme, Jörg H.; Vollmer, Uwe (1990), S. 47 ff. und IWF (1994a) S. 64 ff. sowie
UN (1992a) S. 66 ff.

[217] Mehr zu den landesspezifischen Liberalisierungsprozessen des Finanzwesens in den NIACs,
s. FAIR (1991), S. 81 ff. (Südkorea), S. 12 ff. (Taiwan), S. 157 ff. (Hongkong), S. 201 (Singapur).

[218] Finanzliberalisierungsmaßnahmen erfolgen typischerweise durch die Aufhebung der Voraussetzung des "local ownerships", sektoraler Beschränkungen, durch Vereinfachungen des
Genehmigungsverfahrens, der Lockerung der Repatriierungsmöglichkeit von Kapital und
Zahlungen, durch steuerliche Begünstigungen usw., vgl. dazu auch UN (1992a), S. 79 ff.
und Ahmed, Masood; Gooptu, Sudarshan (1993), S. 9 f.

[219] S. auch Teil I (3.3.3) dieser Arbeit.

[220] Vgl. IWF (1994c), S. 50.

[221] Vgl. UN (1992a), S. 23.

sich zunehmend auf die NIACs konzentrieren[222], die den Investoren die günstig-
sten Bedingungen und größten Gewinnmöglichkeiten bieten.

2) Der Integrationsprozeß fand hauptsächlich auf der regionalen Ebene statt, in
Europa, Süd-Nordamerika und Südost-Asien (EG-Binnenmarkt, NAFTA und
ASEAN). Dies zeigt die Internationalisierungsintensität sowohl der regionalen als
auch der globalen Wirtschaft. Intra- und interregionale Handelsströme, also
internationale Produktion und weltweite Ressourcenallokation gewannen zunehmend an Bedeutung für die weltwirtschaftliche Entwicklung.[223] Gegenseitige
Direktinvestitionen zwischen Nordamerika, der EG und Japan stellen zwar immer
noch den Hauptteil der gesamten Direktinvestitionen der Welt, aber die Entwicklungsländer, insbesondere die NIACs spielen zunehmend eine wichtige Rolle (s.
Tabelle 9).

---

[222] Im Zeitraum von 1983-89 flossen durchschnittlich 39% der gesamten Direktinvestitionen
in Entwicklungsländer in die asiatischen Entwicklungsländer, im Zeitraum 1990-93 waren es
58%. mehr dazu vgl. IWF (1994c), S. 50 und Urata, Shujiro (1993), S. 26 ff.

[223] Vgl. UN (1992a), S. 252 ff.

Tabelle 9: Zufluß und Abfluß ausländischer Direktinvestitionen, 1986-1990

Ländergruppen	1986	87	88	89	90	80-85 Anteil an Gesamt(%)	86-90	80-85 Zwachsrate(%)	86-90
		Mrd. USD							
Entwickelte Länder									
Zufluß	64	108	129	165	152	75	83	-3	24
Abfluß	86	135	161	201	217	98	97	-2	26
Entwicklungsländer									
Zufluß	14	25	30	30	32	25	17	4	22
Abfluß	2	2	6	10	8	2	3	1	47
Alle Länder									
Zufluß	78	133	158	195	184	100	100	-1	24
Abfluß	88	137	167	211	225	100	100	-2	26

Quelle: UN (1992a), World Investment Report --- Transnational Corporations as Engines of Growth, S. 14.

4. Zwischenergebnis

Wie die vorhergehende Darstellung und Analyse zeigte, steht das Entstehen einer Außenfinanzierungsstruktur im engen Zusammenhang mit den vier Determinanten Ressourcenstruktur, Außenhandelspolitik, Wirtschaftsordnung und weltwirtschaftliche Entwicklung. Die Erfahrungen der unterschiedlichen Länder, in denen sich - geplant und ungeplant - unterschiedliche Außenfinanzierungsstrukturen entwickelten, stellen wertvolles Lehrmaterial für Entwicklungsländer dar. Länder wie Singapur, Taiwan und Korea nutzten mit beträchtlichem Erfolg ausländisches

Kapital für die Entwicklung der heimischen Wirtschaft. Im Gegensatz dazu machten Länder wie Indien, Brasilien und Mexiko negative Erfahrungen bei der Verwendung ausländischen Kapitals.

Die Untersuchung der verschiedenen Außenfinanzierungsmodelle bzw. ihrer Determinanten führt zu den folgenden Ergebnissen, die eine Grundlage für eine rationale Verwendung ausländischen Kapitals bilden.

1) Außenfinanzierung ist ein wichtiges Mittel zur Förderung der wirtschaftlichen Entwicklung in vielen Entwicklungsländern geworden. Diese Arbeit stellte im vorangegangenen Teil die unterschiedlichen Formen der Außenfinanzierung detailliert dar und untersuchte die unterschiedlichen Auswirkungen unterschiedlicher Außenfinanzierungsmodelle auf den Wirtschaftsentwicklungsprozeß sowie die Wirtschaftsordnung.

Direktinvestitionen fördern die gesamte wirtschaftliche Entwicklung in Entwicklungsländern, insbesondere im Bereich von Kapitalbildung durch Investitionen, Modernisierung durch Technologie- und Know-How-Transfer, Exportförderung durch Schaffung des Weltmarktzugangs, Integration in die Weltwirtschaft durch Marktbildung und Marktöffnung.

Zudem wirken sich Direktinvestitionen positiv auf die ordnungspolitische Systemtransformation in Entwicklungsländern aus. Die privaten multinationalen Unternehmen und ihre Investitionstätigkeit fördern die Bildung einer privaten Eigentumsordnung, eines funktionierenden Marktssystems und das rationale Verhalten des Staates sowohl gegenüber der eigenen Volkswirtschaft als auch gegenüber der Außenwirtschaft.

Indirekte Außenfinanzierung hat hingegen nur geringe Auswirkungen auf die wirtschaftliche Entwicklung und negative Auswirkungen auf die Wirtschaftsordnung von Entwicklungsländern. Ausländisches Kapital kann zwar als zusätzliches Mittel zur Kapitalbildung in Entwicklungsländern herangezogen werden, hat aber eher marginale Auswirkungen auf die Investitionstätigkeit. Indirekte Investitionen tragen nur in geringem Maße zur Absorption moderner Technologien, der Ausbildung moderner Managementstrukturen und zur Förderung des Marktzugangs zu den Weltmärkten bei.

Indirekte Investitionen stützen zumeist die Staatswirtschaft, führen zu einer Verhärtung der Wirtschaftsordnung in Entwicklungsländern und fördern so in keiner Weise die Systemtransformation der Wirtschaftsordnung. Als Entwicklungs-Strategie und als Systemtransformations-Strategie sollte daher die direkte Außenfinanzierung präferiert werden.

2) Die Ressourcenstruktur eines Landes ist eine Determinante der Außenfinanzierungsstruktur. Die Ressourcenstruktur beinhaltet drei Komponenten: Naturressourcen, Marktressourcen und Humanressourcen.
Ein Land mit Reichtum an Natur- und Marktressourcen ist für ausländische Direktinvestitionen besonders geeignet, da die multinationalen Unternehmen die Rohstoffe und die Absatzmärkte für ihre Produktion benötigen. Der Reichtum eines Landes an Humanressourcen determiniert dessen Außenfinanzierungsstruktur nicht unmittelbar. Entscheidungsträger können in humanressourcenreichen Ländern häufig frei zwischen einer direkten (wie z.B. Singapur) und einer indirekten (wie z.B. Südkorea) Außenfinanzierungsstruktur wählen.

Der Reichtum an Ressourcen ist jedoch nur eine physische Voraussetzung für die

Verwendung ausländischen Kapitals. Im Falle Indiens zeigt sich zum Beispiel, daß die politischen Entscheidungen, etwa die Zurückhaltung gegenüber ausländischen Investoren - trotz des Reichtums an Ressourcen - eine vorherrschende Rolle in der Außenfinanzierungspolitik spielten.

3) Das bedeutet, daß die Außenhandelspolitik eines Landes dessen Außenfinanzierungsstruktur entscheidend beeinflussen kann. Eine Außenhandelspolitik der konservativen Importsubstitution, wie sie z.B in Indien praktiziert wurde (und wird), verringert die Marktzutrittschancen ausländischer Produkte und den Wettbewerb und verhindert Direktinvestitionen. Lediglich indirekte Investitionen sind für eine derartige Handelspolitik geeignet.

Eine Exportförderungspolitik fördert dagegen in Entwicklungsländern bestimmte Direktinvestitionen, wie z.B. exportfördernde Technologien und marktzugangschaffende Produkte, die zumeist in Gemeinschaftsunternehmen erstellt werden. Insbesondere in den NIACs förderte diese Außenhandelspolitik die Exportwirtschaft. So erzielten die NIACs beträchtliche wirtschaftliche Erfolge. Die Internationalisierungspolitik ist die bisher offensivste offene Außenhandelspolitik. Seit der Mitte der achtziger Jahre betreiben die NIACs, im Zuge der weltweiten wirtschaftlichen Liberalisierungs- und Integrationsbemühungen, eine Politik der Öffnung der heimischen Märkte für den Weltmarkt. Damit gewannen sie nicht nur vermehrt ausländische Direktinvestitionen, sondern ihre zunehmende Prosperität erlaubte es ihnen auch selbst im Ausland zu investieren. Diese Außenhandelspolitik trägt sowohl zu ihrer weiteren wirtschaftlichen Entwicklung als auch zu einer effizienteren weltweiten Ressourcen-allokation bei.

4) Die Wirtschaftsordnung ist aus zweierlei Gründen die wichtigste Determinante

der Außenfinanzierungsstruktur: Der Typ der Wirtschaftsordnung eines Landes ist zum einen wichtig für die ausländischen Investoren, insbesondere für diejenigen Investoren, die Direktinvestitionen tätigen. Die meisten multinationalen Unternehmen agieren in einer marktwirtschaftlichen Wirtschaftsordnung. Für ihre Expansionsbemühungen sind andere marktwirtschaftliche Ordnungen am besten geeignet.

Singapur war, trotz des Mangels an Naturressourcen, aufgrund seiner marktwirtschaftlichen Ordnung in der Lage, ausländisches Kapital in der Form der Direktinvestitionen zu attrahieren, was anderen, besser 'ausgestatteten' Entwicklungsländern nicht - oder zumindest nicht in diesem Maße - gelang. Im Gegenteil, die von der Staatswirtschaft geprägte Wirtschaftsordnung Indiens behinderte den Zufluß ausländischer Direktinvestitionen erheblich. Dieses Verhalten ist für Staatswirtschaften typisch (z.B. Indien), da sie, wegen der besseren Kontrollmöglichkeiten, eine indirekte Außenfinanzierungsstruktur präferieren.

Zum zweiten spielt die Wirtschaftsordnung für die Dynamik der Außenwirtschaftspolitik eine wichtige Rolle. Im Zuge der nationalen und internationalen Wirtschaftsentwicklung ist eine dynamische Außenwirtschaftspolitik notwendig.[224] Bedingung dafür ist ein liberales und marktwirtschaftliches Entscheidungssystem. Die Erfahrung in den NIACs ist ein Beispiel für die dynamische Anpassung der Außenhandels- und Außenfinanzierungspolitik an die weltwirtschaftliche Entwicklung.

---

[224] Die Erfahrung der NIACs zeigt die Anpassungsfähigkeit der Außenwirtschaftspolitik an die internale und externale Situation. Wie der Erklärungsversuch des wirtschaftlichen Erfolgs der NIACs feststellt, führt eine dynamische Außenwirtschaftspolitik zu wirtschaftlichem Erfolg, mehr dazu vgl. auch Schmiegelow, Michèle (1991), S. 149 ff. und Teil I (3.3) dieser Arbeit.

5) Die weltwirtschaftliche Entwicklung ist eine exogene Determinante der Außenfinanzierungsstruktur eines Landes. Während der Ölkrise waren Länder wie Südkorea und Taiwan gezwungen, kurzfristig mehr indirekte Investitionen, vor allem Bankdarlehen, aufzunehmen. Dieses Beispiel zeigt, daß Beurteilungen der langfristigen Entwicklungstendenz der Weltwirtschaft ebenfalls in die Entscheidung über die Außenfinanzierungsstruktur einfließen.

Der derzeitige Internationalisierungsprozeß bedeutet eine zunehmende Internationalisierung der Produktion. Von einer verbesserten weltweiten Ressourcenallokation erwartet man zunehmende wirtschaftliche Prosperität für jene Länder, die an diesem Prozeß teilnehmen. Zur Erreichung dieses Zieles erweist sich die Strategie der NIACs besser geeignet als die Indiens.

Zusammenfassend läßt sich festhalten, daß die Wirtschaftsordnung eines Landes eine Determinante von herausragender Bedeutung für die Entstehung und Entwicklung der Außenfinanzierungsstruktur dieses Landes ist. Die weltwirtschaftliche Entwicklung bzw. der Integrationsprozeß machen es zunehmend erforderlich, daß alle Länder sich in die Weltwirtschaft integrieren und marktwirtschaftliche Ordnungen herstellen. Angesichts der positiven Wirkungen der Direktinvestitionen auf die Systemtransformation in eine Marktwirtschaft ist deshalb festzuhalten, daß eine direkte Außenfinanzierungsstruktur für ein noch zu transformierendes zentralverwaltungswirtschaftliches Land wie die V.R. China das bestgeeignete Modell ist.

Im folgenden soll daher die Verwendung ausländischen Kapitals in China mittels der oben aufgestellten Kriterien untersucht und die Außenfinanzierungsstruktur Chinas näher analysiert werden.

Teil II: Chinas Außenfinanzierungsstruktur im Wandel von 1979 bis 1993

1. Einleitung

Seit 1979 attrahiert China nicht nur ausländisches Kapital, auch Chinas Außenfinanzierungsstruktur entwickelte sich als Folge des Reformprozesses der vergangenen 15 Jahre dynamisch.

Dieser Teil der Arbeit konzentriert sich auf die Dynamik der Entwicklung der Außenfinanzierungsstruktur Chinas. Er stellt sich die Aufgabe, zu klären welchen Wandel die Außenfinanzierungsstruktur Chinas seit Beginn des Reformprozesses 1979 durchlief, welche Außenfinanzierungsstruktur zur Zeit besteht und wie diese Veränderungen zu erklären sind. Dabei soll das Augenmerk auf die politischen und wirtschaftspolitischen Entwicklungen in China gerichtet werden, Entwicklungen, die mit den Veränderungen der Außenfinanzierungsstruktur eng verknüpft sind.

Vorab soll kurz die Außenfinanzierungsstruktur vor der Reformzeit dargestellt werden, um Zusammenhänge und Brüche zwischen der Reformzeit und der Zeit vor 1979 deutlich zu machen und ein vertieftes Verständnis der chinesischen Außenfinanzierungsstruktur und deren dynamischer Entwicklung möglich zu machen.

Mit der Gründung der Volksrepublik China 1949 gab es eine kommunistische Regierung unter Führung Mao Tsetungs. Wie andere Entwicklungsländer verfolgte auch China eine nationale "Self-Reliance"-Politik, also eine autozentrierte wirtschaftspolitische Entwicklung und Dissoziation von der Weltwirtschaft, insbesondere eine Abkopplung von den Wirtschaften der Industrieländer.[225] Trotz des wirtschaftlichen Niedergangs, trotz der dringenden Notwendigkeit von Außenfinanzierung jeglicher Art, lehnten die Kommunisten jede Form von Außenfinanzierung aus Prinzip strikt ab. Statt dessen herrschte das Prinzip "weder inländische noch ausländische Verschuldung zulassen".[226] Daher spielte ausländisches Kapital für die wirtschaftliche Entwicklung Chinas vor der Einführung der Reformpolitik 1979 keine bedeutende Rolle. Außenhandel erfolgte nur in begrenztem Umfang unter staatlicher Kontrolle. Die Leistungsbilanz von 1953 bis 1978 war positiv und erwirtschaftete einen Überschuß in Höhe von 3,7 Mrd. USD.[227]

Während das "Self-Reliance"-Prinzip Chinas Wirtschaftspolitik bestimmte (also vor 1979), gab es Außenfinanzierung nur in Ausnahmefällen. Insgesamt bemühte man sich in fast dreißig Jahren nur dreimal in größerem Umfang um ausländisches Kapital:

1) In den fünfziger Jahren schloß die Mao-Regierung, aufgrund der politischen Isolation und des wirtschaftlichen Embargos[228] der USA und der anderen kapitalistischen Industrieländer, Vereinbarungen über Export-Kredite, Joint Ventures, sowie die Finanzierung von Kompensationsverträgen mit den sozialistischen Bruderländern (der damaligen Sowjetunion, Polen und anderen osteuropäischen Län-

---

[225] Mao Tse-tung faßte die Politik mit dem Satz "Sich auf sich selbst verlassen, hart arbeiten und einfach leben" ("Zili Gengsheng, Jianku Pusu"). Vgl. Mao Tsetung (1964), S. 21 und vgl. auch Ho, Samuel P.S.; Huenemann, Ralph W. (1984), S. 5 ff. sowie Teil I (3.5.1) dieser Arbeit.

[226] Vgl. Yin, Jieyan (1991), S. 810.

[227] Vgl. Yin, Jieyan (1993), S. 519.

[228] Das sog. "Coordinating Comittee for Export Control" (COCOM). 1951 wurde ein Embargo gegen China und Nordkorea erlassen, im Jahr danach wurde eine China-Sonderabteilung eingerichtet, um die Kontrollen zu verschärfen. Vgl. Li, Debin (1987) S. 152 ff.

dern).[229] Bis zur Verschlechterung der Sino-Sowjetischen-Beziehungen im Juli 1959 nahm China von der Sowjetunion und den osteuropäischen Ländern insgesamt Kredite in Höhe von 27,1 Mrd. USD auf und finanzierte damit 558 Projekte. In diesem Zeitraum gründete China vier Joint Ventures mit der Sowjetunion (in den Bereichen Erdöl- und Metallförderung, Schiffbau, zivile Luftfahrt) sowie ein Joint Venture (einen Reedereibetrieb) mit Polen.[230] Wegen der Verschlechterung der diplomatischen Beziehungen zwischen China und der UDSSR mußte China bis 1964 alle Schulden an die Sowjetunion zurückzahlen und die sowjetischen technischen Experten kehrten in ihr Heimatland zurück. Sie hinterließen ein Chaos, da bis zu ihrem Abzug nur 178 der 558 Projekte fertiggestellt werden konnten.

2) Als Folge der schlechten Erfahrung mit der Sowjetunion nahm China fortan ausländische Kredite in Form von Exportkrediten hauptsächlich in Japan (1963) und in westeuropäischen Ländern (1966) auf. So konnte China 56 komplette Maschinenanlagen im Wert von 260 Mill. USD und 24 Einzelanlagen in Wert von 7 Mill. USD anschaffen. Die bereits begonnenen Projekte wurden - infolge der 1966 einsetzenden Kulturrevolution - nicht weitergeführt und die bereits gelieferten Maschinen nicht genutzt.[231]

3) In den siebziger Jahren wurden die diplomatischen Beziehungen mit den Vereinigten Staaten, Japan und anderen Industrieländern wieder aufgenommen. Bis zum Jahr 1977 schloß China 220 Import-Verträge mittels Exportkrediten ab.

---

[229] Vgl. Lin, Shuzhong (1993), S. 3 ff.

[230] Von den fünf Joint Ventures ist nur noch die Reederei mit Polen im Betrieb. Vgl. Lin, Shuzhong (1993), S. 4.

[231] Vgl. Li, Debin (1987) S. 379 ff.

Die vereinbarten Kredite beliefen sich auf insgesamt 3,96 Mrd. USD.[232] In der Folge nahm die chinesische Regierung, insbesondere die Hua Guofeng[233]-Regierung, weitere ausländische Kredite auf. Allein im Jahr 1978 initiierte die Hua-Regierung mehr als zwanzig Projekte in Höhe von 7,8 Mrd. USD.[234] Wegen fehlender eigener Finanzierungsmöglichkeiten mußte die Bank of China (die einzige staatliche Devisen- und Außenhandelsbank für internationale Finanztransaktionen und Bankaktivitäten) von Anlagenanbietern oder deren Regierungen Exportkredite in Höhe von 7,5 Mrd. USD aufnehmen.[235]

Die geringe Sorgfalt bei der Inanspruchnahme ausländischen Kapitals stand mit den "Vier Modernisierungen" Hua Guofengs in engem Zusammenhang.[236] Aufgrund des Mangels an Investitionskapital und Technologie mußte die Regierung Kredite von 5,1 Mrd. USD auf dem Eurokapitalmarkt aufnehmen, mit Zinsen in Höhe von 15-18% per Annum.[237] Weil die Projekte, als Folge der verordneten Eile, vorab nicht auf Wirtschaftlichkeit überprüft worden waren, entstanden sehr hohe Kosten bei geringem Erfolg.

Beispielhaft ist das Baoshan Stahl & Eisen Werk in Shanghai. Das größte von 22

---

[232] Vgl. Li, Debin (1987), S. 436 ff.

[233] Seit 1969 Mitglied des ZK der KPCh. Seit 1973 Mitglied des Politbüros. April 1976 Ministerpräsident (Ergebnis eines Kompromisses des rechten und linken Flügels). Nachfolger Maos als Vorsitzender des ZK der KPCh ab Oktober 1976. 1978 von Deng Xiaoping entmachtet. Vgl. Bertelsmann Taschenlexikon (1992).

[234] Almanac of China's Economy (1984), S. IV-131.

[235] Vgl. Yin, Jieyan (1993) S. 810; Li, Xianglin (1993), S. 2.

[236] Das Programm der "vier Modernisierungen" wurde ursprünglich von Mao und Zhou Enlai in einem "Zehn-Jahres-Plan" beschlossen und wurde unter Hua Guofeng lediglich ausgeführt. Hua Guofengs "vier Modernisierungen" sind die Modernisierungen der Industrie, der Landwirtschaft, der Wissenschaft (und Technik) und des Militärs.

[237] Vgl. Economic Information (Jingji Cankao) (3.17. 1983), S. 10. und auch Li Debin (1987), S. 527 f.

Projekten und das größte Projekt dieses Sektors in ganz China entstand in Kooperation mit Japan, der BRD u.a.[238] Es verschlang zwischen 1978-1989 durchschnittlich 10 Mrd. USD pro Jahr, ohne einen nennenswerten Gewinn abzuwer-
fen. Das Projekt Baoshan wurde im November 1977 vom Planungskomitee vorgeschlagen. Es sollte 2,5 Mrd. USD kosten und im März 1978 begannen die Bo-
denuntersuchungen. Nach 8 Monaten war Baubeginn. Die Kosten hatten sich
schon zu diesem Zeitpunkt nahezu verdoppelt (4,8 Mrd. USD) und der gesamte
Anlageninvestitionsetat Shanghais in diesem Jahr war zudem ausgeschöpft.[239]

Nach dem Machtwechsel von Hua zu Deng Xiaoping[240] 1979, auch Folge des
schlechten Wirtschaftsmanagements der Hua-Regierung, änderte sich die politische Landschaft nachhaltig.[241] Nun wurde eine wirtschaftliche Reform und
Öffnungspolitik nach außen betrieben. Die Reformpolitik nutzte ausländisches
Kapital in großem Umfang als Mittel zur Industrialisierung Chinas.

2. Die Entwicklung der chinesischen Außenfinanzierungsstruktur von 1979-1993

Erst mit der Reform- und Öffnungspolitik setzte in China eine kontinuierliche

---

[238] Die geplante Kapazität soll 6,7 Mill. Tonnen Eisen und Stahl erreichen. Dazu wurde Roh-
material in Höhe von 20 Mill. Tonnen benötigt, das großenteils aus Indien, Brasilien und
Australien importiert wird. Mehr dazu vgl. UN (1992c), S. 101.

[239] Vgl. Li Debin (1987), S. 529 f. auch Klenner, Wolfgang (1981), S. 85 ff. und UN (1992c),
S. 101.

[240] Deng Xiaoping wurde am 22.8.1904 in Sichuan geboren und nahm nach einem Studium
in Frankreich am "Langen Marsch" teil. 1954 Generalsekretär des ZK, 1955 Mitglied des
Politbüros der KPCh. Während der "Kulturrevolution" wurde er politisch geächtet, 1977
rehabilitiert und wieder eingesetzt. Seit 1978 einflußreichster Politiker Chinas, wenn auch
seit 1989/1990 ohne Parteiämter im Ruhestand. Vgl. Bertelsmann Taschenlexikon (1992).

[241] Vgl. Kleinberg, Robert (1990), S. 11 ff und Tálas, Barna (1991), S. 61 ff. und Harding,
Harry (1987), S. 131 ff.

86

Attrahierung und Nutzung ausländischen Kapitals ein. Der Außenfinanzierungs-
prozeß läßt sich, in Anlehnung an den politischen Reformprozeß[242], in drei Phasen einteilen[243], die im folgenden zunächst skizziert werden, um einen Überblick
zu gewinnen. Anschließend wird jede Phase detailliert analysiert werden.

1) Übergangsphase (1979-1983): Diese Phase unterscheidet sich von der Hua-
Zeit nicht nur durch den Beginn einer systematischen Reform- und Öffnungspolitik, sondern auch durch spezifische Änderungen in der Außenfinanzierung.
Für die Außenfinanzierung ergaben sich wichtige Neuerungen durch die Einrichtung der vier Sonderwirtschaftszonen (im folgenden SWZ) und die Verab-
schiedung des Joint Venture Gesetzes.

2) Versuchsphase (1984-1991): Diese Phase begann nach dem Besuch Dengs in
Südchina 1984. Während dieser Zeit wurde experimentell erprobt, welche
Außenfinanzierungsformen welche Erfolge zeitigen. Wurden die jeweiligen
Auswirkungen für gut befunden, dehnte die Regierung das Versuchsgebiet geo-
graphisch aus. Die Niederschlagung der demokratischen Bewegung und die
darauf folgenden Wirtschaftssanktionen im Jahre 1989 beendeten diese Entwicklung.[244] Die wirtschaftliche Zusammenarbeit mit ausländischen Investoren,
insbesondere politisch orientierte indirekte Investitionen stagnierten und gingen
zurück. Das Experiment scheiterte.

---

[242] Die China-Erfahrung zeigt deutlich, daß die wirtschaftliche Entwicklung besonders stark
von der politischen Entwicklung abhängig gewesen ist. Es gibt viele Untersuchungen, die
diese These bestätigen. Folglich ist die politische Entwicklung auch für die Analyse der
Außenfinanzierungsstruktur von großer Bedeutung. Vgl. Krug, Barbara (1993b), S. 21; Bell,
Michael W. u.a. (1993), S. 2 ff.

[243] Zur Einteilung der chinesischen Außenfinanzierung in Phasen mit Blick auf den ord-
nungspolitschen Reformprozeß, vgl auch Kaus, Willy (1994), S. 101 ff; Bell Michael W.
u.a. (1993), S. 2 ff. und Schüller, Margot (1993), S. 347.

[244] Vgl. Cremerius, Ruth u.a. (1990), S. 5.

3) Phase des Zauderns (1992-1993): Diese Zeitspanne war zunächst durch politische Unentschlossenheit gekennzeichnet. Zwar wurde die Reformpolitik der Li Peng-Regierung schon ein Jahr nach den Studentenunruhen wiederaufgenommen, eine signifikante Festlegung des wirtschaftspolitischen Kurses erfolgte jedoch erst 1992 nach Dengs Südchinabesuch. Insbesondere die Festlegung der VR China auf eine "sozialistische Marktwirtschaft" sicherte die marktwirtschaftliche Entwicklung ab.[245] Allein im Jahre 1992 wurde in China mehr direkt investiert als in den vergangenen 12 Jahren.[246] Die ausländischen Direktinvestitionen betrugen 1992 11 Mrd. USD und 1993 27 Mrd. USD. China wurde - nach den USA - das zweitgrößte Empfängerland der Welt für Direktinvestitionen (s. Tabelle 10).

2.1 Übergangsphase: Von 1979 bis 1983

2.1.1 Verlauf

1979 kam es nach dem 11. Parteitag zu einem Machtwechsel innerhalb der Kommunistischen Partei Chinas (KPCh). Dengs Aufstieg bedeutete eine völlig neue Wirtschafts-politik, der Wirtschaftsreformkurs und die "open-door" Politik wurden sowohl als Partei- als auch als nationale wirtschaftspolitische Linie festgelegt.[247]

Die Öffnungspolitik ermöglichte die Entwicklung des Außenhandels und der Außenfinanzierung und wurde gleichzeitig durch die Politik in den beiden Berei-

---

[245] Vgl. Miller, Lyman, (1994) S. 4.

[246] Vgl. Statistisches Jahrbuch Chinas (1993), S. 647.

[247] Das läßt sich mit dem Ein-Parteien-System Chinas erklären. Es gibt zwar formal noch neun andere demokratische Parteien und Organisationen, aber die Kommunistische Partei ist die absolut herrschende in allen nationalen Entscheidungsangelegenheiten. Mehr zur wirtschaftlichen und politischen Situation dieser Zeit, vgl. Talás, Barna (1991), S. 61 ff.

chen realisiert.[248] In der Außenfinanzierung waren die folgenden gesetzlichen wie auch institutionellen Änderungen zu beobachten:

Im Jahre 1978 wurde eine Arbeitsgemeinschaft innerhalb der Planungskommission unter der Führung des Staatsrates und der KPCh gebildet, um ein Gesetz für ausländische Investitionen zu entwerfen. Auf der 2. Sitzung des Fünften Nationalen Volkskongresses wurde am 1. Juni 1979 das "Gesetz der VR China über Gemeinschaftsunternehmen (Joint Ventures) mit chinesischer und ausländischer Kapitalbeteiligung" verabschiedet.[249] Damit wurden ausländische Direktinvestitionen mit einheimischer Kapitalbeteiligung[250] erstmalig gesetzlich unter kommunistischer Herrschaft in China zugelassen. Auf dieser Grundlage trat eine Reihe von Gesetzen mit dem Regelungsgegenstand ausländisches Kapital in Kraft.

In den Jahren 1982 bis 1984 unterzeichnete China Übereinkünfte mit Schweden, Rumänien und Deutschland über den gegenseitigen Schutz von Investitionen. Zwischen China und den anderen Ländern begannen Verhandlungen über die Doppelbesteuerung im Januar 1981. Einige Abkommen wurden inzwischen unterzeichnet, aber vor 1984 trat keines der Abkommen in Kraft.[251]

Ein bedeutender Schritt für die Entwicklung der Außenfinanzierung war die Einrichtung der SWZ.[252] Im Juli 1979 erlaubte die KPCh den Provinzen Gu-

---

[248] Vgl. Feinberg, Richard E. u.a. (1990) S. 86 ff.

[249] Vgl. The China Investment Guide (1989), S. 391 ff. und detaillierter Li, Fengjiang (1990), S. 49 f.

[250] Zur detaillierten Darstellung der unterschiedlichen Formen der ausländischen Direktinvestitionen und der indirekten Investitionen in China, s. Teil II (3.1.1) und (3.2.2) dieser Arbeit.

[251] Vgl. The China Investment Guide (1989), S. 365 ff.

[252] Vgl. Bolz, Klaus u.a. (1990), S. 84 ff. und Bell, Michael W. u.a. (1993), S. 38 ff.

angdong und Fujian, eine besonders flexible Außenwirtschaftspolitik einzuführen. Konkret richtete Guangdong zuerst zwei "Exportzonen" in Shenzhen und Zhuhai ein. Nach einem Jahr forderte die 2. Sitzung des 5. Nationalen Volkskongresses (August 1980) die beiden südchinesischen Provinzen auf, Shenzhen, Zhuhai, Shantou (in Guangdong) und Xiamen (in Fujian) zu "Sonderwirtschaftszonen" zu erklären und mit einem Verwaltungssystem auf Provinzebene zu führen.[253]

Dieses Verwaltungssystem war insofern ungewöhnlich, als es günstige Investitionsbedingungen schaffen sollte und die Administration von der Zentrale auf die Provinzebene verlagerte, also dezentralisiert wurde.[254] Die SWZ wurden nach dem Vorbild von "export processing zones" in Taiwan, Korea, Thailand und anderen asiatischen Ländern konzipiert. Sie sollen - gemäß Gesetz - Direktinvestitionsorte sein und die Exportwirtschaft fördern. Die Gründe für die Einrichtung von SWZ sind vielfältig. Wohl das wichtigste Ziel war es, die Auswirkungen der Investition ausländischen Kapitals auf die wirtschaftliche Entwicklung Chinas in den ausgesuchten Gebieten zu testen.[255]

---

[253] Im Volkskongreß wurden die "Bestimmungen über die Sonderwirtschaftszonen in der Provinz Guangdong" verabschiedet. Die Provinz Fujian sollte daraufhin die Sonderwirtschaftszone Xiamen einrichten und verwalten. Vgl. Liu, Xiangdong u.a., S. 864.

[254] Vgl. Osborne, Michael (1986) und Klenner, Wolfgang (1981), S. 85 ff.

[255] Vgl. Deng, Xiaoping (1988), S. 46 ff.; Bell, Michael W. (1993) S. 10 f. und Kamath, Shyam J. (1990), S. 107 ff.

2.1.2 Bewertung

1) Hintergrund und Motivation

Die Gründe für die nur langsame Wirkung der Reformpolitik auf die Außenfinanzierung sind insbesondere im politischen Bereich zu suchen.[256] Zu nennen wären der Machtkampf innerhalb der KPCh, die entbrennende Diskussion über Ideologie und Pragmatismus, die Wirtschaftsordnung, der Schwerpunkt auf den Reformen im ländlichen Raum und das wirtschaftliche Chaos, das Hua Guo-feng hinterließ. Diese Punkte sollen im folgenden genau untersucht werden.

a) Aufgrund des nach der Kulturrevolution einsetzenden Machtkampfes innerhalb der KPCh[257] konnten zunächst keine weitergehenden wirtschaftspolitischen Entscheidungen getroffen werden.[258] Die Nutzung ausländischen Kapitals ist nur eine zu der Öffnungspolitik gehörende Maßnahme. Die undurchsichtige politische Struktur und Gesetzgebung zu jener Zeit hinderten ausländische private Investoren daran in China zu investieren.

b) Gleichzeitig entbrannte im ganzen Land ein Konflikt zwischen den Befürwortern eines pragmatischen und den Befürwortern einer orthodoxen (ideologiebetonten) Vorgehensweise. Trotz des Machtwechsels von Hua zu Deng hielt sich die marxistische, leninistische und maoistische Ideologie nicht nur bei den Politikern, Wissenschaftlern, sondern auch in großen Teilen des Volkes. Dies

---

[256] Zu der Interdependenz zwischen Wirtschaft und Politik vgl. Krug, Barbara (1993a), S. 39 ff.

[257] Vgl. Harding, Harry (1987), S. 57 ff. und Tálas, Barna (1991), S. 82 ff.

[258] Vgl. Harding, Harry (1987), S. 53 ff.

bedeutete ein großes Hindernis für die Reform- und Öffnungspolitik.[259] Es wurde - und wird - heftig diskutiert, ob durch ausländisches Kapital die chinesische sozialistische Planwirtschaft zu Schaden kommt und ob die SWZ noch sozialistisch sind.[260] Die Debatte wurde landesweit erbittert geführt. Die ideologischen Konflikte schwelen mit Sicherheit noch, waren aber Mitte der achtziger Jahre im Wesentlichen geklärt[261] und - vorerst - zugunsten einer pragmatischen Vorgehensweise entschieden.

c) Bis 1979 herrschte in China noch eine typisch sozialistische, zentrale Planwirtschaft[262]. Sie wurde von Volkseigentum, Staatsbetrieben und Planwirtschaft dominiert.[263] Daher läßt sich die Einrichtung von SWZ erklären:

Zum einen wollte die Regierung wegen der nationalen Planwirtschaft Direktinvestitionen nur in begrenztem Umfang nutzen, um inländische Staatsbetriebe und die Planwirtschaft zu schützen und weiterzuerhalten.

Zum zweiten verfolgte die chinesische Regierung, trotz der Einführung der Öffnungspolitik nach außen statt "self reliance" zu jener Zeit das Prinzip von "Sich auf sich selbst verlassen hat Vorrang, erst dann kommt ausländische Hilfe (Kapital)".[264] Sie wollte sich aus Gründen der nationalen Sicherheit nicht zu sehr auf

---

[259] Im Zeitraum von 1981-83 fand die "Kampagne gegen die geistige Verschmutzung" statt, während der die Öffnungspolitik und die SWZ kritisiert wurden. Mehr dazu vgl. Morgan, Maria (1991), S. 87.

[260] Vgl. Xu, Dixin (1981), S. 3; Ji, Chongwei (1982), S. 1 f. und Wang, N. T. (1984), S. 45 ff. sowie Kleinberg, Robert (1990), S. 78 ff.

[261] Vgl. Huan, Xiang; Dai, Lunzhang (1984) S. 1 ff.

[262] Vgl. Kraus, Willy (1994), S. 99 ff.

[263] Vgl. Granick, David (1990) und Hsu, Robert C. (1991), S. 75 ff.

[264] Vgl. Almanac of China's Economy (1984), S. IV-132 und Kamath, Shyam J. (1990) S. 108.

das ausländische Kapital verlassen. Folglich sollte ausländisches Kapital nur kontrolliert angewandt werden.

d) Die Reform der ruralen Strukturen war zu der Zeit wirtschaftlicher Schwerpunkt und Hauptbestandteil der Reformen. Die landwirtschaftlichen Probleme wurden eingehend auf der dritten Plenartagung des XI. Zentralkomitees der KPCh im Dezember 1978 diskutiert. In dem "Beschluß über die beschleunigte landwirtschaftliche Entwicklung" wurde festgestellt, daß die Landwirtschaft die Grundlage der gesamten Volkswirtschaft bildet. Um das Ziel der "Vier Modernisierungen" erreichen zu können, müsse daher die Landwirtschaft mit Vorrang entwickelt werden.[265] In urbanen Gegenden zeichnete sich bis dahin noch keine Reform ab, lediglich in einigen Betrieben wurden Experimente durchgeführt.[266] Mit der Einführung des "familienbezogenen Verantwortungssystems" (VVS)[267] wurde die Reform der Landwirtschaft vorangetrieben. Ihre Erfolge ergaben sich aufgrund dieser institutionellen Änderungen und weniger durch technische Neuerungen.[268] Folglich war das Problem der Kapitalknappheit für die Landwirtschaft weniger bedeutsam als für die Industrie.[269]

e) Die Rahmenbedingungen für Investitionen - insbesondere für Direktinvestitionen - waren in China zu jener Zeit ungünstig. Es mangelte an der Infrastruk-

---

[265] Vgl. Bauer, Siegfried u.a. (1993), S. 269 ff.

[266] Shashi (Hubei-Provinz) und Changzhou (Jiangsu) waren die ersten Städte in denen 1981 mit Reformen experimentiert wurde. Bis 1984 waren es schon 60 Städte. Vgl. Li, Debin (1987) S. 618 ff.

[267] Nach diesem System wurde Land aus dem Kollektiveigentum vertraglich für einen bestimmten Zeitraum an bäuerliche Haushalte vergeben. Die Haushalte sind dafür verantwortlich, einen vorgeschriebenen Teil der staatlichen Planquote zu erfüllen, Steuern zu zahlen und Aufgaben im Gemeinwesen zu übernehmen. Alles was die Haushalte darüberhinaus produzieren, können sie auf dem freien Markt verkaufen. Hierzu mehr Blejer, Mario (1991), S. 4 f.

[268] Vgl. Bauer, Siegfried u.a. (1993), S. 271 ff.

[269] Vgl. Peebles, Gavin (1991), S. 35 ff.

tur (Transport, Energie, Information, Kommunikation usw.) für Direktinvestitionen. Die Hua-Regierung hinterließ ein wirtschaftliches Chaos. Während der Hua-Guofeng-Zeit (1976-79) entstanden zwanzig kostenträchtige industrielle Großprojekte, die nach dem Machtwechsel weitergeführt werden mußten. Dafür aufgenommene Kredite konnten erst Ende 1982 zurückgezahlt werden.[270]

Die damalige Regierung bemühte sich deshalb vor allem darum, die Wirtschaft nach dem politischen Machtkampf unter Kontrolle zu bringen und die Stabilität des Wirtschaftssystems wiederherzustellen. Nach außen war daher die Regierung in einer defensiven Situation. Die Außenfinanzierungspolitik Chinas verfolgte nach den schlechten Erfahrungen mit Technologietransfer und Projektmanagement im Zusammenhang mit der Kreditaufnahme der Hua-Zeit zwei Ziele, einerseits das Ziel einer ausgeglichenen Zahlungsbilanz und andererseits ausländische Direktinvestitionen - in der von der Regierung gewünschten Form von Joint Ventures - in den abgegrenzten Gebieten zu testen und moderne Technologien aus den Industrieländern zu nutzen.[271]

2) Ergebnis

Während dieser Phase (1979-83) betrug die ausländische Kapitalzufuhr insgesamt 15,04 Mrd. USD, womit 1471 Projekte finanziert wurden (s. Tabelle 10). Davon wurden mittels indirekter Außenfinanzierung 11,8 Mrd. USD für 79 Projekte aufgewandt.[272] Die Kreditaufnahme durch die Bank of China betrug 7,56 Mrd. USD. Den Restbetrag, insgesamt 3,2 Mrd. USD, hat China zum großen Teil von verschiedenen Ländern (Japan, Belgien, Kuwait u.a.) und den internationalen Organisationen (IFAD, IBRD u.a.) zu Vorzugsbedingungen in Anspruch genom-

---

[270] Vgl. Economic Information (Jingji Cankao) (17.03. 1983).

[271] Vgl. Klenner, Wolfgang (1981), S. 85 ff.

[272] Vgl. Grub, Phillip D.; Lin, Jianhai (1991), S. 21 und 78.

men. Finanziert wurden damit Projekte im Energie- und Verkehrsbereich (z.B. Daqing-Öl, Shandong-Kohle, Eisenbahnen, Häfen), in den Bereichen von Ausbildung und Forschung und andere Projekte, die die Verbesserung der Infrastruktur zum Ziel hatten.[273]

Tabelle 10: Chinas Außenfinanzierung 1979-1993 (Mrd. USD)

Jahr	Gesamte Kapitalzufuhr	Direktin- vestition	Indirekte Investition	Andere	Zahl der vereinbarten Projekte
1979-82	12,457	1,166	10,690	0,601	949
1983	1,981	0,636	1,065	0,280	522
1984	2,705	1,258	1,286	0,161	1894
1985	4,647	1,661	2,688	0,298	3145
1986	7,258	1,874	5,014	0,370	1551
1987	8,452	2,314	5,805	0,333	2289
1988	10,226	3,194	6,487	0,545	6063
1989	10,059	3,392	6,286	0,381	5909
1990	10,289	3,487	6,534	0,268	7371
1991	11,554	4,366	6,888	0,300	13086
1992	19,202	11,007	7,911	0,284	48858
1993	38,960	27,515	11,189	0,256	83595
Gesamt	137,790	61,870	71,843	4,077	174.283

Quelle: Statistisches Jahrbuch Chinas (1994), S.527 und eigene Berechnungen

---

[273] Vgl. Lin, Shuzhong (1993), S. 55 ff.

Seit 1982 erwarben einige staatliche chinesische Finanzorganisationen durch Bondemission auf den internationalen Kapitalmärkten Kapital. Bis 1984 erfolgten zwei Emissionen in Höhe von 15 Mrd. Yen auf dem japanischen "foreign bond-market" durch CITIC und Fujian Investment Enterprise Corporation[274] in Tokio.

Kennzeichend für die Außenfinanzierung in diesem Zeitraum waren indirekte Investitionen (88% der Gesamtkapitalzufuhr bestand aus indirekten Investitionen) in der Form von Kreditaufnahmen durch den Staat und seine Wirtschaftsorgane (z.B. die CITIC, die Bank of China und Ministerien).

Dagegen betrug die Höhe der ausländischen Direktinvestitionen 1,8 Mrd. USD[275], eine Summe, die 1392 Projekte realisieren half. Die Direktinvestitionen wurden überwiegend in Projektkooperations-Joint-Ventures (759 Mill. USD) und Ölerschließungsunternehmen (788 Mill. USD) investiert, während Equity-Joint-Ventures (173 Mill. USD) und "Wholly Foreign-Owned Enterprises" (83 Mill. USD) (im folgenden WFOE) relativ selten waren.[276] Der Anteil der Equity-Joint-Ventures an den gesamten Investitionen betrug 9,6% und der Anteil der WFOE betrug ca. 4,6%.[277]

---

[274] Zwei von 10 Finanzorganisationen, die von der Regierung zu den internationalen Finanzmärkten zugelassen wurden, s. Teil III (3.1.2) dieser Arbeit.

[275] Die anderen Investitionen 1,04 Mrd. USD zählen nicht zu den Direktinvestitionen. Sie wurden in den Formen von Kompensationshandel, Leasing, etc. vergeben, stellten also eher eine kurzfristige Zusammenarbeit mit den chinesischen Partnern dar.

[276] Zu den verschiedenen Unternehmensformen der ausländischen Direktinvestitionen in China, s. Teil II (3.1.1) dieser Arbeit.

[277] Vgl. Almanac of China's Foreign Economic Relations and Trade (1984) sowie Grub, Phillip D; Lin, Jianhai(1991), S. 71, 78; Liu, Xiangdong (Hrsg.), S. 852 ff.

1) Diese Struktur des Investitionsverhaltens weist daraufhin, daß die ausländischen Investoren zum großen Teil an den natürlichen Ressourcen und billigen Arbeitskräften Chinas interessiert waren.[278] Zudem waren offenbar unübersichtliche und ungünstige Rahmenbedingungen in Politik und Wirtschaft ein Grund dafür, daß die Investitionen in jener Zeit meist nur kurzfristiger Natur (in Form von Projektkooperations-Joint Ventures) waren.

2) Die zentralen staatlichen Wirtschaftsorgane spielten in dieser Phase eine entscheidende Rolle in der Außenfinanzierung wie in der ganzen Planwirtschaft. Sie entwarfen nicht nur die Wirtschaftspolitik, sondern waren auch wichtige Träger der Investitionstätigkeit, absorbierten also den überwiegenden Teil der staatlichen indirekten Außenfinanzierung.[279]

2.2 Versuchsphase: Von 1984 bis 1991

2.2.1 Verlauf

Einen Durchbruch für die neue Außenfinanzierungspolitik bedeutete Dengs erster Südchinabesuch 1984 und die Erweiterung der Sonderwirtschaftszonen auf vierzehn Küstenstädte.

Nach der Stabilisierung der politischen Lage besuchte Deng im Februar 1984 drei

---

[278] Zum Vergleich mit Singapur in dieser Hinsicht, vgl. Teil III (3.1.2) dieser Arbeit und Tabelle 11.

[279] Vgl. Teil III (2.3) dieser Arbeit.

SWZ[280] und Shanghai-Baoshan. Nach diesem Südchina-Besuch[281] lobte er in seinem öffentlichen Bericht die SWZ und die Öffnungspolitik und bemerkte, daß neben den SWZ noch mehr Gebiete für ausländische Investoren geöffnet werden sollten.[282] Damit waren die SWZ nicht mehr nur "Test-Gebiet", sondern, wie Deng sagte: "Eine Wirtschaftssonderzone ist wie ein Fenster, durch das Technik, Management und technisches Wissen Eingang finden. Sie ist ebenfalls ein Fenster für unsere Außenpolitik".[283]

Nach der Tagung über die Verwendung ausländischen Kapitals (1983) erließen die KPCh und der Staatsrat "Bestimmungen über die verstärkte Förderung und Verwendung ausländischen Kapitals".[284] Diese Bestimmungen setzten die neue Außenfinanzierungspolitik als langfristige wirtschaftliche Politik voraus und forderten die Unterorgane der KPCh und regionalen Regierungen auf, ohne ideologische Befürchtungen ausländisches Kapital anzuwenden.[285]

In demselben Monat verabschiedete der Staatsrat die "Ausführungsbestimmungen für das Gesetz über Gemeinschaftsunternehmen". Im Mai 1986 wurde das "Gesetz über ausländische Unternehmen" in der 4. Sitzung des 6. Volkskongresses

---

[280] Shenzhen, Zhuhai und Xiamen.

[281] Im Jahr 1992 besuchte Deng noch einmal Süd-China. Dieser zweite Besuch bedeutete auch eine politische und wirtschaftspolitische Änderung, s. Teil III (2.4.1) dieser Arbeit.

[282] Vgl. Deng, Xiaoping (1988), S. 46 ff.

[283] Zitiert aus Deng, Xiaoping (1988), S. 47.

[284] Vgl. Liu, Xiangdong u.a. (1993), S. 865.

[285] Vgl. Liu, Xiangdong u.a. (1993), S. 864 ff.

verabschiedet. Im Oktober erließ der Staatsrat "Bestimmungen zur Förderung ausländischen Kapitals".[286]

Der 13. Parteitag der KPCh im Oktober 1987 bejahte die positiven Auswirkungen der Öffnungs- und Außenfinanzierungspolitik.[287] Danach baute der Staatsrat im Jahr 1988 die sogenannte "wirtschaftliche Entwicklungsstrategie im Küstengebiet" oder "Große Internationale Zirkulation" aus. Gemäß dieser Strategie sollte ein wirtschaftlicher Entwicklungsprozeß einsetzen, der sich von den SWZ und dem Küstengebiet ausgehend, bis ins Hinterland fortsetzen sollte.[288]

In der Folge fand eine Erweiterung und Festigung der SWZ-Politik statt: Bis Mai 1984 öffnete der Staatsrat weitere vierzehn Küstenhafenstädte.[289] Danach öffnete das Entscheidungsgremium darüber hinaus 1985 die drei Flußdeltas[290] für ausländische Investitionen, in denen eine ähnliche Wirtschaftspolitik wie in den Sonderwirtschaftszonen eingeführt werden sollte.[291] Anfang 1988 wurde die Insel Hainan, deren Grundfläche genauso groß wie die Taiwans ist (ca. 36.000 qkm),

---

[286] Die "Ausführungsbestimmungen für das Gesetz über Gemeinschaftsunternehmen" sind Verwaltungsvorschriften zur Durchführung des "Gesetzes über die Gemeinschaftsunternehmen", das bereits 1979 erlassen wurde. Das "Gesetz über ausländische Unternehmen" gilt für Unternehmen mit hundertprozentigem ausländischem Kontroll- (Eigentums-) recht. In den "Bestimmungen zur Förderung ausländischen Kapitals" wurden steuerliche Begünstigungen, die Finanzierung in RMB usw. geregelt und insbesondere exportfördernde Technologien und Investitionen gefördert. Mehr dazu vgl. Gesammelte Gesetze der V.R. China (1992), S. 1373 ff, 1379 ff. und 1396 ff.

[287] Vgl. Scharping, Thomas (1988) S. 11 f.

[288] Diese Strategie wurde von dem Wirtschaftswissenschaftler Wang Jian zuerst entwickelt und von damaligen Ministerpräsidenten Zhao Ziyang unterstützt, mehr dazu vgl. Fewsmith, J.; Zou, G. (Hrsg.) (1991), S. 1 ff.

[289] Von Norden nach Süden sind dies Dalian, Qinhuangdao, Tianjin, Yantai, Qingdao, Lianyungang, Nantong, Shanghai, Ningbo, Wenzhou, Fuzhou, Guangzhou, Zhanjiang, und Beihai. Vgl. Grub, Philipp D.; Lin, Jianhai (1991), S. 29 ff.

[290] des Yangtse, des Perlflusses in Guangdong und des Jiulong- sowie Minflusses in Südfujian.

[291] Vgl. Morgan, Maria C. (1991), S. 85 f.

zu einer eigenständigen Provinz erhoben und zur größten Sonderwirtschaftszone erklärt.[292]

Von 1979-1988 war der Aufsichtsratsvorsitzende eines Joint Ventures meist ein Chinese, während der Vize-Vorsitzende und der Geschäftsführer von dem ausländischen Partner gestellt wurden. Nach den neuen Bestimmungen von 1988 darf nun auch der Aufsichtsratsvorsitz vom ausländischen Partner übernommen werden.[293] Diese Änderung ist ein Beispiel für die Fortschritte, die in dieser Zeit erreicht wurden.

Die Niederschlagung der Studentenbewegung und die darauf folgenden Wirtschaftssanktionen im Jahre 1989 hatten neben politischen auch außenwirtschaftliche Konsequenzen. Zum einen verzögerten potentielle ausländische Investoren ihre Investitionsentscheidungen und zum zweiten konzentrierten sich die chinesischen Politiker auf die Sicherung der inneren politischen Stabilität[294] und stellten außenpolitische und außenwirtschaftspolitische Überlegungen hintenan. Diese Phase dauerte bis 1991 an.

---

[292] Mehr zu dem wirtschaftlichen Öffnungsprozeß und der Einrichtung der SWZ, vgl. Bell, Michael W. (1993), S. 38 ff. und Bohnet, Armin u.a. (1993), S. 468 ff.

[293] Vgl. Grub, Phillip D.; Lin, Jianhai (1991), S. 66.

[294] Vgl. Talás, Barna (1991), S. 219 ff.

2.2.2 Bewertung

1) Hintergrund und Motivation

In diesem Zeitraum (1984-91) herrschte in den Entscheidungsgremien der Zentralregierung und der KPCh zwar eine Reformstimmung, die Wirtschaftspolitik dieser Phase muß jedoch als konservativ bezeichnet werden.

Die Reformgegner versuchten weiterhin den Einfluß der ausländischen Investoren zu begrenzen, wobei ideologische Motivationen eine große Rolle gespielt haben dürften.[295] Daher folgten die wirtschaftspolitischen Versuche dem "Trial and Error"-Prinzip.[296] Bis zu den Studentenunruhen 1989 hielt Zhao Ziyang[297] jedoch mit Unterstützung Dengs an einem radikalen Reformkurs fest. Danach übernahm die orthodoxe Fraktion innerhalb des Zentralkommitees und der KPCh die Macht.[298]

Aus ökonomischer Sicht bestand zu jener Zeit ein großer Kapitalbedarf, denn es galt die industrielle Restrukturierung in den Städten nach der erfolgreichen Re-

---

[295] Vgl. Hsu, Robert C. (1991), S. 17 ff.

[296] Der Reformträger Chinas Deng Xiaoping faßt dieses Prinzip in die Worte: "Den Fluß überschreiten, indem man sich von Stein zu Stein tastet".

[297] Zhao Ziyang wurde 1919 in der Provinz Henan in China geboren. Er war seit 1979 Mitglied des Politbüros und wurde 1980-1987 Ministerpräsident und 1987-1989 Generalsekretär des Zentralkomitees der KPCh und erster stellvertretender Vorsitzender der zentralen Militärkommission des Zentralkomitees. Wegen seiner liberalen Haltung während der Studentenbewegung 1989 wurde er aller Ämter enthoben und lebt seither in Peking unter Hausarrest, vgl. Bertelsmann Taschenlexikon (1992).

[298] Detailliert dazu vgl. Kraus, Willy (1994), S. 108 ff. und Harding, Harry (1987), S. 99 ff.

form auf dem Lande in Gang zu bringen.[299] Die Außenfinanzierungspolitik wurde in vier SWZ mit Erfolg getestet. Zum Beispiel betrugen die Direktinvestitionen in Shenzhen im Zeitraum von 1979 bis 1983 378,56 Mill. USD.[300] Das machte 20% der gesamten ausländischen Direktinvestitionen in China aus. Shenzhen wurde dadurch von einem unbekannten Fischerdorf zu einer wichtigen Industrie- und Handelsstadt. Seit 1990 ist sie die größte Exportstadt Chinas.[301]

2) Ergebnis

In dieser Phase (1984-91) floß ausländisches Kapital in Höhe von insgesamt 65,2 Mrd. USD nach China. Die indirekten Investitionen betrugen 41 Mrd. USD. Die Direktinvestitionen betrugen 21,6 Mrd. USD (s. Tabelle 10). Dies bedeutete jedoch im Zeitraum von 1984-1991 eine anteilsmäßige Zunahme der Direktinvestitionen in der Außenfinanzierungsstruktur von 12 auf 33%.

Die staatliche Kreditaufnahme auf den privaten Kapitalmärkten nahm insbesondere seit 1985 zu. Nach der Rückzahlung der durch Hua Guofengs Projekte entstandenen Kreditaufnahme hatte China 1983 nur in Höhe von 450 Tsd. USD Schulden bei privaten Banken. Seit 1984 hat sich diese Form der Kreditaufnahme fast verzwanzigfacht (von 122,3 Mill. USD (1984) auf 2,58 Mrd. USD (1987)). Wegen der Studentenunruhen 1989 nahm der Staat zwar weniger Kredite auf,

---

[299] Vgl. Teil III (2.1.1) dieser Arbeit.

[300] Vgl. Zhang, Minru (Hrsg.) (1993), S. 25.

[301] Shenzhen Special Economic Zone Yearbook (1993), S. 256 ff.

aber immer noch in der erheblichen Höhe von 2,1 Mrd. USD (1990) und 2,44 Mrd. (1991).[302]

Bei den direkten Investitionen ist zu beobachten, daß Joint Ventures die wichtigste Form der direkten Außenfinanzierung darstellen. Die Kapitalzufuhr durch Gründung von Joint Ventures 1984 betrug 254,7 Mill. USD und stieg bereits 1988 auf 1,98 Mrd. USD (1991 auf 2,3 Mrd. USD). Dies bedeutet eine prozentuale Steigerung des Anteils der Direktinvestitionen in der Form von "Joint Ventures" an der gesamten ausländischen Direktinvestition von 20 auf 62% (1988) bzw. 52% (1991).

Zu jener Zeit waren Joint Ventures die überwiegende Form der Außenfinanzierung, der Zusammenschluß mit ausländischen Unternehmen sollte auch einen Beitrag zur Umstrukturierung der staatlichen Betriebe durch den Transfer von Technologien und Management leisten.[303] Deswegen wurden Joint Ventures von der Außenfinanzierungspolitik durch steuerliche Anreize besonders unterstützt. Bis April 1991 mußten die Joint Ventures nur 33% Umsatzsteuer bezahlen, hinzu kamen großzügige Steuerfreibeträge. Dagegen mußten die WFOEs bis zu 40% Einkommensteuer zahlen.[304]

Zumindest bis 1988 wurden die WFOEs benachteiligt. Diese Form besaß in der gesamten Außenfinanzierung einen geringen Anteil. Die gesetzlichen Änderungen für ausländische Investitionen 1986 führten zu einer sofortigen Zunahme der

---

[302] Almanac of Chinese Foreign Economic Relations and Trade (1984-92).

[303] Vgl. Li, Lunshu (1992), S. 717 ff.

[304] Das neue Gesetz "Ausländische Unternehmen und Umsatzsteuer" wurde am 9. April 1991 von der 4. Sitzung des VII. Volkskongresses verabschiedet. Danach soll der Steuersatz für ausländische Unternehmen aller Formen vereinheitlicht werden. Vgl. Li, Jinyan (1990), S. 99. Zur Einkommensteuer, s. auch Teil III (2.1.2) dieser Arbeit.

WFOEs, im Vergleich zum Vorjahr verneunfachten sie sich 1988; ihr Anteil an den gesamten ausländischen Direktinvestitionen stieg von 1% 1984 auf 7% 1988. Direktinvestitionen in der Form von WFOEs nahmen seit 1990 weiter ständig zu[305] und eine große Steigerung fand 1992 erneut statt.[306]

2.4 Phase des Zauderns: Von 1992 bis 1993

2.4.1 Verlauf

Anfang 1992 besuchte Deng zum zweiten Mal Südchina sowie die Städte Shanghai und Wuhan. Anläßlich dieser Reise forderte er, daß China sich dem modernen Managementwissen und den Geschäftsmethoden der kapitalistischen Länder öffnen solle.[307]

Die Versammlung des KPCh-Politbüros fand direkt nach Dengs Südchinabesuch im März 1992 statt. Dengs Ansichten wurden formell in die KPCh eingebracht. Der 14. Parteitag der KPCh im Oktober 1992 war für die weitere Reform- und Öffnungspolitik bzw. die Außenfinanzierungspolitik von großer Bedeutung. Auf dem Parteitag wurde eine "sozialistische Marktwirtschaft" als Ziel der KPCh und auch Chinas festgelegt.[308] Der Parteitag forderte eine verstärkte Öffnung nach

---

[305] Dazu führte die Gesetzesänderung des "Gesetzes über Gemeinschaftsunternehmen" (April 1990), z.B. hat das geänderte Gesetz definitiv über die Ablehnung einer Verstaatlichung (Art. 2) entschieden. Auch eine zeitliche Begrenzung der Gemeinschaft war für einige Branchen nicht mehr erforderlich (Art. 12). Vgl. Gesammelte Gesetze Chinas (1992), S. 1373 ff.

[306] Der Anteil der WFOEs an den gesamten Direktinvestitionen betrug 1992 23%. Vgl. auch Almanac of China's Foreign Economic Relations and Trade (1992), S. 688.

[307] Vgl. Deng, Xiaoping (1992), S. 7.

[308] Vgl. Jiang, Zemin (1993), S. 1 f.

außen und vermehrte Verwendung von ausländischem Kapital, Ressourcen, Technologien sowie Managementerfahrung.[309]

Die folgenden Wirtschaftsbereiche wurden für ausländische Investoren auf Testbasis geöffnet: inländischer Handel, Außenhandel, Finanzen, Versicherungen, Luftverkehr, Rechtsberatung und Wirtschaftsprüfung. Die bereits geöffneten, aber noch limitierten Investitionsfelder, z.B. Immobilien, Gastronomie (Hotel), Information und Unternehmensberatung, sollen für ausländische Investoren gelockert und geöffnet werden.[310]

Die wirtschaftliche Öffnung wurde in den Grenzgebieten und Städten, im Landesinneren sowie den Hauptstädten von Provinzen vollzogen.[311] 1992 wurden weitere Wirtschafts- und Technologienentwicklungsgebiete errichtet, z.B. Wenzhou (Zhejiang-Provinz) und Kunshan (Jiangsu-Provinz). Außerdem wurden bis 1992 die ersten 10 Tourismus-Gebiete (Provinzen und Städte) für ausländische Investoren im Bereich der Tourismusindustrie geöffnet.[312]

Insbesondere in diesen Gebieten soll der Markt nach dem Prinzip "Marktöffnung für Hochtechnologie" für ausländische Investitionen aber auch Produkte geöffnet werden. Die zugelassenen Produkte können in drei Gruppen unterteilt werden: Hochtechnologien, die China noch nicht besitzt, importsubstitutionsfähige Pro-

---

[309] Vgl. Jiang, Zemin (1993), S. 3.

[310] Vgl. Liu, Xiangdong u.a. (1993), S. 868 ff.

[311] Namen der 34 Städte bei Liu, Xiangdong u.a. (1993), S. 870.

[312] Sie sind Hainan, Jiangsu, Fujian, Guangxi, Shanghai, Guangzhou, Dalian, Hangzhou, Kunming und Qingdao. Vgl. Liu, Xiangdong u.a. (1993), S. 878.

105

dukte, Schwer- und Chemieindustrie.[313] Dafür wurden über 20 Hochtechnologie-
und Industriegebiete eröffnet, z.b. Beijing Haidian als Elektronik-Entwicklungs-
gebiet.

Schließlich wurde die neue Unternehmens- und Investitionsform "Aktiengesellschaft" für ausländische Investoren zugelassen. Ende 1992 gab es bereits mehr als
zwanzig gemeinsame chinesisch-ausländische Aktiengesellschaften. Einige von
ihnen dürfen ihre Aktien als "B-Shares"[314] in Shenzhen und Shanghai an der Börse
notieren. Damit waren die chinesischen Aktienmärkte auch für ausländische Investoren geöffnet worden.[315]

2.4.2 Bewertung

1) Hintergrund und Motivation

Die Folgen der demokratischen Bewegung 1989 und die nachfolgende wirtschaftliche Isolation beendeten die Versuchsphase und 1992 begann eine neue,
dritte Phase. Die wirtschaftliche und politische Entwicklung in der zweiten Phase,
insbesondere nach 1989, machte den chinesischen Entscheidungsträgern deutlich
bewußt, daß politische Stabilität von der wirtschaftlichen Weiterentwicklung und
diese wiederum von der Öffnungspolitik abhängt. Deng äußerte nach seinem 2.

---

[313] Vgl. Liu, Xiangdong u.a. (1993), S. 870.

[314] B-Shares können nur von ausländischen Investoren und mit Devisen erworben werden. A-
Shares dagegen sind den chinesischen Investoren vorbehalten. Vgl. hierzu auch Bell, Michael
W. u.a. (1993), S. 14.

[315] Vgl. Liu, Xiangdong u.a. (1993), S. 870 und Teil III (2.1.1) dieser Arbeit.

Südchina-Besuch intern, daß die kommunistische Führung nur überleben wird, wenn sie die sozialistische Reform- und Öffnungspolitik weiterführt und den Lebensstandard der Menschen verbessert. Der Machterhalt der kommunistischen Führung sei nach der Studentenbewegung 1989 nur gelungen, weil die Reform- und Öffnungspolitik erfolgreich weiter vorangebracht worden sei.[316]

Im Zusammenhang mit Deng Xiaopings Äußerung löste der 14. Parteitag der KPCh den ideologisch aufgeladenen Konflikt um die Verwendung ausländischen Kapitals in pragmatischer Weise. Die Erhöhung der Produktivität und die Verbesserung des Lebensstandards wurden zu Kriterien dafür erhoben, ob die Verwendung ausländischen Kapitals sozialistisch sei. Demgemäß soll nun vermehrt ausländisches Kapital im Rahmen einer sozialistischen Marktwirtschaft verwendet werden.[317]

Nach dem 14. Parteitag der KPCh 1992 wurde eine noch größere Öffnung nach außen und verstärkte Nutzung ausländischen Kapitals, ausländischer Ressourcen, Technologien und Managementerfahrung gefördert.[318] Die Exportwirtschaft soll nach dem "Outward-Led-Development"-Modell durch Erschließung der Weltmärkte entwickelt werden. Ein Beispiel für dieses Bemühen ist die Bewerbung um den Wiedereintritt in das GATT.[319]

2) Ergebnis

---

[316] Vgl. Deng, Xiaoping (1992), S. 4 f.

[317] Vgl. Deng, Xiaoping (1992), S. 6 und Beijing Rundschau (1993), S. 44 ff.

[318] Vgl. Jiang, Zemin (1993), S. 3.

[319] Vgl. Chai, C.H. (1989), S. 75 ff. und Zhang, Zuoqian (1992).

Durch die Festlegung der neuen wirtschaftlichen und politischen Linien des 14. Parteitages erfuhr die Außenfinanzierungsstruktur eine drastische Änderung. 1992 verwandte China insgesamt ausländisches Kapital in Höhe von 19,2 Mrd. USD, darunter Direktinvesitionen in Höhe von 11 Mrd. USD und indirekte Investitionen in Höhe von 7,9 Mrd. USD. Zum ersten Mal seit Beginn der Verwendung ausländischen Kapitals entstand eine Außenfinanzierungsstruktur, in der die direkten Investitionen überwogen (57% der gesamten Außenfinanzierung, s. Tabelle 10). Im Jahr 1993 erreichten die Investitionen in China mit 27 Mrd. USD einen neuen Rekord. China war demnach der größte Empfänger von Direktinvestitionen in Entwicklungsländern und, nach den USA, der zweitgrößte Direktinvestitionsempfänger in der Welt.[320]

Direktinvestitionen in der Form von WFOE haben 1992 einen über zwanzigprozentigen Anteil an den gesamten Direktinvestitionen. 77% der ausländischen Direktinvestitionen erfolgen in anderen chinesisch/ausländischen Kooperationsformen. Ausländische Direktinvestitionen machten 1993 71% der gesamten Außenfinanzierung Chinas aus. Der Anteil der indirekten Investitionen betrug 29%.[321]

3. Die Außenfinanzierungsstruktur Chinas: Eine kritische Betrachtung

Direktinvestitionen nahmen in China schon seit dem Anfang der neunziger Jahre schneller als in allen anderen Entwicklungsländern zu. 1993 flossen ein Drittel

---

[320] Vgl. UN (1994), S. 68 ff.

[321] Vgl. Statistisches Jahrbuch Chinas (1994), S. 527.

aller Direktinvestitionen in Entwicklungsländer nach China. Dies legt die Frage nahe, ob die chinesische Außenfinanzierungsstruktur in ein direktes Modell (wie Singapur) einzuordnen ist und ob die chinesische Verwendung ausländischen Kapitals tatsächlich so erfolgreich wie in Singapur ist?

Um diese Frage zu beantworten, versucht diese Arbeit, die Natur der Außenfinanzierungsstruktur Chinas detailliert zu analysieren und in die oben (Teil I) aufgestellte Modellklassifikation einzuordnen. Chinas Außenfinanzierungsstruktur wird im Detail mit dem direkten Modell Singapurs und dem indirekten Modell Südkoreas verglichen.[322]

3.1 Die Verwendung der Direktinvestitionen: Ein Vergleich

3.1.1 Direktinvestitionen: Die Chinesische Definition

Während allgemein unter einer ausländischen Direktinvestition eine Vermögensanlage im Ausland, durch natürliche oder juristische Personen des Inlands mit dem Ziel eine Kontrolle über Aktiva auszuüben, verstanden wird[323], ist die ursprüngliche chinesische Definition von Direktinvestionen breiter und detaillierter.[324]

---

[322] Um deutliche Ergebnisse zu erzielen, werden nur die zwei typischen und erfolgreichen Außenfinanzierungsmodelle (Singapur und Südkorea) für den Vergleich ausgewählt. Das gemischte Modell eignet sich nicht für einen Vergleich.

[323] Vgl. Stehn, Jürgen (1992), S. 4 f. und Teil I (1.1.2) dieser Arbeit.

[324] Vgl. Lee, Kuen (1991), S. 108.

Unter Direktinvestitionen verstand man in China nicht nur Kapitalbeteiligungen und Projektinvestitionen, sondern auch Kompensationshandel, internationales Leasing sowie Fertigung und Montage.[325] Diese Definition galt bis 1985, dann wurde 1986 eine neue "Statistische Bestimmung über die Anwendung ausländischen Kapitals" vom MOFTEC (Ministry of Foreign Trade and Economic Cooperation) erlassen. Seitdem wird die Außenfinanzierungsstruktur, etwa in der Statistik des MOFTEC, in drei Teile eingeteilt: (1) Ausländische Anleihen, (2) ausländische Direktinvestitionen und (3) andere ausländische Investitionen, die Kompensationshandel, Leasing sowie Fertigung und Montage umfassen.[326] Diese "anderen" Investitionen spielen in der gesamten Außenfinanzierung eine sehr geringe Rolle. Der Anteil der Investitionen in dieser Form blieb unter 5% des gesamten ausländischen Kapitals in China (s. Tabelle 10).

Zu ausländischen Direktinvestitionen in China zählen nach der neuen statistischen Klassifizierung vier Gruppen[327]:

1) Equity-Joint-Ventures: Derartige Joint Ventures sind nach dem Gesetz von 1979 gegründete gemeinsame Unternehmen zwischen chinesischen und ausländischen Partnern mit beschränkter Haftung.[328]

Ausländische Investitionsmittel können konvertible Währung, Maschinen, Technologie, industrielles Urheberrecht oder Managementwissen sein. Nach dem Ge-

---

[325] Vgl. Grub, Phillip D.; Lin, Jiahua (1991), S. 65 f.

[326] Almanac of China's Foreign Economic Relations and Trade (1984-92).

[327] Vgl. Ho, Samuel P. S.; Huenemann, Ralph W. (1984), S. 28 ff. und Beamish, Paul W.; Spiess, Lorraine (1993), S. 152 ff.

[328] Vgl. Grub, Phillip D.; Lin, Jiahua (1991), S. 66.

setz über Equity-Joint-Ventures soll der ausländische Beteiligungsanteil nicht weniger als 25% der gesamten Investition betragen. Chinesische Partner beteiligen sich normalerweise mit Grundstücken, Gebäuden und Produktionsräumen, Rohmaterialien oder chinesischer Währung. Die eingesetzten Mittel müssen in einer vereinbarten Währungseinheit bewertet werden, um damit eine klare Verteilungsrelation für Risiken und Profit festzulegen. Equity-Joint-Ventures sind wohl die wichtigste Form der chinesischen Außenfinanzierung (s. Grafik 1). 1992 betrugen Equity-Joint-Ventures 55,6% der gesamten Direktinvestitionen, im Vergleich mit 11,6% im Jahr 1984.

Die politische Unterstützung, die günstigen steuerlichen Bedingungen, der verbesserte Zugang sowohl zu inländischen Material- als auch Absatzmärkten und der größere staatliche Schutz - Equity-Joint-Ventures sind durch Gesetz ausdrücklich vor Enteignung und Nationalisierung geschützt[329]- im Vergleich mit anderen Beteiligungsformen sind Gründe dafür.[330]

2) Projektkooperations-Joint-Ventures: Sie werden auch als kooperative Joint Ventures bezeichnet und arbeiten auf Vertragsbasis an einem konkreten Projekt. Im Vergleich zu einem Equity-Joint-Venture kann ein Projektkooperations-Joint-Venture zwar mit denselben Investitionsmitteln wie ein Equity-Joint-Venture gegründet werden, der entscheidende Unterschied ist jedoch, daß bei der Gründung eines Projektkooperations-Joint-Ventures keine juristische Person (legal entity) zu entstehen braucht. Deswegen müssen die Partner über alle für das Kooperationsprojekt benötigten Punkte eine Vereinbarung treffen.

---

[329] Vgl. Gesammelte Gesetze Chinas (1992), S. 1373.

[330] Vgl. Grub, Phillip D.; Lin, Jiahua (1991), S. 91.

Darüber hinaus ist die Risiken- und Profitverteilungsrelation nicht von der Kapitalbeteiligungsrelation, sondern von den vertraglichen Vereinbarungen abhängig. Damit vermeidet man die komplizierte Bewertung[331] des investierten Know-hows und anderer Investitionsmittel und kann schneller zur Einigung kommen. Es ist einfacher, einen kooperativen Vertrag zu schließen und zu beenden.[332] Projektkooperations-Joint-Ventures sind jedoch ein projektbezogenes gemeinsames Unternehmen, das von vornherein nur kurzfristig angelegt ist.

Im Gegensatz zu Equity-Joint-Ventures stellt der Staat keinen ausdrücklichen Eigentums-Schutz zur Verfügung. Projektkooperations-Joint-Ventures wurden in der Anfangsphase der chinesischen Außenfinanzierung häufiger gegründet, ihre Attraktivität nahm jedoch mehr und mehr ab (s. Grafik 1). 1979-1982 betrug der Anteil derartiger Direktinvestitionen 45,6% aller Direktinvestitionen, dieser Anteil fiel bis 1992 auf nur noch 19,3%.[333]

3) WFOEs: Ein vom ausländischen Investor mit 100 % eigenen Investitionsmitteln gegründetes Unternehmen ist ein WFOE (Wholly Foreign Owned Enterprise), das für das gesamte Management, Risiken, Profite und Verluste verantwortlich ist. Investitionen in diese Direktinvestitionsform begannen in China im wesentlichen erst seit 1988. Im Jahr 1986, in dem das erste Gesetz darüber verabschiedet wurde[334], besaßen die WFOE nur einen Anteil von 0,9% an den gesamten

---

[331] Das chinesische Recht erfordert für Equity-Joint-Ventures eine umständliche Bewertung, die recht kostenintensiv ist und deshalb gerne umgangen wird, indem man ein Projektkooperations-Joint-Venture vereinbart, für das diese Bewertung nicht vorgeschrieben ist, vgl. Durchführungsbestimmungen für das Joint-Venture-Gesetz Art. 9 (2) (II).

[332] Mehr dazu vgl. The China Investment Guide (1989), S. 313 f.

[333] Almanac of China´s Foreign Economic Relations and Trade (1984-1992).

[334] Vgl. The China Investment Guide (1989), S. 441 ff. und S. 439 ff.

Direktinvestitionen, im Jahr 1992 betrug ihr Anteil bereits 22,9% (s. Grafik 1).

Ausländische Investitionen in der Form von WFOE werden in China von der Außenfinanzierungspolitik in vierfacher Weise benachteiligt: Erstens sind WFOE steuerlich nicht so begünstigt wie etwa Equity-Joint-Ventures. Zweitens sind Abnahme und Genehmigung der WFOEs strikter und komplizierter. Drittens besteht kaum ein zuverlässiger Zugang zum inländischen Markt, denn Rohmaterialien waren im Zuge der Planwirtschaft, insbesondere in der ersten und zweiten Phase, - nicht frei zugänglich und der Zugang zum Absatzmarkt ist zum Schutz inländischer Betriebe beschränkt. Und viertens wurde den WFOE gegenüber häufig das Eigentumsrecht an Warenzeichen, Produktdesign u.ä. verletzt.[335]

4) Ölförderungs-Venture: Ölförderungsventures stellen eine besondere Form der Finanzierung der Naturressourcenförderung dar. Sie fördern insbesondere Offshoreöl. In der Praxis stellt dieses Venture eine Mischung aus Projektkooperations-Joint-Venture und Kompensationshandel dar. Insbesondere am Anfang des Reform- bzw. Industrialisierungsprozesses ergab sich in der Öl- und anderen Industrien diese Form der Verwendung ausländischen Kapitals, eine Folge der großen Energieknappheit, des fehlenden Kapitals und entsprechender Technologien für die Energieerzeugung (s. Grafik 1). In der ersten Phase der Außenfinanzierung hatte diese Form der ausländischen Investition einen Anteil von 43,4% an den gesamten Direktinvestitionen, 1992 war ihr Anteil auf 2,3% geschrumpft.

---

[335] Für eine detaillierte Analyse hiervon vgl. Grub, Phillip D.; Lin, Jiahua (1991), S. 94 ff.

Grafik 1: Anteiländerung der vier Gruppen von Direktinvestitionen 1979-92

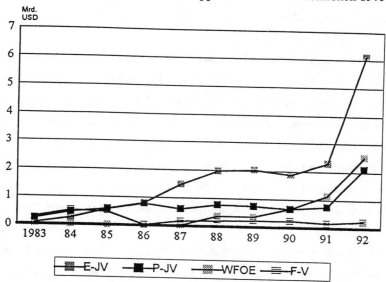

Quelle: Almanac of China's Foreign Economic Relations and Trade (1984-92).

3.1.2 Ein Vergleich der chinesischen Außenfinanzierungsstruktur mit der Singapurs

Singapur gehört zu den Ländern, deren Außenfinanzierungstruktur dem direkten Außenfinanzierungsmodell zuzuordnen ist.[336] In diesem Abschnitt soll gezeigt werden, welche fundamentalen Unterschiede zwischen dem Außenfinanzie-

---

[336] Vgl. Teil I (2.1.1) dieser Arbeit.

rungsmodell Singapurs und Chinas bestehen. Dies ermöglicht eine genauere Zuordnung der chinesischen Außenfinanzierungsstruktur.

1) Bis 1993 attrahierte China ausländisches Kapital in Höhe von insgesamt 137,8 Mrd. USD aus dem Ausland. Davon waren 61,9 Mrd. USD, das sind 44,9% der gesamten Außenfinanzierung, Direktinvestitionen.[337] Hingegen bestreitet Singapur über 90% seiner gesamten Außenfinanzierung aus Direktinvestitionen.[338] Chinas Außenfinanzierungsstruktur ist also mit Sicherheit nicht unter das direkte Außenfinanzierungsstrukturmodell zu subsumieren. Dies zeigt sich auch deutlich im Verhältnis von Direktinvestitionen zum Bruttoinlandsprodukt bzw. der gesamten Kapitalbildung, die in den folgenden Grafiken dargestellt wird (s. Grafik 2 und 3).

Die beiden Grafiken zeigen deutlich, daß in China ein geringer Anteil der gesamten Kapitalbildung (bis 1991 nur 3,3%) durch ausländische Direktinvestitionen finanziert wurde. Dagegen wurde in Singapur 26,2% der Kapitalbildung durch ausländische Direktinvestitionen finanziert. Bei der Relation von Direktinvestitionen zum BIP ist der Unterschied zwischen China und Singapur groß. In China erreichte die Relation 1991 nur 1,18%, dagegen in Singapur 8,73%.

Der Vergleich führt zu dem Schluß, daß China zwar in den letzten 15 Jahren (insbesondere seit 1992) ausländische Investitionen zunehmend anzog, der Anteil der Direktinvestitionen an der gesamten Kapitalbildung und am BIP jedoch weiterhin sehr gering blieb. Das Potential für die Verwendung von ausländischen Direktinvestitionen in China ist längst noch nicht ausgeschöpft.

---

[337] Statistisches Jahrbuch Chinas (1993), S. 617.

[338] Vgl. Teil I (2.2.1) dieser Arbeit.

115

Grafik 2: Die Relation von Direktinvestitionen zur gesamten Kapitalbildung

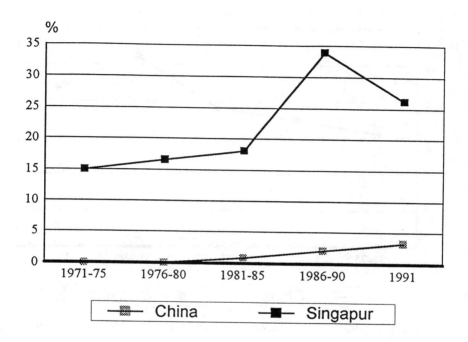

Quelle: UN (1993), World Investment Report 1993 --- World Transnational Corporations and Integrated International Production, S. 252 und UN (1994), World Investment Report --- Employment and the Workplace, S. 425 sowie eigene Berechnungen.

Grafik 3: Die Relation von Direktinvestitionen zum BIP

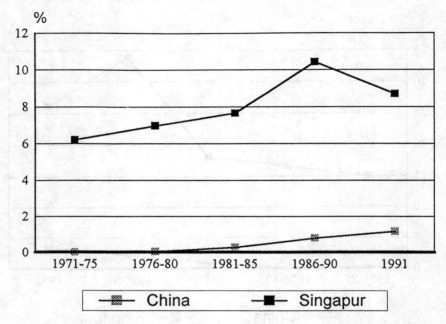

Quelle: UN (1993), World Investment Report 1993 --- World Transnational Corporations and Integrated International Production, S. 252 und UN (1994), World Investment Report --- Employment and the Workplace, S. 425 sowie eigene Berechnungen.

2) Determinanten der Direktinvestitionen und ihre Verteilung auf Sektoren

Neben dem geographischen Vorteil[339] bevorzugen ausländische Investoren Singapur wegen dessen marktwirtschaftlicher Ordnung und der günstig zur Verfügung stehenden Humanressourcen. Wegen der dynamischen Entwicklung der Wirtschaft, der marktwirtschaftlichen Orientierung und der offenen Außenhandelspolitik fließen immer mehr ausländische Direktinvestitionen nach Singapur. Der Reichtum an Humanressourcen trägt dazu bei.[340] Dies macht auch die Sektorenverteilung der Direktinvestitionen deutlich. Direktinvestitionen in Singapur haben ihren größten Anteil im tertiären Sektor, wo sie 1989 52,5% erreichen, dagegen erfolgten Direktinvestitionen in Chinas tertiärem Sektor 1988 nur mit einem Anteil von 42,4% (s. Tabelle 11).

Tabelle 11: Sektorenverteilung ausländischer Direktinvestitionen (Anteil an gesamten Direktinvestitionen in %)

Land	Singapur			China		
Jahr\Sektor	Primär	Sekundär	Tertiär	Primär	Sekundär	Tertiär
1983	0,2	48,3	51,5	66,9	20,4	12,7
1986	0,2	45,4	54,4	11,8	34,4	53,7
1989*	0,2	42,3	57,7	8	49,7	42,2

*Zahlen von 1988 für China

---

[339] Vgl. Agarwal, Jamuna. P. (1986), S. 19.

[340] Vgl. auch Teil I (3.2.3) dieser Arbeit.

118

Quelle: UN (1992b), World Investment Directory 1992 (Vol. I, Asia and the Pacific), S. 73, 265 und eigene Berechnungen.

Chinas Vorteile für ausländische Direktinvestoren liegen in den großen Natur-ressourcen (hauptsächlich unausgebildete Arbeitskräfte), den großen Marktres-sourcen (Bevölkerung von 1,3 Mrd.) und den großen Wachstumsmöglichkeiten. Hauptbereich der ausländischen Direktinvestitionen in China ist der sekundäre Sektor; so flossen im Jahr 1988 49,7% der gesamten ausländischen Direkt-investitionen in den sekundären Sektor. 70% dieser Investitionen betrafen die arbeitsintensiven Bereiche Fertigung und Montage.[341]

Ein Unsicherheitsfaktor für die ausländischen Investoren ist die Frage der Weiter-führung der Reformpolitik. Die Unsicherheit darüber, ob und mit welchem Tempo die Wirtschaftsordnung transformiert wird, hält weiter an. Die Möglichkeiten des großen chinesischen Marktes vor Augen, versuchen die Investoren rasch in China Fuß zu fassen; es läßt sich jedoch beobachten, daß die tatsächlich realisierten Investitionen in keinem Verhältnis zu den vereinbarten Investitionen stehen. Die Realisierungsquote zeigt den großen Anteil mißlungener Investitionsvorhaben; so wurden 1992 nur 18,9 % und 1993 nur 24,7 % der vereinbarten Investitions-vorhaben realisiert (s. Tabelle 12).

---

[341] Vgl. Ho, Samuel P. S.; Huenemann, Ralph W. (1984), S. 30 f. und Liu, Xiangdong u.a. (1993), S. 857 f. und UN (1992b), S. 73 und S. 265.

Tabelle 12: Realisierungsquoten vereinbarter Investitionen in China (1983-1993)

Jahr	Direktinvestition			Indirekte Investition		
	vereinbart	realisiert	Quote (%)	vereinbart	realisiert	Quote (%)
1983	1,7	0,6	35,3	1,5	1,1	73,3
1988	5,3	3,2	60,4	9,8	6,4	65,3
1991	12,0	4,4	36,7	7,2	6,9	95,8
1992	58,1	11,0	18,9	10,7	7,9	73,8
1993	111,4	27,5	24,7	11,3	11,2	99,1

Quelle: Statistisches Jahrbuch Chinas (1994), S. 257 und eigene Berechnungen

3) Herkunftsländer

Die Qualität der Direktinvestitionen für die Realisierung von Marktzugang, Technologie- und Know-How-Transfer läßt sich auch nach der Herkunft der Investitionen differenzieren. Ausländische Direktinvestitionen in China stammen großenteils aus Hongkong und anderen NIACs (s. Tabelle 13). Im Jahr 1985 betrug der Anteil der industrialisierten Länder an den Direktinvestitionen Chinas 44,2% (vor allem Westeuropa, Japan und Nordamerika). Der Anteil der NIACs, hauptsächlich Hongkongs, machte 48,9% der gesamten Direktinvestitionen aus. Bis 1993 sank der Anteil der industrialisierten Länder auf 18% und der Anteil der NIACs stieg auf 77,3%.

120

Tabelle 13: Anteilsstruktur der Herkunftsländer der ausländischen Direktinvestitionen in China (in %)

Land\Jahre	1985	1988	1993
Industrieländer	44,2	29,9	18,0
Westeuropa*	8,6	6,1	2,7
Nordamerika**	18,7	7,6	7,9
Japan	16,1	16,1	4,9
NIACs	48,9	66,5	77,3
Hongkong	48,9	65,6	62,8
Taiwan	-	-	11,3
Südkorea	-	-	1,4
Singapur	-	0,09	1,8

*Die EG-Länder und Norwegen, die Schweiz usw.
**Die Vereinigten Staaten und Kanada

Quelle: UN (1992a), S. 71 f. und Statistisches Jahrbuch Chinas (1994), S. 528 ff. sowie eigene Berechnungen.

Die Struktur der Herkunftsländer der ausländischen Direktinvestitionen in Singapur stellt sich anders dar. Noch 1986 stammten 100% aller Direktinvestitionen aus den industrialisierten Ländern, und dieser Anteil sank 1988 nur geringfügig auf

95,5 %.[342] Diese Struktur läßt sich auf die folgenden Gründe zurückführen.

Die erste Ursache sind mit Sicherheit die kulturellen Bindungen und die geographische Nähe von China und NIACs. In den meisten der NIACs bestehen ethnische, kulturelle, geschichtliche und weltanschauliche Ähnlichkeiten zu China[343], was die Investitionstätigkeit erleichtert.

Die zweite Ursache kann darin gesehen werden, daß die NIACs größtenteils standardisierte Technologien besitzen, die dem technischen Niveau Chinas entsprechen. Durch die Direktinvestitionen der NIACs erhält China hauptsächlich die standardisierte Technologie der Manufakturen der NIACs.[344] Solange also die Direktinvestitionen aus den Industriestaaten nur einen geringen Anteil ausmachen, ist China weit davon entfernt ein Hochtechnologieland zu werden.

Die letzte Ursache ist die wichtigste, nämlich die Wirtschaftsordnung und die Wirtschaftspolitik (z.B. Stabilität, Offenheit). Die große Ähnlichkeit der marktwirtschaftlichen Ordnung zwischen Singapur und den industrialierten Ländern wird von den Investoren gern gesehen.[345] Die chinesische Instabilität der Wirtschaftspolitik - gerade in einem ordnungspolitischen Reformprozeß - erzeugte im Gegenteil Unsicherheit für die Investoren.[346]

---

[342] UN (1992b), S. 264 und eigene Berechnungen.

[343] Vgl. Grub, Phillip D.; Lin, Jianhai (1991), S. 82 ff.

[344] Vgl. Urata, Shujiro (1993), S. 38 ff.

[345] Vgl. Teil I (3.4.4) dieser Arbeit.

[346] Der Zusammenhang zwischen dem ordnungspolitischen Reformprozeß und der Außenfinanzierung wird in Teil III analysiert.

Im Fall Singapurs führt die Analyse der Struktur ausländischer Investitionen zu einem anderem Ergebnis als in China. Große multinationale Unternehmen bieten ihre Forschungs- und Entwicklungs-Aktivitäten und ihre Dienstleistungen in Singapur an. Dadurch können sie zur technischen und wirtschaftlichen Entwicklung Singapurs erheblich mehr beitragen als die Investitionen der NIACs in China.

3.2 Die Verwendung indirekter Investition

3.2.1 Die indirekte Investition: Die chinesische Definition

Nach dem Vergleich der Struktur der Direktinvestitionen Singapurs und Chinas soll nun ein Vergleich der Struktur der indirekten Investitionen zwischen China und Südkorea unternommen werden. Deshalb muß zunächst die chinesische Definition der indirekten Investition näher erläutert werden.

Ausländische indirekte Investitionen werden fünffach unterteilt: (1) Bilaterale Kredite (government loans), (2) multilaterale Kredite (internationale Organisationen), (3) Exportkredite, (4) private Bankdarlehen und (5) Wertpapieremissionen.[347] Nach dem Kapitalträger kann man diese Unterteilung in zwei Gruppen zusammenfassen, in öffentliche Anleihen und Marktanleihen (private Anleihen).

Zu den öffentlichen Anleihen gehören die bi- und multilateralen Kredite sowie die Exportkredite, die zwecks Exportförderung meist aus öffentlichen Mitteln gefördert werden. Private Bankdarlehen und Wertpapieremissionen werden auf den

---

[347] Vgl. Almanac of Foreign Economic Relations and Trade (1992), S. 668.

internationalen Kapitalmärkten aufgenommen. Daher bezeichnet man sie auch als Marktanleihen.[348]

1) Öffentliche Anleihen

Bi- und multilaterale Kredite haben aufgrund ihrer begünstigten Konditionen (z.B. niedrigerer Zinssatz als Marktkredite, längere Rückzahlungsfrist) Hilfscharakter. Nach der Einführung der Öffnungspolitik 1979 nahmen die chinesischen diplomatischen Beziehungen mit anderen Ländern nicht nur quantitativ zu, sie verbesserten sich auch qualitativ. In der Folge wurden zunehmend bilaterale Kreditvereinbarungen zwischen China und anderen Ländern abgeschlossen. Insgesamt boten bis 1994 22 Länder der chinesischen Regierung solche Finanzierungsmöglichkeiten an.[349] Bis 1993 nahm China bilaterale Kredite in Höhe von 40 Mrd. USD auf. 65% davon waren Exportkredite, das Grant-Element (GE) erreichte 30%.[350] Hauptkreditgeber multinationaler Kredite sind die drei internationalen Organisationen IBRD, IFAD und ADB. Ab 1980 nahm China Kredite bei der IBRD und der IFAD und ab 1987 bei der ADB in Anspruch. Bis 1993 finanzierten internationale Organisationen mit über 20 Mrd. USD mehr als 120 Projekte in Bereichen wie Infrastruktur, Erziehung, Gesundheit usw.[351]

---

[348] Vgl. auch Teil I (1.1.1) dieser Arbeit.

[349] IHT (18.1.1995), S. 9.

[350] Das Grant-Element bezeichnet den Begünstigungsgrad eines Kredites. Ein Kredit mit einem Grant-Element von mehr als 25% wird für begünstigt gehalten. Mehr dazu Li, Xianglin (1993), S. 14 f.

[351] Vgl. Jacobson, Harold K.; Oksenberg, Michel (1990), S. 57 ff. und Liu, Xiangdong u.a. (1993), S. 1056 ff. und Almanac of China's Foreign Economic Relations and Trade (1984-92).

2) Marktanleihen

Zu den Marktanleihen gehörende private Bankdarlehen und Wertpapieremissionen werden üblicherweise auf den internationalen Kapitalmärkten von verschiedenen Banken und Finanzinstitutionen geleistet. Bis 1992 nahm China auf diese Weise Kredite in Höhe von ca. 42 Mrd. USD in Anspruch.

Zusammen mit den öffentlichen Anleihen betrug Chinas Auslandsverschuldung bis 1994 insgesamt ca. 100 Mrd. USD.[352] Bei der indirekten Finanzierung besteht in China ein Monopol des Staates. Der Staat erlaubt nur 10 Finanzinstitutionen bzw. Banken[353] private Bankdarlehen aufzunehmen und Wertpapiere zu emittieren. Falls andere inländischen Banken solche Finanzierungsmöglichkeiten in Anspruch nehmen wollen, müssen sie eine der 10 Finanzinstitutionen als Agenten beauftragen. Die für die Marktdarlehen in den meisten Fällen benötigten Garantien dürfen auch nur von den zugelassenen großen staatlichen Banken und Unternehmen gegeben werden. Mit dem Agenten- und Garantie-System ist die gesamte Zufuhr ausländischen indirekten Kapitals staatlicher Kontrolle unterworfen.[354]

---

[352] Vgl. IHT (18.1.1994), S. 9.

[353] Detailliert hierzu s. Teil III (3.1.2) dieser Arbeit.

[354] Vgl. "Bestimmungen über Garantievergabe inländischer Institutionen" vom 20.2.1987; Economic Daily (Jingji Ribao) (12.2.1985) sowie Yin, Jieyan (1991), S. 830 ff.

Grafik 4 : Anteilsänderung der indirekten Außenfinanzierung

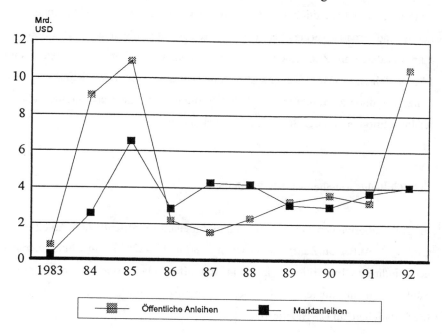

Quelle: Almanac of Chinese Foreign Economic Relations and Trade (1984-93)

3.2.2 Ein Vergleich der chinesischen Außenfinanzierungsstruktur mit der Südkoreas

Südkoreas Außenfinanzierungsstruktur läßt sich - zumindest bis Mitte der achtziger Jahre - unter das indirekte Außenfinanzierungsstrukturmodell subsumieren.[355] Im Hinblic auf indirekte Investitionen ist es interessant, die Verwendung indirekter Investitionen in China mit der Verwendung indirekter Investitionen in Südkorea zu vergleichen. Dabei bieten sich die folgenden zwei Strukturen zum Vergleich an: Zum einen die Anteilsstruktur von öffentlichen Anleihen und Marktanleihen sowie zweitens die Anteilsstruktur der Kreditnehmer. Diese Unterscheidung zugrunde legend, läßt sich die chinesische Verwendung indirekter Investitionen von der Südkoreas deutlich unterscheiden.

1) Öffentliche Anleihen vs. Marktanleihen

In China überwiegen bei den indirekten Anleihen die öffentlichen Anleihen (s. Grafik 4). Außer im Zeitraum zwischen 1986 und 1989[356] nahm China überwiegend indirekte Investitionen in Form von öffentlichen Anleihen in Anspruch. Südkorea nahm hingegen überwiegend indirekte Investitionen in Form von Marktdarlehen auf (s. Tabelle 14).

---

[355] Vgl. Chowdhury, Anis; Islam, Iyanatul (1993), S. 108 ff.

[356] Bzgl. dieses Zeitraums vgl. Teil III (4) dieser Arbeit.

Tabelle 14: Koreanische ausländische Anleihen 1962-1990 (Mill. USD)

Jahr	Anleihen(1)			Direktinvestition(2) und ihr Anteil an Gesamtanleihen (2/1)(%)
	Öffentliche(A)	Markt(B)	B/A+B(%)	
1962-66	116	176	60,3	17 (5,8)
1967-71	811	1355	62,6	96 (4,4)
1972-76	2389	3043	56,0	557 (10,3)
1977-81	5751	7381	56,2	1666 (12,7)
1982-86	6690	5329	44,3	1040 (8,7)
1987-90	2907	3436	54,2	3228 (50,9)
Gesamt	18664	20720	52,6	6604 (16,8)

Quelle: Sakong, Il (1993), S. 117 und eigene Berechnungen.

Trotz der staatlichen Interventionen Koreas in der indirekten Außenfinanzierung muß aus diesem Verhalten geschlossen werden, daß die koreanische indirekte Außenfinanzierung marktorientierter als die chinesische Außenfinanzierung ist.

Die offene Haltung des koreanischen Staates und der koreanischen Wirtschaft gegenüber den internationalen Kapitalmärkten unterscheidet sich deutlich von der ablehnenden Haltung gegenüber den internationalen Kapitalmärkten von Seiten des chinesischen Staates. Die staatliche Devisen-Kontrolle und die Kontrolle über die indirekte Außenfinanzierung in China sind zwar zum Teil auf die Beobachtung des Fehlverhaltens der lateinamerikanischen Staaten vor und während der

Verschuldungskrise zurückzuführen, vor allem jedoch auf ideologische Vorbehalte und Skepsis gegenüber den internationalen Kapitalmärkten.[357]

2) Kreditnehmer

Darüber hinaus fehlen in China private Kreditnehmer, die in Südkorea vorhanden sind. Dies soll im folgenden erörtert werden.

Bis zu den siebziger Jahren spielte die koreanische Regierung eine beherrschende Rolle bei der Kreditvergabe und Inanspruchnahme.[358] Seit Beginn der siebziger Jahre - im Zuge der Liberalisierungspolitik des Finanzmarkts - reduzierte der Zuwachs an privaten Banken und Unternehmen die Rolle des Staates bei der indirekten Außenfinanzierung. Private Banken, Finanzinstitutionen und Unternehmen wurden zu den wichtigsten Kreditnehmern ausländischer indirekter Investitionen.[359]

Dagegen sind in China bis 1993 die 10 staatlichen Finanzinstitutionen die einzigen Kreditnehmer indirekter Investitionen. Kreditempfänger sind ausschließlich staatliche Unternehmen. Legale private Finanzinstitutionen existieren nicht und private Unternehmen haben weder Zugang zu den internationalen Finanzmärkten, noch zu indirektem Kapital.[360]

---

[357] Vgl. Yin, Jieyan u.a. (1992), S. 810 ff.

[358] Vgl. Park, Yung-chul (1991), S. 47 f.

[359] Vgl. Park, Yungchul, (1991), S. 50 ff. und Sakong, Il, (1993), S. 71.

[360] Mehr dazu s. Teil III (2.2.1) dieser Arbeit.

4. Zwischenergebnis

Die chinesische Außenfinanzierung wird entscheidend von dem Reformprozeß und Fortschritten in der Öffnungspolitik bestimmt. Ohne den Machtwechsel 1979 wäre es nicht zu einer Außenfinanzierungspolitik gekommen. Die Außenfinanzierungspolitik variiert im Gleichklang mit den wirtschaftspolitischen Änderungen. Demzufolge läßt sich die Entwicklung der Außenfinanzierungsstruktur Chinas in drei Phasen einteilen.

In der ersten Phase von 1979-1984 bemühte sich China, seine instabile wirtschaftliche und politische Situation überwiegend mit öffentlichen Darlehen und Hilfen zu überwinden. Zwar wurden in dieser Phase die entsprechenden Gesetze für die Verwendung ausländischer Direktinvestitionen verabschiedet, umgesetzt wurden diese jedoch zunächst nicht.

Das Gewicht der ausländischen Direktinvestitionen nahm in der zweiten Phase, im Zuge des zunehmenden Einflusses des Reformflügels von Deng Xiaoping und Zhao Ziyang, zu. Dennoch kann auch in der zweiten Phase noch von einer zurückhaltenden Einstellung der Regierung gegenüber ausländischem Kapital die Rede sein. Die positive Entwicklung der Außenfinanzierung wurde schließlich durch die Schwächung des Reformflügels im Gefolge der Niederschlagung der Demokratiebewegung 1989 unterbrochen.

Die dritte Phase begann 1992 mit der Einführung des neuen Reformkurses, der "sozialistischen Marktwirtschaft". Darauf reagierten die ausländischen Investoren positiv; die ausländischen Direktinvestitionen nahmen erheblich zu.

Auch wenn die chinesische Außenfinanzierung sich dynamisch entwickelte, war sie - insbesondere in der ersten und zweiten Phase - noch überwiegend indirekter Natur. Zwar ist China seit 1992 das größte Empfängerland von Direktinvestitionen unter den Entwicklungsländern, aber im Vergleich mit Singapurs Außenfinanzierungsstruktur stellt sich heraus, daß die Direktinvestitionen in China anteilsmäßig quantitativ und qualitativ nicht mit den Direktinvestitionen in Singapur zu vergleichen sind. Daher gehört China nicht zu den Ländern mit einer direkten Außenfinanzierungsstruktur.

Bei den indirekten Investitionen unterscheidet sich China von dem koreanischen indirekten Modell in zweierlei Hinsicht. Der überwiegende Anteil der indirekten Außenfinanzierung Chinas besteht aus öffentlichen Anleihen und die chinesischen Kreditnehmer sind nur staatliche Finanzinstitutionen und Unternehmen. Private Kreditnehmer - wie in Korea - sind in China nicht zugelassen. Deshalb ähnelt Chinas Außenfinanzierungsstruktur viel eher der Indiens als der Koreas. Angesichts dieser Unterschiede in den Außenfinanzierungsstrukturen ist deshalb zu bezweifeln, ob China einen ähnlichen wirtschaftlichen Erfolg wie Südkorea oder Singapur erreichen kann.

Die in Teil II skizzierten politischen Instabilitäten und deren Außenwirkungen auf die Entwicklung der Außenfinanzierungsstruktur sowie die Art der chinesischen Außenfinanzierung führen zu der Frage, wie angesichts derart problematischer Entwicklungen die jüngst rasante Zunahme der ausländischen Direktinvestitionen erklärt werden kann und ob dieses Investitionsverhalten auch in Zukunft zu erwarten ist. Teil III dieser Arbeit soll diese Frage aus ordnungspolitischer Perspektive zu klären versuchen.

Teil III: Ordnungspolitische Erklärungsansätze für die chinesische Außen-finanzierungsstruktur

1. Einleitung

In diesem Teil soll versucht werden, das Entstehen und die dynamische Ent-wicklung der Außenfinanzierungsstruktur Chinas (1979-1993) mit den in Teil I und Teil II gewonnenen Ergebnissen zu erklären. Dies könnte zwar nach den vier Determinanten Ressourcenstruktur, Außenhandelspolitik, weltwirtschaftliche Entwicklung und Wirtschaftsordnung erfolgen. Hier soll jedoch der Schwerpunkt auf die Betrachtung der Wirtschaftsordnung sowie des Entscheidungssystems der Außenfinanzierung gelegt werden, denn die Wirtschaftsordnung ist, wie oben be-reits dargestellt, die entscheidende Determinante der Außenfinanzierung[362], die übrigen drei Determinanten werden nur der Vollständigkeit halber kursorisch behandelt.

Die Untersuchung der Entstehung und dynamischen Entwicklung der chinesi-schen Außenfinanzierungsstruktur (1979-93) läßt eine Dependenz zwischen der ordnungspolitischen Transformation, also den Reformmaßnahmen und der Außenfinanzierungsstruktur vermuten. Das von der gesamten Wirtschaftsordnung bedingte Entscheidungssystem bestimmt die Entscheidungsmechanismen der Au-ßenfinanzierung und die Entscheidungen der Investoren und Kreditnehmer.

Es soll in folgendem untersucht werden, welche ordnungspolitischen Rahmen-bedingungen für die ausländischen Investoren vorhanden waren und wie die Ak-teure sich in der Außenfinanzierung verhalten. Im Anschluß untersucht die Arbeit den "Siebten Plan". Anhand der Analyse des "Siebten Planes" sollen nicht nur Fehlentscheidungen in der Außenfinanzierungspolitik, sondern auch die Proble-

---

[362] Vgl. Teil I (3.4) dieser Arbeit.

me bei der Veränderung einer Wirtschaftsordnung und des daraus resultierenden komplexen Anreiz- und Entscheidungssystems beispielhaft aufgezeigt werden.

2. Der ordnungspolitische Reformprozeß und die Außenfinanzierungsstruktur

Zur Wirtschaftsordnung zählen vor allem die folgenden Elemente: Die Eigentumsordnung, das Marktsystem und die Planungsform.[363] Sie stellen die ordnungspolitischen Rahmenbedingungen für die Zufuhr ausländischen Kapitals dar, wobei die unterschiedlichen Elemente eine außerordentlich wichtige, jedoch unterschiedliche Rolle spielen. Im folgenden wird deshalb jedes Element, die diesbezügliche Reformpolitik und deren Auswirkungen auf die Außenfinanzierungsstruktur vorgestellt und bewertet.

1) Eigentumsordnung als Basis der Außenfinanzierung: In diesem Abschnitt soll die Eigentumsordnung Chinas zuerst skizziert werden. Dann wird versucht, sich auf dieser Grundlage mit der Frage der wechselseitigen Auswirkungen von Außenfinanzierungsstruktur und Eigentumsordnung zu befassen.

2) Marktsystem als Bedingung der Außenfinanzierung: Ein funktionierendes Marktsystem unterstützt die marktorientierten internationalen Kapitalbewegungen, insbesondere Direktinvestitionen, die wiederum die Entwicklung des Marktsystems unterstützen. Es wird im folgenden untersucht werden, wie der Aufbau des chinesischen Marktsystems verlief, wie die ausländischen Investitionen zum Aufbau des Marktsystems beitrugen und welche Hindernisse für die ausländischen Investitionen bestehen.

3) Die Planungs- und Lenkungsform als Instrument der Außenfinanzierung: Durch die öffentliche Hand kann, nach den Erfahrungen in den NIACs und ande-

---

[363] Vgl. Gutmann, Gernot (1993), S. 31 ff. und Teil I (1.2.2) dieser Arbeit.

ren Entwicklungsländern, die Orientierung der Außenfinanzierungsstruktur festgelegt und gelenkt werden.[364] Die wirtschaftliche Reform Chinas hat die Planungsform bzw. die Rolle des Staates gegenüber der Wirtschaft und damit für die Außenfinanzierung geändert. In diesem Zusammenhang sollen die Reform der Planung, die Durchsetzung der Reformen und die Auswirkungen der Reformen auf die Außenwirtschaftsstruktur dargestellt werden.

2.1 Die Eigentumsordnung als Basis der Außenfinanzierung

2.1.1 Eigentumsordnung und Unternehmensreform

Die chinesische Verfassung definiert das staatliche Eigentum an den Produktionsmitteln, nämlich das Volkseigentum (quanmin suoyouzhi)[365] und Kollektiveigentum (jiti suoyouzhi) als die Basis des sozialistischen Wirtschaftssystems.[366] Mit Blick auf die Eigentumsformen in der Industrie lassen sich die chinesischen Unternehmen in zwei dominierende Gruppen unterteilen: Staatsunternehmen und Kollektivunternehmen. Hinzu kommen die aufgrund der Wirtschaftsreform entstandenen neuen Unternehmensformen wie Privatunternehmen, ländliche Unternehmen, Aktiengesellschaften und die ausländischen Unternehmen bzw. Joint Ventures, die oft als nicht-staatliche Unternehmen bezeichnet werden (s. Tabelle 15).[367]

Als Vertreter des Volkes verwaltet der Staat das Volkseigentum. Daher werden

---

[364] S. Chowdhury, Anis, Islam, Iyanatul (1983), S. 109.

[365] Vgl. Hsu, Robert C. (1991), S. 58 und Münzel, Frank (1989), S. 53 ff.

[366] In der Verfassung der VR China (Artt. 6, 8, 11) (1982, 1988). Vgl. Gesammelte Gesetze der VR. China (1992), S. 1 ff.

[367] Vgl. Liu, Shangxi (1994), S. 14 und Müller, Frank (1993), S. 233 ff. Hsu, Robert C. (1991), S. 53 ff.

134

die Unternehmen im Staatseigentum auch als Staatsunternehmen bezeichnet.[368] Die Unternehmen im Kollektiveigentum werden von der Arbeiterschaft geleitet und von den regionalen Regierungen verwaltet.[369] Sie sind Quasi-Staatsunternehmen auf der regionalen Ebene.[370]

Die sog. nicht-staatlichen Unternehmensformen müssen differenziert betrachtet werden:

Die privaten Unternehmen Chinas lassen sich in zwei Formen unterteilen: Zum einen das individuelle Unternehmen (geti qiye), in dem nicht mehr als sieben Mitarbeiter beschäfigt sein dürfen[371]; die andere Form ist das private Unternehmen (siren qiye)[372], das mehr als sieben Lohnarbeiter beschäfigen darf.[373]

Das Management der ländlichen Unternehmen (xiangzhen qiye) wird meist durch die Dorf-Verwaltung gestellt, die aus den alten Kommunen entstanden ist. Durch

---

[368] Vgl. Williams, E. E. (1990), S. 247 ff.

[369] Vgl. Williams, E. E. (1990), S. 258 ff.

[370] Vgl. Liu, Shangxi (1994), S. 14.

[371] Die individuellen Unternehmen wurden am Anfang der Reform zugelassen, nachdem der Staatsrat im Juli 1981 das Gesetz "Richtlinien zu den nicht landwirtschaftlichen individuellen Unternehmungen in den Städten" erlassen hatte. Das Gesetz schrieb ausdrücklich vor, daß die individuellen Unternehmen maximal 2 Mitarbeiter und bei handwerklichen und technischen Spezialbetrieben zusätzlich maximal 5 Auszubildende beschäftigen dürfen. Vgl. Gesammelte Gesetze Chinas (1992), S. 1113 (Fassung von 1987) und auch Feng, Lanrui (1991), S. 23.

[372] Private Unternehmen in diesem Sinn sind jedoch erst seit 1988 durch die Revision des Art. 11 der chinesischen Verfassung verfassungsgemäß geworden. Privateigentum an Grund und Boden ist nach wie vor nicht zugelassen. Mehr dazu Gesammelte Gesetze der VR. China (1992), S. 4 ff. und S. 20 sowie auch Hsu, Robert C. (1991), S. 58..

[373] Vgl. Hsu, Robert C. (1991), S. 64 und Kraus, Willy (1991), S. 16 ff. sowie Münzel, Frank (1989), S. 137 ff.

ihren Arbeitskräftevorteil und ihre Flexibilität[374] nimmt die Bedeutung der ländlichen Unternehmen in der chinesischen Volkswirtschaft zu.[375] Bereits 1992 erwirtschafteten sie 54,6% des industriellen Bruttoproduktionswertes der Staatsunternehmen.[376] Dies ist umso bemerkenswerter, als sie durch die zentrale Planwirtschaft benachteiligt werden. Sie haben weder Zugang zu Materialien, noch zu Krediten der staatlichen Banken, noch direkte Exportmöglichkeiten.[377]

Es ist schwer, ihre Eigentumsform zu definieren oder ihre weitere Entwicklung vorherzusagen. Ländliche Unternehmen sind zwar eine neue Unternehmensform, aber sie haben einen ähnlichen Charakter wie kollektive Unternehmen, denn ihr Vermögen steht im Eigentum eines ganzen Dorfes - also eines Kollektivs - und nicht im Eigentum der Unternehmer. Daher sollen sie hier unter Kollektivunternehmen subsumiert werden.[378] Auch das staatliche Statistikbüro zählt sie zu den Kollektivunternehmen.[379]

Die Unternehmen mit verschiedenen Eigentumsformen besitzen eine unterschiedliche Stellung in der Gesamtwirtschaft. Die folgende Tabelle zeigt deutlich die Stellung und Entwicklung der verschiedenen Unternehmens- (Eigentums-)

---

[374] Auf dem Land herrscht in China infolge der Bevölkerungsexplosion, der Mechanisierung der Landwirtschaft und der effizienteren Landbearbeitung im Zuge des VVS ein Überschuß an Arbeitskräften, was die kleinen ländlichen Betriebe viel betriebskostengünstiger und flexibler macht als die großen staatlichen Unternehmen mit ihrer bürokratischen Struktur. Mehr dazu Blejer, Mario u.a. (1991), S. 4 f.

[375] Vgl. Kung, James K. S. (1987), S. 293 ff.

[376] Vgl. Liu, Shangxi (1994), S. 15.

[377] Vgl. Blejer, Mario u.a. (1991), S. 5 und Liu, Shangxi (1994), S. 19 f. und Williams, E. E. (1990) S. 255 ff.

[378] Vgl. Bell, Michael W. u.a. (1993), S. 17 und auch Müller, Frank (1993), S. 277.

[379] Vgl. z.B. Statistisches Jahrbuch Chinas (1993), S. 26.

formen im Reformzeitraum. Volkseigentum und Kollektiveigentum überwiegt in fast jeder Hinsicht (s. Tabelle 15).[380]

Angesichts der geringen Produktivität der staatlichen Unternehmen war es mit Anfang der Wirtschaftsreformen von zentraler Bedeutung, diese umzuwandeln. Dieser Umwandlungsprozeß basierte auf zwei wirtschaftspolitischen Thesen bzw. Konzeptionen, worüber während des Reformzeitraumes eine ständige ökonomische und politische Debatte geführt wurde.[381]

Eine These erklärt die Ursache der Ineffizienz der staatlichen Unternehmen aus der Unfähigkeit des Managementsystems. Folglich war für diese Schule das vertragsgebundene Verantwortungssystem (VVS) das optimale Reformkonzept.[382] Damit sollen die Unternehmen bzw. deren Direktoren durch Verträge mit der Verwaltung mehr Verantwortung und flexiblere Entscheidungsbefugnisse übernehmen. Die Verwaltung soll sich so aus dem Management der einzelnen Unternehmen zurückziehen.[383]

---

[380] Eine detaillierte Analyse der verschiedenen Eigentumsformen in den verschiedenen Sektoren findet sich bei Müller, Frank (1993), S. 234 ff.

[381] Vgl. Hsu, Robert C. (1991), S. 33 ff.

[382] Diese These wurde von den meisten chinesischen Wirtschaftswissenschaftlern und Politikern zu Beginn der Reformzeit vertreten. Vgl. Zhou Shulian (1992), S. 586 ff.; Yang, Peixin (1992), S. 605 ff. sowie Hsu, Robert C. (1991), S. 53 ff.

[383] Vgl. Blejer, Mario u.a. (1991), S. 5 f.

Tabelle 15: Eigentumsformen und ihr Gewicht bei ausgewählten Indikatoren (in %)

Indikator\Jahr	1980	1985	1989	1991	1992	1993
Beschäftigte bei Volkseigentum:	18,9	18,0	18,3	18,3	18,3	18,1
Städtischem Kollektiveigentum:	5,7	6,7	6,3	6,2	6,1	5,6
Private:	0,2	0,9	1,2	1,3	1,4	1,9
Bauern:	75,2	74,3	74,0	73,8	73,7	...
Andere:	...	0,1	0,2	1,3	1,4	...
Anlageinvestition bei Volkseigentum:	...	66,1	61,3	65,9	67,1	61,5
Kollektiveigentum:	...	12,9	13,8	12,7	17,3	17,9
Private:	...	21,0	24,9	21,5	15,6	11,8
Andere:	...	...	...	...	...	8,8
Staatseinkommen aus Volkseigentum:	85,4	71,6	66,8	67,4	62,8	60,5
Kollektiveigentum:	14,0	23,1	18,0	17,1	13,9	16,7
Private:	0,6	4,3	6,3	10,1	13,8	10,9
Andere:	-	1,0	8,9	5,4	9,5	11,9
Bruttoproduktionswert (Industrie) bei Volkseigentum:	76,0	64,9	56,1	52,9	48,1	43,1
Kollektiveigentum:	23,5	2,1	35,7	35,7	38,0	38,4
Private:	-	1,8	4,8	5,7	6,8	8,4
Andere:	0,5	1,2	3,4	5,7	7,1	10,1
Einzelhandelsumsatz bei Volkseigentum:	51,4	40,4	39,1	40,2	41,3	39,7
Kollektiveigentum:	44,6	37,2	33,2	30,0	27,9	26,3
Private:	0,7	15,4	18,6	19,6	20,3	22,6
Andere:	3,3	7,0	9,1	10,2	10,5	11,4

Quelle: Statistisches Jahrbuch Chinas (1991), S. 26 und 1993, S. 26 und (1994) sowie eigene Berechnungen.

Dagegen diagnostiziert eine andere Schule die Probleme der staatlichen Unternehmen aus "Unklarheiten" der Eigentumsordnung, gemäß der Vermögenstheorie. Diese Schule behauptet, daß das Eigentumsrecht bei den Staats- und Kollektivunternehmen nicht klar definiert sei, was zu ihrer Mißwirtschaft führe, da die Motivation und die Verantwortung bei den Unternehmensdirektoren und den Arbeitern fehle. Die Lösung dafür sei, das Eigentumsrecht zu ändern anstatt nur das Management zu verbessern, wie es die andere Schule vorschlägt. Daher will diese Schule die staatlichen Unternehmen in Aktiengesellschaften umwandeln. Dadurch solle das Eigentumsrecht bei den staatlichen und bei den kollektiven Unternehmen, klarer definiert werden (s. Übersicht 7).[384]

Übersicht 7: Chinesische Konzepte der Unternehmensreform 1979-93

Ausgangspunkt	Diagnose	Konzept
Unternehmensreform	Managementsystem	VVS
	Eigentumsordnung	AG

Die beiden Schulen boten zwar unterschiedliche Unternehmensreformansätze, aber eine dramatische und direkte Privatisierung wird von beiden (jedenfalls vor

---

[384] Diese These vertraten insbesondere Li Yining sowie seine akademischen Kollegen an der Peking Universität zu Beginn der Reformbemühungen. Vgl. Li, Yining (1989), S. 62 ff.; Forschungsgruppe der Peking-Universität (1988), S. 90 ff. und auch Tang, Fengyi (1992), S. 642 ff.; Song, Yangxi (1992), S. 661 ff.; Tang, Zongkun (1992), S. 668 ff.

1992) nicht ausdrücklich gefordert.[385] Das Ziel beider Ansätze war die Verbesserung der Effizienz der - weiterhin - staatlichen Unternehmen.

Zunächst wurde in China versuchsweise das Vertragsgebundene Verantwortungssystem (VVS-Konzept) verwirklicht. Nach dem Muster des "Vertragsgebundenen Verantwortungssystems" auf der Basis der ländlichen Haushalte, das seit 1978 auf dem agrarwirtschaftlichen Sektor Erfolge zeitigt[386], wurde VVS 1981 in den städtischen Industrieunternehmen erprobt und 1987 eingeführt. Das VVS war der konzeptionelle Schwerpunkt der Unternehmensreform.[387] Bis 1988 hatten bereits 90% der mittleren und großen Unternehmen das VVS eingeführt.[388] Zielvorstellung des VVS war es, das Volkseigentum als Grundlage beizubehalten und dennoch eine Trennung von Eigentums- und Bewirtschaftungsrechten in den Staatsunternehmen zu erreichen. Damit sollte die Beziehung zwischen Staat und Staatsunternehmen auf eine vertragliche Grundlage gestellt werden. Die Unternehmensleitung sollte für Gewinne und Verluste der Betriebe verantwortlich sein und über eigene (Entscheidungs-) Kompetenzen verfügen.[389] Auf diese Weise sollte durch eigenverantwortliches und selbständiges Handeln die Effizienz der staatlichen Unternehmen gesteigert und auf eine rationalere Gestaltung der chinesischen Wirtschaftsstruktur hingewirkt werden.[390] Das VVS war jedoch nicht in der Lage, den Einfluß der Verwaltung wirklich auszuschalten (z.B. beim Vertragsabschluß, bei Personalveränderungen sowie bei der Gewinnverteilung

---

[385] Vgl. Hsu, Robert C. (1991), S. 63.

[386] Vgl. Bauer, Siegfried (1993), S. 257.

[387] Vgl. Yang, Peixin (1992), S. 605.

[388] Vgl. Blejer, Mario u.a. (1991), S. 5.

[389] Vgl. Kraus, Willy (1991), S. 219 und Hax, Herbert (1989), S. 393 ff.

[390] Vgl. Müller, Frank (1993), S. 244 f.; Staatsrat der VR China, "Vorläufige Vorschriften über das vertragsgebundene Verantwortungssystem in den volkseigenen Industrieunternehmen", (27.2.1988). Vgl. Almanac of China's Economy (1989), S. VIII-18 ff.

blieb der Einfluß bestehen). Auch das rationale Wirtschaften vieler Unternehmen ließ zu wünschen übrig.[391]

Übersicht 8: Realisierungsschritte der Reformkonzepte[392]

Konzept\Jahr	1981-	1985-	1987-	1992
VVS	Im Test		Eingeführt	Bedeutungslos
AG		Im Test		Eingeführt

Seit der Mitte der achtziger Jahre begann die Testphase des AG-Konzeptes (s. Übersicht 8).[393] Anzahl und Leistungsfähigkeit dieser - für die chinesische Wirtschaft neuen - Unternehmen erhöhten sich zunächst relativ zügig.[394] Bis 1987 existierten bereits 6000 Aktiengesellschaften mit einem Grundkapital von ca. 2,4 Mrd. RMB.[395] Im Dezember 1990 wurde in Shanghai die erste chinesische Wertpapierbörse eingerichtet, im Juli 1991 folgte die Eröffnung der Börse in Shenzhen.[396] Die Gründung der Wertpapierbörsen deutet auf die wachsende Akzeptanz und Beliebtheit der Unternehmensform Aktiengesellschaft hin. Beide Börsen entwickelten sich nach ihrer Gründung dramatisch. Bis Mitte 1993 nahm

---

[391] Dies betraf vorallem das Problem des kurzfristigen gewinnorientierten Investitionsverhaltens. Die erzielten Gewinne wurden tendenziell eher für Konsum verwendet als in den Aufbau des Unternehmens investiert. Vgl. Hsu, Robert C. (1991), S. 63 und auch Guo, Jia (1987), S. 3 sowie Kraus, Willy (1991) S. 219 ff. sowie Hax, Herbert (1989), S. 393 ff.

[392] People's Daily (RMRB) (14.9.1994), S. 2.

[393] Mehr dazu vgl. Bell, Michael W. u.a. (1993), S. 14.

[394] Vgl. Müller, Frank (1993), S. 265 f.

[395] Vgl. Müller, Frank (1993), S. 266.; Bell, Michael W. u.a. (1993), S. 28 f., 77.

[396] Mehr zu den Gründungen der Shanghai- und Shenzhen-Börsen vgl. Hu, Yuebi (1994).

die Zahl der börsennotierten Unternehmen von 15 auf 130 zu. Seit 1992 können zudem Aktien von 21 chinesischen Firmen durch ausländische Investoren erworben werden. Die Börsenkapitalisierung betrug im Jahr 1992 ca. 100 Mrd. RMB.[397]

Seit dem Anfang der neunziger Jahre drängten sich viele chinesische Großunternehmen mit s.g. "back-door-listings"[398] auf den internationalen Aktienmärkten, insbesondere auf dem Stock Exchange Hong Kong (SEHK).[399] Dies wurde im Juni 1993 durch die Einführung des H-Share für Unternehmen aus China legalisiert. Bis Mai 1994 wurden neun solche Unternehmen an dem SEHK notiert. Brilliance China Automobiles Company und die Shanghai Petrochemical ADR (American Depository Receipt) wurden auch an dem New York Stock Exchange (NYSE) notiert und gehandelt.[400]

Hauptziel der Umwandlung staatlicher Unternehmen in Aktiengesellschaften ist es, die Eigentumsrechte eindeutig festzulegen und über den Markt neu zu definieren. Die Regierung will damit vorallem erreichen: Trennung von Eigentum des Staates und Unternehmensführung, Mobilisierung und rationale Allokation der Finanzmittel und größere finanzielle und Entscheidungs-Autonomie. Damit

---

[397] Vgl. Bell, Michael W. u.a. (1993), S. 28.

[398] "Backdoor Listing" betrifft den Fall, in dem chinesische Unternehmen bereits am SEHK notierte Hong-Kong-Unternehmen übernehmen und unter deren Namen auf dem Aktienmarkt auftreten. Die chinesischen Unternehmen sind zumeist mächtige Großunternehmen, wie z.B. China Resources, CITIC Pacific, China Overseas Land & Investment. Vgl. IWF (1994b), S. 99.

[399] Die neun am SEHK notierten Unternehmen sind Tsingtao Brewery Company Ltd.; Beiren Printing Machinery Holdings; Guangzhou Shipyard International Company; Shanghai Petrochemical Company; Maanshan Iron and Steel Company; Kunming Machine Tool Plant; Yizheng Joint Corporation of Chemical Fibre; Tianjin Bohai Chemical; Dongfang Electrical Machinery. Vgl. IWF (1994b), S. 101.

[400] Mehr dazu vgl. IWF (1994b), S. 98 ff. und Bell, Michael W. u.a. (1993), S. 14 sowie Hu, Yuebi (1994), S.85.

können die Unternehmen effizienter und dynamischer auf die Gegebenheiten des Marktes reagieren.[401]

Die typische Anteilsstruktur eines staatlichen Unternehmens, das in eine Aktiengesellschaft umgewandelt wurde, besteht aus einem Staats-Anteil, einem Betriebs-Anteil, einem Anteil, den juristische Personen halten, und privaten Anteilen. Zwar bietet diese Anteilsstruktur die Möglichkeit, Unternehmen zu fusionieren, neu zu strukturieren, sowie zu privatisieren, jedoch gibt es erhebliche Probleme und Hindernisse der Umgestaltung der Staatsunternehmen in Aktiengesellschaften.[402] Über Größe und Funktion des Staats- und Betriebsanteils herrscht weiterhin Unklarheit. Es ist nicht gesetzlich festgelegt, wer in welchem Umfang über die Kontroll- und Verfügungsrechte verfügt, da es an einem funktionsfähigen Gesellschaftsrecht bzw. seiner Durchsetzung noch mangelt. An der Gründung einer Aktiengesellschaft dürfen keine Privatpersonen sondern nur kollektive, staatliche Unternehmen und andere staatliche Organisationen beteiligt werden.[403] Aktien dieser Gesellschaften können zwar von natürlichen Personen erworben werden, aber mit der Einschränkung, daß es Chinesen nur erlaubt ist, A-Shares bis zur Höhe von 0,5% des Grundkapitals zu halten, und ausländische Investoren nur B-Shares erwerben können.[404]

---

[401] Vgl. Bell, Michael W. u.a. (1993), S. 14 und auch Li, Yining (1989), S. 99 ff. sowie Müller, Frank (1993), S. 266.

[402] Vgl. Müller, Frank (1993), S. 270 ff. und Song, Yangxi (1992), S. 671 ff. und auch Li, Yining (1992), S. 320 ff.

[403] z.B. 1987 wurde das Shanghai Vakuumgeräte Werk in eine Aktiengesellschaft umgewandelt, mit einem Grundkapital von 200 Mill. RMB. Von den Aktien hält der Staat 71%. Aktienerstausgabe erfolgte am 1.1.1987. Vgl. Jahrbuch der Shanghaier Wirtschaft (1987), S. 70.

[404] Vgl. Chen, Xiushan (1993), S. 825 ff. und Verordnung über Aktiengesellschaften v. 15.1.1992.

2.1.2 Bewertung

Die Reform der Eigentumsordnung machte im betrachteten Zeitraum (1979-1993) insofern einige Fortschritte, als die Gründung ausländischer und inländischer privater Unternehmungen in China gesetzlich zugelassen wurde. Die Veränderung der Eigentumsordnung verlief aber infolge politischer und ideologischer Gründe nur sehr zögerlich. Trotz der Reformen änderte sich die Eigentumsordnung in China bis 1993 nicht grundlegend (s. Tabelle 15).

Setzt man die Ergebnisse der Reform der Eigentumsordnung in Beziehung zur Entwicklung der Außenfinanzierungsstruktur so läßt sich folgendes feststellen:

1) Staatliche und kollektive Unternehmen sind weiterhin die einzigen Unternehmensformen, die als Kooperationspartner für ausländische Direktinvestitionen in Frage kommen.

Die Kooperationen zwischen ihnen und ausländischen Unternehmen wirkten sich kurzfristig auf die chinesischen Staatsunternehmen durch den Transfer von Kapital, Technologie und Know-how positiv aus[405], zeitigten aber insofern gleichzeitig negative Folgen, als eine rasche Privatisierung verzögert wurde. Durch diese langfristigen Kooperationen werden die chinesischen staatlichen Unternehmen - wenn es das Gesetz erlaubt - schrittweise auf einen friedlichen Privatisierungspfad geführt und Massenarbeitslosigkeit vermieden. Der Mangel an Produktivität der staatlichen und kollektiven Unternehmen macht sie für Direktinvestoren wenig attraktiv und verhindert Direktinvestitionen in weit größerem Umfang.

---

[405] Vgl. Bohnet, Armin u.a.(1993), S. 490 ff.

2) Die schwach entwickelten und benachteiligten chinesischen privaten Unterneh men sind nicht in der Lage, sich an der Außenwirtschaft zu beteiligen.[406] Dafür gibt es zwei Gründe:

Erstens befinden sie sich noch in einer Gründungsphase. Ihre unternehmerische Freiheit wird auf mannigfaltige Weise eingeschränkt. Sie haben große Probleme bei der Zulassung ihres Unternehmens, ihr Zugang zu Materialien und Krediten ist eingeschränkt (s. Tabelle 16).[407]

Zweitens ist ihre Wettbewerbsfähigkeit gegenüber den staatlichen Unternehmen durch den erschwerten Zugang zu den Weltmärkten[408] und die Beschränkungen auf dem chinesischen Binnenmarkt erheblich eingeschränkt.

Zum jetzigen Zeitpunkt sind sie wirtschaftlich relativ schwach und verfügen über keine Erfahrungen im Umgang mit ausländischen Investoren. Zudem ist es ihnen faktisch nicht erlaubt, mit ausländischen Unternehmen zu kooperieren. Kurz, der Staat und die monopolistischen Staatsunternehmen beherrschen weiterhin den Außenhandel und die Außenfinanzierung.

Einzige Kreditempfänger für indirekte Investitionen aus dem Ausland sind - aufgrund der staatlichen Kontrolle der Auslandsverschuldung - die staatlichen und kollektiven Unternehmen. 1992 nahmen die staatlichen Wirtschaftsapparate allein auf der zentralen Ebene (z.B. MOFTEC, Finanzministerium, CITIC u.s.w.)

---

[406] Vgl. Müller, Frank (1993), S. 284 ff.

[407] Tabelle 16 zeigt deutlich die Benachteiligung privater Betriebe bei der Unternehmens-finanzierung. Sie erhielten 1990 lediglich 8,7% der gesamten Kreditvergabe der chinesischen Banken. Die privaten Einlagen dagegen betrugen 26,2% der gesamten Passiva der chinesi-schen Banken.

[408] Bis 1993 bestanden noch strenge staatliche Außenhandelskontrollen, mit Maßnahmen wie z.B. Export- und Importlizenzen sowie staatlichen monopolistischen Außenhandelsunter-nehmen. Mehr dazu vgl. Liu, Xiangdong u.a. (1993), S. 31 ff., zur neuesten Entwicklung der Außenhandelspolitik vgl. IWF (1994d), S. 10 f.

5,86 Mrd. USD Kredite auf, was 74,1% der gesamten ausländischen Kredite entspricht. Dieser Anteil war in der Frühzeit der Reform sogar noch höher (1983 betrug er ca. 97,6%).[409]

3) WFOE sind als ausländische private Unternehmensform zwar zugelassen, aber im Vergleich zu anderen Unternehmensformen, immer noch Beschränkungen und Benachteiligungen unterworfen.[410] Bis September 1991 mußten die WFOE mehr Umsatzsteuer als andere Unternehmensformen zahlen.[411] Sie sind zudem verpflichtet, ihre Produkte - mit wenigen Ausnahmen - außerhalb des chinesischen Marktes abzusetzen.[412] Auch besteht eine Branchenbeschränkung dahingehend, daß in vielen Branchen keine WFOE tätig werden durften oder dürfen, z.B. Versicherungen und Banken (insbesondere RMB-Geschäft), Immobilien, Beratung, Einzelhandel auf dem inländischen Markt, Telekommunikation usw. Manche bereits für WFOE grundsätzlich geöffneten Bereiche (z.B. ausländische Anwaltskanzleien und Hotelgewerbe), werden durch das staatliche Kontroll- und Zulassungsverfahren strikt kontrolliert.[413] Faktisch wird auch in diesen Branchen die Tätigkeit der WFOE behindert.

---

[409] Vgl. Statistische Jahrbuch Chinas (1993, 1984) und eigene Berechnung.

[410] Vgl. Grub, Phillip D.; Lin, Jiahai (1991), S. 71 ff.

[411] Der Einkommenssteuersatz für Equity-Joint Ventures betrug 30% mit erheblichen Ermäßigungsmöglichkeiten. Für WFOE konnte er bis zu 40% betragen. Detaillierter zu den Steuerregelungen: The China Investment Guide (1989), S. 473 ff und 484 ff. Im April 1991 wurde die unterschiedliche Besteuerung für unterschiedliche Unternehmenstypen vereinheitlicht, vgl. Liu, Xiangdong (Hrsg.) (1993), S. 880 und Almanac of China's Economy (1984), S. III-48 f. und (1992), S. 131 f.

[412] Vgl. Grub, Phillip D.; Lin, Jiahai (1991), S. 72 f. und auch Liu, Xiangdong u.a. (1993), S. 869 f.

[413] Vgl. Liu, Xiangdong u.a. (1993), S. 869.

Tabelle 16: Passiva- und Aktivastruktur der chinesischen Banken (Anteil in %)

Jahr	1979	1984	1986	1988	1990
Passiv:	100	100	100	100	100
Einlagen:	61,9	57,7	54,1	58,0	57,6
von Firmenkunden:	36,2	36,4	26,8	26,1	22,8
Privatkunden:	9,3	15,0	17,1	22,5	26,2
Kreditkooperation:	-	-	5,9	5,1	4,6
Sonst. Einlagen:	-	-	4,4	4,3	4,0
Volksbank-Kredit:	-	-	31,3	29,2	30,3
Eigenkapital:	-	-	8,6	7,9	7,2
Sonst. Verbindl.:	-	-	6,0	4,9	4,8
Aktiva:	100	100	100	100	100
Kredite:	93.9	93,2	87,0	88,8	87,1
Anlagekredit:	3,7	8,7	10,3	12,0	11,1
Betriebsmittelkredite:	...	83,9	73,2	74,9	74,2
Staatl. Betriebe:	...	...	73,1	74,7	74,1
Privatbetriebe:	...	...	0,1	0,2	0,1
Sonstige Kredite:	...	0,6	3,5	1,9	1,8
Reserve :	...	...	12,1	10,3	11,8
(bei der Volksbank)					

Quelle: IMF, Financial Statistics, Washington und das Statistische Jahrbuch Chinas (1991) sowie eigene Berechnungen. Vgl. Schröder, Jürgen (1993), S. 165-166.

2.2 Das Marktsystem als Bedingung der Außenfinanzierung

2.2.1 Aufbau eines neuen Marktsystems

Vor der Reform existierte in China kein Markt im Sinne der ökonomischen Theorie nicht marxistischer Prägung.[414] Die chinesische Definition des Marktes ist wegen der ideologischen Überfrachtungen kompliziert. Bis Mitte der achtziger Jahre gab es in China nur den Begriff des "Warenmarktes", auf dem Waren nach "law of value" (Wertgesetz) ausgetauscht wurden. Menschliche Arbeit und Naturressourcen waren keine Ware.[415]

Nach langjährigen ideologischen Konflikten und theoretischen Argumentationen etablierten sich etwa seit 1984 dann doch Begriffe wie Arbeitsmarkt, Kapitalmarkt.[416] Die - auch theoretische - Anerkennung der verschiedenen Märkte (insbesondere der Märkte für Produktionsfaktoren) ist eine Voraussetzung der Durchsetzung eines marktwirtschaftlichen Systems in China.

Im folgenden wird die schrittweise Entwicklung des Marktsystems dargestellt, indem nicht nur die Marktinfrastruktur sondern auch die Funktionsweise und die Regelungen betrachtet werden.

---

[414] Vgl. Blejer, Mario u.a. (1991), S. 2 f.

[415] Vgl. dazu auch Hamel, Hannelore (1992b) S. 76 ff. und Hsu, Robert C. (1991), S. 27.

[416] Vgl. Hsu, Robert C. (1991), S. 26 ff.

1) Warenmarkt: Seit 1978 entwickelten sich spontan lokale Märkte, Ergebnis der Liberalisierung der bäuerlichen und industriellen Sektoren. Z.B. bestehen in allen städtischen Gegenden nicht regulierte Märkte für Nahrungsmittel und einfache Konsumgüter (jishi). Die Entwicklung der nationalen und regionalen Märkte wird durch das unzureichende Rechtssystem, die schlechte Infrastruktur (insbesondere im Transportwesen und im Telekommunikationsbereich), das Zahlungssystem und den lokalen Protektionismus der Verwaltung aufgehalten.[417]

Einer raschen Entwicklung des Warenmarktes stehen zwei Hindernisse entgegen:

Erstens spielt der Staat bei der Preisbildung weiterhin eine dominierende Rolle.[418] Preise sind immer noch zum Teil politische Preise und keine Knappheitsindikatoren. Allerdings herrscht seit 1984 ein sogenanntes "Doppelgleissystem" in der Preisbildung, d.h. staatsregulierte Preise und Marktpreise existieren gleichzeitig. 1988 wurde noch 47% des gesamten Einzelhandelswertes vom Staat reguliert und 53% vom Markt bestimmt.[419] Bis 1993 stieg der vom Markt regulierte Anteil beim Einzelhandel auf 90%, aber im Großhandel mit Produktionsmitteln[420] (z.B. Öl, Stahl) liegt der Anteil noch bei 40%.[421]

---

[417] Vgl. Bell, Michael W. u.a. (1993), S. 26 und Huang, Weixin (1992), S. 105 ff.

[418] Vgl. Byrd, William A. (1991), S. 171 ff.; Bell, Michael W. u.a. (1993), S. 18 und Zhang, Zhouyuan (1993), S. 36 ff.

[419] 28% des Einzelhandelswertes war durch staatliche Preisfestsetzung strikt festgelegt und 19% wurde durch staatliche Referenzpreise bestimmt. Vgl. dazu auch Bell, Michael W. u.a. (1993), S. 18.

[420] Zur Definition "Produktionsmittel", vgl. Gutmann, Gernot (1993), S. 11.

[421] Vgl. Zhang, Zhouyuan (1993), S. 37 und Byrd, William A. (1990) S. 50 ff. sowie Teil III (2.3.1) dieser Arbeit.

Zweitens existiert noch kein vereinheitlichter nationaler Markt. Dies ist auf die nach Warenzwecken und Branchen aufgeteilte Verwaltung, das staatliche Außenhandelsmonopol und den regionalen Protektionismus zurückzuführen. Diese Hindernisse spalten den Markt und blockieren die Warenfreizügigkeit.[422]

Parallel zu dem neugegründeten Ministerium für inländischen Handel (guonei maoyibu) ist das MOFTEC zuständig für den Außenhandel. Unter seiner Kontrolle dürfen die Im- und Exportfirmen, sowie zugelassene große staatliche Unternehmen direkt auf den internationalen Märkten operieren.[423] In der Außenwirtschaft besteht also ein staatliches Monopol.[424] Während der Reformzeit fand allerdings ein begrenzter wirtschaftspolitischer Dezentralisierungsprozeß statt. Durch die regional unterschiedliche Wirtschaftspolitik (SWZ, offene Städte) entstand ein zwischenregionaler Protektionismus, der zu Behinderungen und sogar vereinzelt zu Handelskriegen um Rohstoffe und zu Transportblockaden zwischen verschiedenen chinesischen Regionen führte.[425]

---

[422] Sogar die Verwaltung ist aufgespalten in Ministerien für Handel (Lebensmittel), für Material (Produktionsmittel), für Rohöl, für Chemieindustrie, für Textilindustrie, für Wasserbau und Elektrizität, für Kohlenbergbau, für Metallurgische Industrie, für Maschinenbau, für Leichtindustrie usw. Vgl. Byrd, William A. (1990), S. 45 ff., 208 und Taubmann, Wolfgang; Widmer, Urs (1987) S. 332 ff.

[423] bzw. auf Provinz- und Kreisebene die Komitees für Außenwirtschaft. Vgl. Ho, Samuel P.S.; Huenemann, Ralph W. (1984), S. 40 ff.

[424] Vgl. Liu, Xiangdong u.a. (1993), S. 39 ff.; 45 ff.

[425] Vgl. Huang, Weixin (1992), S. 111 ff. und Herrmann-Pillath (1991), S. 498 ff.

150

2) Kapitalmarkt[426]: Trotz der im allgemeinen positiven Entwicklung des chinesischen Kapitalmarktes seit Mitte der achtziger Jahre lassen sich doch einige institutionelle und funktionale Schwächen beobachten.[427]

Im institutionellen Bereich lassen sich folgende Schwächen konstatieren: Erstens fehlt es an einer unabhängigen Zentralbank und einem nach marktwirtschaftlichen Prinzipien operierenden Bankensystem.[428] Es wurde zwar schon 1983 öffentlich angekündigt, daß die chinesische Volksbank als chinesische Zentralbank arbeiten soll, aber sie wird bisher immer noch von politischen Gremien gesteuert und ist deshalb nicht in der Lage, ihre Funktionen zu erfüllen.[429] Es gelingt ihr nicht - und unter dem jetzigen Arrangement wird es ihr auch nicht gelingen - die Geldwertstabilität sicherzustellen und inflationsfreies Wachstum zu ermöglichen. Die staatlichen Spezialbanken sind ebenfalls nur untergeordnete Institutionen der zentralen bzw. regionalen Regierungen.[430] Die Verantwortlichen der Banken sind bemüht, politische Risiken zu vermeiden und richten deshalb ihre Entscheidungen nicht danach aus, was ökonomisch geboten wäre.[431]

Zweitens herrscht auf dem Kapitalmarkt weiterhin das staatliche Monopol. Es ist weder den regionalen Regierungen noch Vetretern der Privatwirtschaft erlaubt,

---

[426] Kapitalmärkte werden hier verstanden als Finanzmärkte für langfristiges Kapital.

[427] Vgl. Ma, Hong u.a. (1993), S. 85 ff.

[428] Vgl. Herrmann-Pillath, Carsten (1991), S. 187 ff.

[429] Vgl. Zhao, Haikuan (1987), S.551 ff.

[430] Vgl. Schröder, Jürgen (1993), S. 101 und auch Herrmann-Pillath, Carsten (1991), S. 188.

[431] Vgl. Li, Jingwen u.a. (Hrsg.) (1993), S. 88 ff.

Banken zu gründen bzw. vergleichbare Aktivitäten zu betreiben.[432] Nur die staatlichen Banken verfügen unter dem strikten Devisenkontrollsystem des chinesischen Staates über Zugang zu den internationalen Kapitalmärkten.

Drittens fehlt es an klaren Gesetzen und Verordnungen, die der Willkür der internen hierarchischen Befehle ein Ende setzen und das Bankgeschäft und das Interbank-Geschäft auf eine verläßliche Grundlage stellen.[433]

Untersucht man ob und in welchem Umfang die chinesische Kreditwirtschaft die Funktionen eines marktwirtschaftlichen Kreditwesens erfüllt, so fallen die großen Defizite sofort ins Auge: Die staatlichen Interventions-, Planungs- und Kontrollmechanismen machen es der Kreditwirtschaft beinahe unmöglich, Kredite nach anderen als politischen Kriterien zu vergeben. Die Regierung bzw. die Volksbank reguliert die Kreditwirtschaft nach wie vor mit Kreditplanung, internen Verordnungen usw.[434] Die Kapitalpreise wie Zinssatz und Wechselkurs werden von der Regierung vorgeschrieben und ständig überwacht.[435] Die Abwertungen des RMB und das wirtschaftliche Restriktionsprogramm Zhu Rongjis[436] zu

---

[432] Vgl. Vorläufige Bestimmungen für private Unternehmen der VR. China (1988), § 12 und § 4 in Verbindung mit § 3 Bankverwaltungs-Durchführungsbestimmungen vom 7.1.1986 sowie auch Li, Jingwen u.a. (Hrsg.) (1993), S. 89.

[433] Vgl. Li, Jingwen u.a. (Hrsg.) (1993), S. 89.

[434] Vgl. Herrmann-Pillath, Carsten (1991), S. 188 ff.

[435] Vgl. Zhao, Haikuan (1987), S. 558 f.

[436] Zu jener Zeit war er Vize-Ministerpräsident und Direktor der chinesischen Zentralbank (der Volksbank).

Beginn des Jahres 1994 zeigen die Starrheit der strikten staatlichen Regulierungen und die sich dadurch einstellenden Probleme deutlich auf.[437]

3) Arbeitsmarkt: In einer funktionierenden Marktwirtschaft sollen die Arbeitskräfte effizient eingesetzt werden.[438] Dazu ist ein funktionierender Arbeitsmarkt erforderlich. Der nach der Reform in China entstandene Arbeitsmarkt weist noch große Defizite auf. Es bedarf noch gewaltiger Anstrengungen, um den Arbeitsmarkt in dem Maße zu liberalisieren, wie es für ein funktionierendes marktwirtschaftliches System nötig wäre.[439]

Die sozialistische Ideologie behauptet, daß die Arbeitskraft keine Ware sein dürfe.[440] Diese ideologische Festlegung bestimmte die chinesische Wirtschaftspolitik seit der Revolution 1949 bis in die achtziger Jahre.[441] Daher gab es lange Zeit keinen Arbeitsmarkt, der sich bemühte, Angebot und Nachfrage an Arbeitskräften in Einklang zu bringen. Der Staat kontrollierte mittels administrativer Maßnahmen die Mobilität, Anstellung, Entlohnung, Bildung und Weiterbildung der Arbeiter nach dem Prinzip der "Einheitlichen Versorgung, einheitlichen Verteilung" (tongbao, tongpei) und der "Eisernen Reisschale" (tie fanwan). Diese Prinzipien beinhalten, daß der Staat die Arbeiter auf die staatlichen Betriebe ver-

---

[437] Vgl. Murphy, Kevin (1994), S. 11. und Herrmann-Pillath, Carsten (1990), S. 301 ff.

[438] Vgl. Samuelson, Paul A.; Nordhaus, William D. (1989), S. 24 f.

[439] Vgl. Blejer, Mario u.a. (1991), S. 7 f. und IWF (1994d) (1994), S. 8 ff.

[440] Vgl. Yuan, Chongwu (1993), S. 2 f. und auch White, Gordon (1987), S. 114 ff. sowie Samuelson, Paul A.; Nordhaus, William D. (1989) S. 834 f.

[441] Vgl. Yuan, Chongwu (1993), S. 2 f. und auch Hsu, Robert C. (1991), S. 57 ff.

teilte. Zwischen den Arbeitern und dem Betrieb wurde ein lebenslanges Arbeitsverhältnis begründet.[442]

Seit der Mitte der achtziger Jahre wurde zunehmend die These akzeptiert, daß die Arbeit zwar keine Ware, aber Eigentum der Arbeiter sei.[443] Um die Eigentumsrechte der Arbeiter zu schützen, müsse die Mobilität der Arbeitskräfte und eine Entlohnung nach dem Marktprinzip gefördert werden.[444] Der Staat richtete unter dem gesellschaftlichen und politischen Druck von mehr als 50 Mill. Arbeitslosen staatliche Arbeitsvermittlungsinstitutionen ein. Private Unternehmungen sind in diesem Bereich jedoch bis heute nicht erlaubt.[445]

1986 wurde die "Eiserne Reisschale" durch ein vertragliches Einstellungssystem ersetzt. Dadurch erhöhte sich die Produktivität der Arbeiter zwar landesweit, aber aufgrund des Einwohnerkontroll-Systems (hukou zhidu), unter dem die Menschen nicht vom Land in die Stadt umziehen und dort arbeiten dürfen, hat das neue System nur in begrenztem Umfang zur Mobilität der Arbeitskräfte und zum Aufbau des Arbeitsmarkts beigetragen.[446]

Auch die ausländischen Investoren sind vom Problem des rigide kontrollierten Arbeitsmarktes betroffen. Es wird zwar seitens des Staatsrates zugelassen, daß Unternehmen mit ausländischer Kapitalbeteiligung selbst über ihre Organisa-

---

[442] Vgl. Yuan, Chongwu (1993), S. 2 f. und Ma, Kai (1987), S. 203 sowie Weggel, Oskar (1981), S. 201 f.

[443] Vgl. Yuan, Chongwu (1993), S. 3 f.

[444] Vgl. Yuan, Chongwu (1993), S. 3 f.

[445] Vgl. "Vorläufige Bestimmungen über Arbeitsvermittlung" (Januar 1991) des Ministeriums für Arbeit und Personal und auch Wang, Jianxin (Hrsg) (1993), S. 497 ff.

[446] Vgl. Ma, Hong u.a. (1993), S. 96 ff. und Yuan, Chongwu (1993), S. 2 ff.

tionsstruktur und ihr Personalsystem entscheiden dürfen.[447] In der Realität wird dies durch regionale Arbeits- und Personalbehörden kompliziert, die mit immer neuen bürokratischen Hindernissen eine rationale Personalallokation verunmöglichen.[448]

Die große Aufgabe der Reformkräfte wird es sein, in den nächsten Jahren verbindliche rechtliche Regelungen zu schaffen, die für die Funktionsfähigkeit und Entwicklung der nationalen Märkte unabdingbar sind und damit die Voraussetzungen für ein positives Investitionsklima und die Entwicklung nationaler Märkte für Arbeitskräfte, Waren und Dienstleistungen zu schaffen.[449]

2.2.2 Bewertung

Für ausländische Investoren ist es außerordentlich schwierig, in China zu produzieren.[450] Auf den unvollständigen Märkten Chinas müssen sich die ausländischen Investoren ständig mit Problemen auseinandersetzen, die die Existenz ihres Unternehmens in Frage stellen, wie schleppende Genehmigungen der Planungsbehörden (red tape), Probleme bei der Materialbeschaffung, der Personalauswahl, bei der RMB-Finanzierung und beim Zahlungsverkehr. All dies hat Auswirkungen auf die Außenfinanzierungsstruktur:

---

[447] Art. 15 der "Bestimmungen des Staatsrates zur Förderung ausländischer Investitionen" (28.10.1986).

[448] Vgl. Müller, Christian (1990), S. 116.

[449] Vgl. Bell, Michael W. u.a. (1993), S. 26.

[450] Vgl. Feinburg, Richard E. u.a. (1990), S. 90 f.

1) Erstens behindert das unvollständige Marktsystem ausländische Direktinvestitionen.

Die Tatsache, daß China am Anfang der Reform ein vollständiges und funktionsfähiges Marktsystem fehlte, bedeutete für potentielle Investoren ein hohes Maß an Unsicherheit, der Informationsmangel erschwerte die Planung der Produktion und erhöhte dadurch die Transaktionskosten.[451] In einer solchen Situation spielten die indirekten Investitionen eine wichtigere Rolle und die Außenfinanzierungsstruktur tendierte zu dem indirekten Modell. Die Statistik der chinesischen Außenfinanzierung weist dies aus (s. Tabelle 11).

2) Zweitens wird bei einem solch hohen Maß an Planungsunsicherheit das Joint Venture (Equity-Joint-Venture und Projektkooperations-Joint-Venture) die präferierte Form für diejenigen ausländischen Investoren, die direkt in China investieren wollen.

Mittels einer solchen Kooperationsform können die Probleme, die durch das unvollständige Marktsystem entstehen, durch die chinesischen Partner gelöst oder gemildert werden. Beispielsweise kann einer ausländischen Firma der Zugang zu heimischen Rohstoffen dadurch erleichtert werden, daß der chinesische Partner die Beschaffung der Rohstoffe im Rahmen der staatlichen Planung übernimmt.[452]

---

[451] Hier werden auch "die mit den Transaktionen verbundenen Such-, Einigungs- und Kontrollkosten (wie z.B Geschäfte anzubahnen, Lieferanten oder Abnehmer zu suchen, Angebote zu vergleichen, Vertragsinhalte zu spezifizieren, seine Erfüllung zu kontrollieren usw.) als Transaktionskosten bezeichnet", vgl. Leipold, Helmut (1992), S. 104.

[452] Mehr dazu vgl. Freeman, Duncan (Hrsg.), S. 4.

Im Zuge des Aufbaus des Marktsystems, insbesondere infolge der verstärkt marktwirtschaftlichen Orientierung, nimmt die Investitionsform der WFOE an Bedeutung zu. Sicherlich spielt für diese Zunahme auch die neue Unternehmensstrategie eine Rolle[453], aber durch die Stärkung der Märkte und die wachsende marktwirtschaftliche Orientierung nimmt auch das Interesse an WFOEs zu. Die Entwicklung des Swapmarktes und die Abschaffung des FEC (1994) sowie die Übernahme eines Buchungssystems mit internationalem Standard zeigen bereits die positiven Auswirkungen der ausländischen Direktinvestitionen. Damit kommt China den internationalen Finanzmärkten und der Konvertibilität des RMB einen Schritt näher.[454]

2.3 Die Staatliche Planung als Instrument der Außenfinanzierung

2.3.1 Der Transformationsprozeß von einer zentralen Planwirtschaft zu einer sozialistischen Marktwirtschaft und dessen Bedeutung für die Außenfinanzierungsstruktur

Die staatliche Planungs- und Lenkungsform ist ein wichtiges Element der Wirtschaftsordnung.[455] Die staatliche Planung kann die Allokation der heimischen wie auch der ausländischen Ressourcen lenken und damit ihre Effizienz beeinflussen. In diesem Abschnitt soll analysiert werden, inwieweit die chinesische

---

[453] Bei der Gründung eines WFOE in China erhalten die multinationalen Unternehmen Eigentums-, Internalisierungs- und Auslandsallokationsvorteile, wie in anderen Ländern auch, mehr dazu vgl. Dunning, John H. (1988a), S. 3 ff. und (1988b), S. 11 ff.

[454] Mehr dazu Ho, Alfred K. (1990), S. 94 f. und Bell, Michael u.a. (1993), S. 36 f. und Murphy, Kevin (1993), S. 1. sowie UN (1994), S. 107 ff.

[455] Vgl. Gutmann, Gernot (1993), S. 42 ff.

Form der Planung sich im Reformprozeß änderte und ob bzw. wie sich dies auf die chinesische Außenfinanzierungsstruktur auswirkte.

In den vergangenen 15 Jahren war die Planungsform sowohl in akademischen Diskussionen als auch in der reformpolitischen Debatte immer ein zentrales Thema.[456] Bis zur Reformzeit besaß China eine Planungsform nach sowjetischem Modell, also eine Zentrale Planwirtschaft. Der Staat organisierte die gesamte Wirtschaft mittels eines riesigen bürokratischen Apparates[457], sowohl in der Industrie als auch in der Landwirtschaft.[458] Entsprechend der zentralen Planung wurden alle Waren von staatlichen Betrieben produziert und durch staatliche Kanäle vertrieben.[459] Die Preise für die Waren wurden vom Staat vorgeschrieben, ein Arbeits- und ein Kapitalmarkt existierten nicht.[460]

Gerade diese zentrale Planungsform wurde 1979 wegen ihrer katastrophalen wirtschaftlichen Ergebnisse zum Gegenstand der reformpolitischen Debatte. Das vom 3. Plenum des 11. Parteitags der KPCh verabschiedete Reformprogramm stimmte zwar der Existenz von Warenaustausch und Märkten zu. Der Parteitag - schrieb aber die Zentrale Planwirtschaft in der Resolution des 12.Parteitags der KPCh fest. In der Resolution hieß es wörtlich: "Auf der Basis der Volksei-

---

[456] Vgl. Hsu, Robert C. (1991), S. 33 ff, 92 ff. und auch Wu, Jinglian (1992), S. 416 ff. sowie Yu, Guangyuan, S. 387 ff.

[457] Vgl. Prybyla, Jan S. (1987), S. 197 f.

[458] Zur detaillierten Darstellung und Analyse über die chinesische Wirtschaft vor 1979 siehe Cheng, Chuyuan (1982); Harding, Harry (1987); Riskin, Carl (1987) und Prybyla, Jan S. (1987), S. 176 f.

[459] Vgl. Prybyla, Jan S. (1987), S. 193 f.

[460] Vgl. Blejer, Mario u.a. (1991), S. 2 f.

gentumsordnung hat China eine Planwirtschaft und der volkwirtschaftliche Hauptbestandteil der Produktion und Distribution muß geplant werden" und "nur ein kleiner Teil darf vom Markt reguliert werden".[461] Der kleine Teil betraf zu jener Zeit hauptsächlich die ländlichen Lebensmittel auf dem ländlichen Markt. Faktisch blieb daher die alte, zentrale Planungsform fast unverändert.

Ein ideologischer Durchbruch war dagegen die Anerkennung der "sozialistischen Warenwirtschaft" auf dem 3. Plenum des 12. Parteitags der KPCh (1984).[462] Davor wurde die "Warenwirtschaft" von vielen chinesischen Politikern und Wirtschaftswissenschaftlern als kapitalistisch gekennzeichnet. Nach dem Parteibeschluß begann dann die marktorientierte Reform, die sich hauptsächlich auf drei Bereiche bezog.[463]

1) Der erste Bereich betraf die Trennung von Verwaltung und Betrieben.

Der Staatsrat erließ 1984 die "Übergangsbestimmungen über größere Entscheidungsmacht staatseigener Betriebe".[464] Den staatlichen Betrieben sollten mehr Entscheidungsmöglichkeiten gegeben werden, sie sollten auch nach Marktsignalen anstelle von Planquoten ihre Produktion betreiben.[465] Danach wurde mit dem

---

[461] Zur Resolution des XII. Parteitags der KPCh, vgl. Li, Jingwen (1993), S. 26.

[462] Vgl. Hsu, Robert C. (1991), S. 36 und Liu, Guoguang (1992), S. 28.

[463] Vgl. Gui, Shiyong (Hrsg.) (1987).

[464] People's Daily (RMRB) (05.12.1984).

[465] Vgl. Hsu, Robert C. (1991), S. 26.

VVS, Betriebsleasing und Aktiengesellschaften experimentiert, Maßnahmen die zum Teil auch weitergeführt wurden.[466]

2) Der zweite Bereich umfaßte Deregulierungsmaßnahmen, insbesondere eine Preisreform.

In der Planwirtschaft wurden die Preise vom Staat festgelegt. Bis 1984 diktierte der Staat die Einzelhandelspreise der wichtigsten Konsumgüter, der industriellen Rohmaterialien sowie die Einkaufspreise. Nach der Erweiterung der Entscheidungsbefugnisse staatlicher Unternehmen (1984) wurde das zweigleisige Preissystem auf eine sich erweiternde Reihe von Produkten ausgedehnt und der Anteil der Güter, die der Preisplanung unterlagen, schrittweise reduziert. Das zweigleisige Preissystem bestand aus vom Staat geplanten Preisen und vom Markt geregelten Preisen. Bei den geplanten Preisen gabt es Festpreise und Referenzpreise, bei den letzteren wurde Raum für Schwankungen gelassen. 1987 wurde bereits 38,3% des Einzelhandelswerts aufgrund marktbestimmter Preise gehandelt,[467] Ende 1992 waren bereits 80% des Einzelhandelswerts und 65% der industriellen Produkte Marktpreise (s. Tabelle 17).[468]

3) Im dritten Bereich erfolgte im Einklang mit den marktorientierten Reformen und der Öffnungspolitik ein Dezentralisierungsprozeß, der die Entscheidungs-

---

[466] Vgl. Teil III (2.1.1) dieser Arbeit.

[467] Vgl. Bell, Michael W. u.a. (1993), S. 18.

[468] Vgl. Zhang, Zhuoyuan (1993), S. 37.

befugnisse über Investitionen und Handel auf die Provinzebene und andere regionale Ebenen verlagerte.[469]

Der 14. Parteitag der KPCh im Oktober 1992 bestätigte die Ansichten Deng Xiaopings und akzeptierte das Ziel, eine "sozialistische Marktwirtschaft" in China einzuführen. Deng sagte bei seinem Shanghaibesuch 1990 und seinem Besuch in Südchina 1992: "Planwirtschaft ist nicht sozialistisch, denn es gibt auch Pläne in kapitalistischen Wirtschaften; Marktwirtschaft ist auch nicht kapitalistisch, denn Märkte existieren auch in sozialistischen Wirtschaften. Plan und Markt sind Werkzeuge der Wirtschaft. Die Erfahrungen und praktischen Prinzipien im Management aus den kapitalistischen Ländern sollen als Gut der menschlichen Zivilisation betrachtet und praktiziert werden".[470] Dies ist dann in die Resolution der KPCh aufgenommen worden[471], bedeutete mit Sicherheit eine ideologische Befreiung Chinas und machte den Weg zu einer marktwirtschaftlichen Ordnung frei.[472]

Allerdings enthält die Definition der "sozialistischen Marktwirtschaft" zwei Einschränkungen. Zum Einen soll Volkseigentum Hauptbestandteil der Eigentumsordnung bleiben. Zum anderen darf die Herrschaft der KPCh trotz aller Reformpolitik nicht angetastet werden.[473]

---

[469] Mehr dazu vgl. Bell, Michael W. u.a. (1993), S.10 f; 46 ff.

[470] Zitiert aus Deng, Xiaoping (1992), S. 7, vgl. auch Resolution des XIII. Parteitages der KPCh, Beijing Rundschau (1993), S. 31 ff.

[471] S. Beijing Rundschau (1993), S. 31 ff.

[472] Vgl. Ma, Hong u.a. (1993), S. 1 ff.

[473] Vgl. Ma, Hong u.a. (1993), S. 7 und Friedman, Milton (1993), S. 17.

Tabelle 17: Verhältnis von Output und Verkauf zu Fest-, Referenz- und Markt-
preisen (in %)

Jahr	1978	1987	1990	1992
Agarprodukt:				
Festpreis	92,6	29,4	25,0	17,0
Referenzpreis	1,8	16,8	23,4	15,0
Marktpreis	5,6	53,8	51,6	68,0
Industrieprodukt:				
Festpreis	97,0	...	44,6	20,0
Referenzpreis	-	...	19,0	15,0
Marktpreis	3,0	...	36,4	65,0
Einzelhandel:				
Festpreis	97,0	33,7	29,7	10,0
Referenzpreis	-	28,0	17,2	10,0
Marktpreis	3,0	38,3	53,1	80,0

Quelle: Bell, Michael W. u.a.(1993), S.27 und eigene Berechnungen.

2.3.2 Bewertung

Die Auswirkungen der zentralen Planung auf die Außenfinanzierungsstruktur
zeigten sich besonders deutlich zu Beginn der Reformen. Das Zentralkomitee

stellte in Zusammenarbeit mit dem MOFTEC eine jährliche und eine langfristige Planung für die Außenfinanzierung auf; sowohl für indirekte Investitionen als auch für Direktinvestitionen.[474]

Staatliche Planung und Intervention sind mit marktorientierten Direktinvestitionen nicht in Einklang zu bringen. In China ergaben sich aufgrund dessen, insbesondere in der ersten Phase (1979-1984), erhebliche Friktionen. Die chinesischen Planer versuchten den Wirkungskreis ausländischer Investitionen auf die SWZ zu beschränken[475], mußten dazu aber den regionalen Regierungen in den SWZ Sonderplanungskompetenzen einräumen.[476] Zudem wurden die ausländischen Investoren ständig mit neuen staatlichen Interventionen (Genehmigungsverfahren u.a.) konfrontiert, mit denen sie sich auseinandersetzen mußten.[477] Die ständigen Auseinandersetzungen zwischen den Behörden und den ausländischen Investoren führten dazu, daß die uneingeschränkte Durchführung der staatlichen Planungsvorgaben unmöglich wurde. Die pragmatische Zielsetzung der chinesischen Führung, China mittels Direktinvestionen einen Zugang zu Technologie und Märkten zu verschaffen, führte schließlich dazu, daß es zu einer Aufweichung der Planungsvorgaben kam.[478]

Die zentrale Planung beeinflußte in zweierlei Weise die Außenfinanzierungsstruktur:

---

[474] S. Yin, Jieyan (1991), S. 815 und Liu, Xiangdong u.a. (1993), S. 927.

[475] Vgl. Crane, George (1990), S. 20 ff.

[476] Vgl. Bolz, Klaus u.a. (1990), S. 84 ff.

[477] Detailliert dazu s. Teil III (3), insbesondere (3.1.2) dieser Arbeit.

[478] Zu dem gleichen Schluß kommt auch UN (1994), S. 107 ff.

1) Die zentrale Planung in der ersten Phase (1979-1984) führte zu einer raschen Änderung der Außenfinanzierungsstruktur. Indirekte Außenfinanzierung existierte 1983 faktisch nicht, da die chinesische Regierung von 1978-1980 derart hohe Kredite in Anspruch genommen hatte, daß die Bewältigung der sich daraus ergebenden Verschuldungskrise alle Kräfte (und Mittel) in Anspruch nahm. Die staatliche indirekte Außenfinanzierung bzw. Verschuldung wurde durch strikte staatliche Planungs- und Lenkungsmechanismen unter Kontrolle gebracht. Trotz der Reformen spielte die Planung, insbesondere bei den indirekten Investitionen, eine dominierende Rolle.[479] Die Planungsadministration bestimmte nicht nur die Menge, sondern auch die Allokation der Investitionen[480], sie legte fest, in welche Branchen und an welchen Orten investiert wurde.

2) Infolge des chinesischen Planungssystems und der staatlichen Bürokratie kamen die ausländischen Investoren zu dem Schluß, daß je kleiner die Investition, um so geringer die Konfrontation mit den Behörden, desto effizienter und profitabler die Investitionen seien.[481] (Die durchschnittliche Investitionssumme der 1988 genehmigten 5890 ausländischen Unternehmen betrug nur 883 Tsd. USD.[482]) Angesichts der niedrigen Kapitalintensität investierten die kleinen Unternehmen vor allem in die arbeitsintensiven Branchen und transferierten dann

---

[479] Im Detail dazu vgl. Teil III (3), insbesondere (3.1.2) dieser Arbeit.

[480] Vgl. dazu Teil III (4) dieser Arbeit.

[481] Vgl. Feinberg, Richard E. u.a. (1990), S. 90 ff.

[482] Allerdings hat sich die durchschnittliche Investitionssumme bis 1993 nahezu verdreifacht. Vgl. Feinberg, Richard E. u.a. (1990), S. 91 und RMRB (15.9.1994), S. 2.

keine Hochtechnologie nach China.[483] Dies widerspricht offensichtlich der Zielsetzung der chinesischen Regierung, die in der direkten Außenfinanzierung ein Mittel zum Transfer moderner Technologie nach China sah.

Zusammenfassend läßt sich festhalten, daß die Regierung ihr Ziel, Hochtechnologie zu attrahieren, nicht erreicht hat, aber ihre Bemühungen zu einem anderen Ergebnis führten, einem Ergebnis, das so nicht beabsichtigt war: Die zentrale Planwirtschaft wurde aufgeweicht und ist in Auflösung begriffen.[484]

3. Entscheidungs- und Kontrollsysteme in der Außenfinanzierung

Die ordnungspolitischen Rahmenbedingungen der Außenfinanzierung bildeten die Grundlage für die Entstehung der Außenfinanzierungsstruktur Chinas. Die Arbeit wird sich nun auf das Entscheidungssystem der chinesischen Außenfinanzierung konzentrieren und es sollen in diesem Abschnitt die folgenden Fragestellungen untersucht werden:

Zum Ersten ist die Frage zu erörtern, wer Entscheidungsträger der Außenfinanzierung ist. In einer Marktwirtschaft sind im Normalfall die Unternehmer Entscheidungsträger für die Unternehmensfinanzierung.[485] In China ist dies nicht der Fall. Dort wird die Unternehmensfinanzierung zentral geplant und gelenkt. Daraus ergibt sich - zweitens - die Aufgabe, genau zu analysieren, welche

---

[483] Vgl. Chu, Xiangyin (1994), S. 54.

[484] Vgl. UN (1994), S. 107 ff.

[485] Vgl. Gutmann, Gernot (1993), S. 45 f. und auch S. 82 ff.

Entscheidungsstruktur in China besteht. Im folgenden wird nun die administrative Entscheidungsstruktur für direkte und indirekte Investitionen dargestellt.

Drittens stellt sich die Frage, wie die Entscheidungsträger sich innerhalb dieser Strukturen verhalten, nämlich die Frage nach der Art und Motivation ihres Verhaltens gegenüber direkten und indirekten Investitionen. Hier soll versucht werden, das Entstehen der chinesischen Außenfinanzierungsstruktur aufgrund der unterschiedlichen Verhaltensweisen der unterschiedlichen Akteure zu erklären.

3.1 Entscheidungsträger

3.1.1 Wer sind die Entscheidungsträger?

In der Außenfinanzierung lassen sich in China zwei verschiedene Gruppen von Entscheidungsträgern unterscheiden. Die staatliche Verwaltung einerseits (hiernach V-E) und die staatlichen Unternehmen in Volks- und Kollektiveigentum andererseits (hiernach U-E).

Private Unternehmen sind für die Analyse bedeutungslos weil sie bisher keinen Zugang zu Außenfinanzierung hatten.[486] Daher spielen sie bei den Entscheidungen über die Außenfinanzierung kaum eine Rolle.

Zu den V-E gehören staatliche administrative Organe auf der Zentral-, Provinz-, Bezirks-, Stadt- (bei Öffnungsstädten) und Kreisebene. Organe auf all diesen

---

[486] Vgl. Krug, Barbara (1993a), S. 247 ff. und Teil III (2.1.1) dieser Arbeit.

Ebenen sind Teil der Außenfinanzierungsverwaltung im weiteren Sinne. Zu Ihnen gehören z.B. das MOFTEC und seine regionalen Unterorgane, die Komitees für Außenwirtschaft (die für die direkte Außenfinanzierung zuständig sind) sowie die "State Administration for Exchange Control" (SAEC) für indirekte Investitionen. Zu den V-E gehören auch die höheren Administrationsebenen, z.B. die zentralen und regionalen Planungskomitees und die Regierungen der Provinzen, Städte und des Staates.

Alle U-E sind direkt den Regierungen oder den Ministerien unterstellt.[487] Beide, V-E und U-E, stehen letztlich unter der Kontrolle der KPCh.[488]

Zwischen den V-E und den U-E besteht ein Verhältnis gegenseitiger Einfluß-nahme. Einerseits sind die U-E den V-E, trotz der Durchführung des Re-formprogrammes "Trennung von Verwaltung und Unternehmen", hierarchisch unterstellt. Sie müssen von Seiten der V-E sowohl mit planerischer, als auch gegebenenfalls mit politischer und personeller Einflußnahme rechnen.[489] Da die U-E den V-E zumeist direkt unterstellt sind, kann es bei Fehlentwicklungen im Unternehmen infolge der engen Interessenverflechtung auch zu politischen Rück-wirkungen auf die V-E kommen. Die U-E verfügen folglich auch über Ein-flußmöglichkeiten auf die V-E.

---

[487] IHT (2.9.1994), S. 15.

[488] Vgl. Schröder, Jürgen (1993), S. 101.

[489] Vgl. Deng, Liqun u.a. (Hrsg.) (1989), S. 327 ff.

3.1.2 Die administrative Entscheidungs- und Kontrollstruktur

Die U-E und V-E sind Teil des Entscheidungsgeflechts in der Außenfinanzierung. Bei unterschiedlichen Formen ausländischen Kapitals muß deshalb die Struktur der Beziehung der U-E und V-E differenziert analysiert werden.

1) Im Fall ausländischer Direktinvestition bestehen folgende Entscheidungs- und Kontrollverfahren (s. Übersicht 9).

a) Entscheidungsverfahren: Die Zentralregierung, das Planungskomitee und MOFTEC sind dafür zuständig, grundlegende Politiken, Gesetze und Maßnahmen für ausländisches Kapital zu formulieren und durchzuführen.

b) Genehmigungsverfahren: Die Projektvorhaben, deren Investitionsvolumen 30 Mill. USD überschreitet, müssen prinzipiell durch zentrale Organe, wie das Planungskomitee und MOFTEC, geprüft und genehmigt werden. Wenn die Direktinvestitionen diese Summe nicht überschreiten, können sie - nach Erfüllung einer Reihe von Voraussetzungen - durch 15 lokale Organe genehmigt werden.[490] Werden diese Voraussetzungen nicht erfüllt, sind die zentralen Organe für die Genehmigung zuständig.

---

[490] Die 15 lokalen Organe sind Guangxi, Guangdong, Hainan, Fujian, Shanghai, Jiangsu, Shandong, Hebei, Beijing und Liaoning Provinzen sowie die vier SWZ. Die Voraussetzungen lauten, (1) daß die Investitionen zu den vom Staat geförderten Produktionsprojekten gehören müssen, (2) daß die Investitionen an dem Investitionsort ohne staatliche materielle Unterstützung durchführbar sind, (3) daß deren Produkte keine Exportquote oder -lizenz benötigen und (4) daß das Investitionsvolumen 10 Mill. USD nicht überschreitet. Vgl. Liu, Xiangdong u.a. (1993), S. 867 ff.

c) Durchführung: Das Büro für Wirtschaft und Handel des Staatsrates ist das oberste Organ, welches für die betriebliche Durchführung von Investitionsprojekten zuständig ist. Parallelorgan auf lokaler Ebene sind die Wirtschaftskomitees. Diese Organe prüfen die für eine Zulassung vorgelegten "letter of intent" und "feasibility study". Um eine Investition in Gang zu bringen, müssen sich die Investoren zudem noch mit der staatlichen Verwaltung für Grund und Boden (guojia tudi guanli ju), den Stadtwerken (Wasser, Elektrizität), der Arbeitsvermittlung und allen anderen Behörden ins Benehmen setzen.

d) Kontrollverfahren: Das Kontrollverfahren wird von der Industrie- und Handelsverwaltung (IHV) auf allen Verwaltungsebenen durchgeführt. Die IHV ist nicht nur das Registrierungsorgan, sondern auch zuständig für betriebliche Kontrolle und Überwachung.

Übersicht 9: Entscheidungs- und Kontrollschema bei Direktinvestitionen

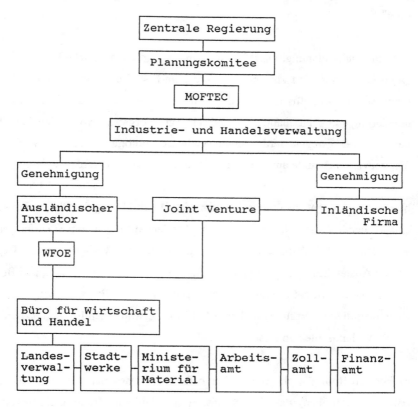

2) Indirekte Investitionen unterliegen ebenfalls unterschiedlichen Entscheidungs- und Kontrollverfahren (s. Übersicht 10).

Das chinesische Entscheidungs- und Kontrollsystem ist im Falle indirekter Investitionen strikt zentralisiert, gemäß dem Prinzip "Einheitliche Planung, Festlegung der Verwaltungseinheiten, ein Fenster nach Außen, Schulden-Registrie-rung".[491]

a) Einheitliche Planung: Das Planungskomitee und die staatliche Verwaltung für Devisenkontrolle sind zuständig für die Plan-Erstellung und -Kontrolle.[492] Die langfristigen, mittelfristigen und jährlichen Pläne der indirekten Außenfi-nanzierung enthalten quantitative und sektorale Vorgaben, wobei viele Details in den Vorgaben geregelt werden, etwa welche Technologien importiert werden sol-len, wieviele Produkte aus diesen Investitionen exportiert werden sollen, usw.

b) Festlegung der Verwaltungseinheiten: Zur Durchführung des Plans werden die entsprechenden Institutionen und entsprechenden Aufgaben vom Staat festgelegt; so stellen die Volksbank und das Planungskomittee die Vorschriften und Regeln für die Auslandsanleihen auf und sind zuständig für die Verrechnung und Beauf-sichtigung der Durchführung der Auslandsanleihen, das Finanzministerium führt Buch über die Planerfüllung und das MOFTEC verwaltet den Im- und Export, der durch Auslandsanleihen finanziert ist.[493]

c) Fensteröffnung nach Außen: Für öffentliche Darlehen sind das MOFTEC (Bilaterale Darlehen), das Finanzministerium (Weltbank-Kredite), die Volksbank (IWF- und ADB-Kredite), das Agrarministerium (IFAD-Kredit) und die Bank of China (Japan Import-Export Bank) zuständig.

---

[491] Vgl. Yin, Jieyan (1991), S. 817.

[492] Vgl. Holz, Carsten (1992), S. 38 ff. und 68 ff.

[493] Der Komplex der Verwaltung und Planung für direkte Investitionen hat sich seit 1979 schrittweise entwickelt. Zu den einschlägigen Gesetzen und Regelungen vgl. Yin, Jieyan (1991), S. 818 und 1035 ff.

Zur Kreditaufnahme bei Handelsbanken sind nur die folgenden zehn "Fenster" (Staatliche Banken oder Finanzinstitutionen) zugelassen: Bank of China, CITIC, China Bank of Investment, Bank of Communication (Jiaotong), CITIC Guangdong, CITIC Shanghai, Fujian Investment Enterprise Firm, CITIC Tianjin, CITIC Dalian, CITIC Hainan. Mit Genehmigung der Volksbank und des staatlichen Devisenverwaltungsamtes (SAEC) können sie Kredite für eigene Zwecke oder als Agent inländischer Kreditnehmer auf internationalen Kapitalmärkten aufnehmen.[494] Eine direkte Kreditvereinbarung zwischen einem nicht autorisierten chinesischen Kreditnehmer und ausländischen Kreditgebern, ohne Vermittlung durch die zehn "Fenster", ist verboten und unwirksam.[495]

In engem Zusammenhang mit der Kreditaufnahmekontrolle steht das Problem der Kreditgarantien. Bisher sind nur die Bank of China, CITIC und weitere - insgesamt 23 Institutionen - ermächtigt, Kreditgarantien auszustellen.[496] Wollen andere Institutionen sowie Unternehmen solche Garantien ausstellen, muß dies vom Devisenverwaltungsamt genehmigt werden.[497]

d) Schulden-Registrierung: Nach den "Vorläufigen Bestimmungen über die Statistik und Überwachung der ausländischen Verschuldung" und den "Aus-

---

[494] Vgl. Blejer, Mario u.a. (1991), S. 9.

[495] Vgl. Yin, Jieyan (1991), S. 818.

[496] In der ersten Außenfinanzierungsphase sind nur 7 Institutionen zugelassen, qualifizierte Kreditgarantien zu erstellen. Vgl. Yin, Jieyan (1991), S. 830.

[497] Vgl. Yin, Jieyan (1991), S. 830 ff; Zu dem Gesetz "Verwaltungsregelung über die Kreditgarantien", S. 1053 f.

führungsbestimmungen"[498] muß jeder Kreditnehmer innerhalb von 15 Tagen nach der Unterzeichnung des Kreditvertrags diesen beim Devisenverwaltungsamt registrieren lassen.[499]

Im Falle eines IBRD-Kredits ist das Finanzministerium, als Vertreter des Staates, sowohl der Einzelkreditnehmer gegenüber der IBRD[500], als auch Kreditgeber gegenüber inländischen Organisationen (direkt) und staatlichen Unternehmen (indirekt). Die folgenden Verfahren sind in der Regel notwendig:

a) Antragstellungs- und Vorprüfungsverfahren: Die Planungskomitees auf der Provinzebene oder die Ministerien stellen, bei eigenen Planungen oder Vorhaben eines staatlichen Betriebs, zuerst ihre Projektvorschläge und Kreditanträge dem zentralen Planungskomitee vor. Das zentrale Planungskomitee prüft dann nach der vorher schon festgelegten Planungslinie diese Anträge und holt, falls der Antrag positiv beschieden wird, die Genehmigung des Staatsrates der Zentralregierung ein.

b) Bewertungsverfahren: Den formellen Antrag stellt dann das Finanzministerium bei der IBRD. Nach der Zustimmung der IBRD beauftragt das Planungskomitee die staatliche Projekt-Consulting-Firma ("guoji gongcheng zixun gongsi") mit einer Bewertungs- bzw. Durchsetzungsstudie (Feasibility-Study). Bei der Erarbeitung dieser Studie wird normalerweise eine Delegation der IBRD mit einbezogen.

---

[498] Diese zwei Gesetze sind jeweils 1988 und 1989 erlassen worden. S. Yin, Jieyan (1991), S. 1063 ff.

[499] Vgl. Yin, Jieyan (1991), S. 810 und 818 ff.

[500] Inzwischen haben die Volksaufbaubank, die Industrie- und Handelsbank und die Bank of Communication auch mit der IBRD bankgeschäftliche Beziehungen aufgenommen. Vgl. Holz, Carsten (1992), S. 68 ff. und Yin, Jieyan (1993), S. 825 f.

c) Kreditweiterleitungsverfahren (zhuandai): Nach der Inanspruchnahme des Kredits leitet das Finanzministerium als Kreditgeber den Kredit weiter an das Ministerium (oder Komitee), das für die Verwaltung des Projektes zuständig ist oder an die lokalen Regierungen und Zwischenbanken (China Investment Bank, Landwirtschaftsbank). Diese Institutionen leiten die Weltbankkredite dann entweder direkt an die staatlichen Unternehmen weiter oder bauen mittels der Kredite neue Unternehmen auf.

Übersicht 10: Entscheidungs- und Kontrollschema bei indirekten Investitionen

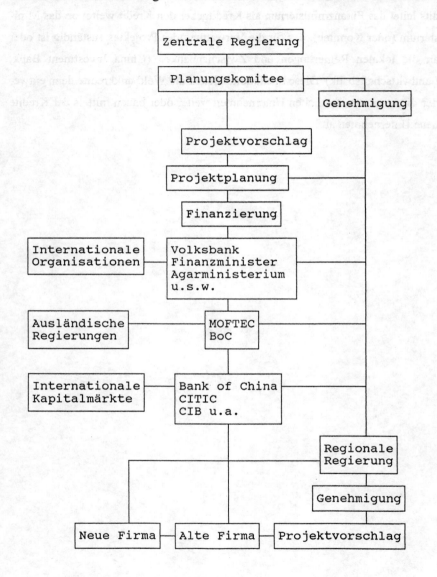

Bei der Kreditaufnahme auf den internationalen Kapitalmärkten (z.B. Private Bankdarlehen, Bondemissionen) sichert die zentrale Regierung ihre Entscheidungs- und Kontrollmöglichkeiten durch folgende Maßnahmen: In Zusammenarbeit mit dem Finanzministerium, dem MOFTEC und der Volksbank stellt das Planungskomitee einen Fünfjahresplan und einen jährlichen Plan auf. In diesem Plan sind die Kreditlinien und die Planungsvorgaben der großen Projekte festgelegt. Die Kreditlinien werden bereits jetzt zwischen den Provinzen verteilt. Der Kontrollmechanismus beruht auf zwei Verfahren:

Zum Ersten wurden nur 10 staatliche Kreditinstitute ("Fenster") durch das Qualifizierungsverfahren zur Kreditaufnahme auf den Kapitalmärkten zugelassen.[501] Die inländischen Institutionen oder Unternehmen müssen diese Kreditinstitute beauftragen, um kommerzielle Kredite aufzunehmen.

Zum Zweiten muß jede Kreditaufnahme von der Volksbank genehmigt und von dem der Volksbank zugeordneten "Staatlichen Devisenverwaltungsamt" (SAEC) registriert werden[502].

3.2 Die Verhaltensweise der Entscheidungsträger in der Außenfinanzierung

Es gibt in der Literatur über China zahlreiche Erklärungsansätze zum Verhalten der chinesischen Regierung, der Bürokratie, der Unternehmer sowie privater

---

[501] Vgl. Yin, Jieyan (1993), S. 823.

[502] Gesammelte Gesetze der V.R. China (1992), S. 1290 ff.

Personen.[503] In diesem Abschnitt wird lediglich versucht werden, das Verhalten der chinesischen V-E und U-E bezüglich Fragen der Außenfinanzierungsstukur darzustellen.

3.2.1 Das Verhalten der V-E

China befindet sich in einem Systemtransformationsprozeß von einer Zentralverwaltungswirtschaft in eine Marktwirtschaft. Bei dieser Umwandlung spielen die V-E eine wichtige Rolle. Die Haltung und Verhaltensweise der V-E gegenüber ausländischem Kapital läßt sich folgendermaßen zusammenfassen:

1) Ablehnende Haltung gegenüber ausländischem Kapital

Es kann festgehalten werden, daß die V-E die Öffnungs- und Reformpolitik mit dem Ziel der wirtschaftlichen Modernisierung eingesetzt haben und die Verwendung ausländischen Kapitals als das geeignete Finanzierungsmittel ansahen. Mit dem ausländischen Kapital wollen die V-E für die chinesische Volkswirtschaft mehr moderne Maschinen, Technologie und Know-How erwerben und damit eine starke nationale Wirtschaft aufbauen.[504]

Allerdings hegen die V-E in zweierlei Hinsicht Vorbehalte gegenüber der Außenfinanzierung, die zu ihrem ablehnenden Verhalten beitragen. Zum einen -

---

[503] Diese Erklärungsansätze sind größtenteils ökonomischer, politischer und soziokultureller Natur, z.B. die Neue Politische Ökonomie, die Ökonomische Bürokratietheorie, die Theorie der Modernen Unternehmung. Mehr dazu vgl. Krug, Barbara (1993a), S. 91 ff. und Scharping, Thomas C. (1988).

[504] Vgl. Fang, Sheng (1992), S. 856 ff. und auch Lin, Shuzhong (1993), S. 5 ff.

bleibt das Feindbild des kapitalistischen Ausländers virulent, ein Feindbild, das aufgrund der Ideologie und der kolonialistischen Vergangenheit entstanden ist. Viele chinesische Offizielle sind der Auffassung, daß intensiver Kontakt mit Ausländern das Vordringen unorthodoxer Ideen (wie Individualismus, Konsumorientierung, politischem Pluralismus und Menschenrechten) bedeutet, die die politische Stabilität, die soziale Struktur und die kulturelle Integrität ihres Landes in Frage stellen.[505]

Um diese Einflüsse abzuwehren, versuchen die V-E die ausländischen Einflüsse im Zuge der Außenfinanzierung zu begrenzen. Sie beschränkten zu diesem Zweck die ausländischen Direktinvestitionen vor allem auf WFOEs, sie schränkten den Tätigkeitsbereich der WFOEs durch die Einrichtung von SWZ während der ersten Phase (1979-1983) ein und leiteten in der Mitte der achtziger Jahre die "Kampagne gegen geistige Verschmutzung" ein, mit dem Ziel, den ausländischen Einfluß auf die chinesische Bevölkerung zu reduzieren.

Zum Anderen fürchten die V-E die wirtschaftlichen Auswirkungen der Außenfinanzierung. V-E nehmen eine ablehnende Haltung gegenüber privaten Bankdarlehen ein, da sie eine erneute Verschuldungskrise befürchten. Daher befürworten die V-E öffentliche Anleihen. Mittels eines strikten Entscheidungs- und Kontrollmechanismus halten die V-E die indirekten Investitionen unter Kontrolle.[506] Im Vergleich mit den lateinamerikanischen Ländern blieb Chinas Schuldenquote daher niedrig (s. Tabelle 18).

---

[505] Vgl. Harding, Harry (1987), S. 133 ff.

[506] Diese Haltung war insbesondere nach der Verschuldungskrise in Mexiko (1982) ausgeprägt. Die Entscheidung über die Außenfinanzierung im "Siebten Fünfjahresplan" stand in der Tat im Widerspruch zu dieser Haltung. Dies läßt sich vermutlich nur durch wirtschaftspolitische Uneinigkeit in den Entscheidungsgremien und die ideologisch geprägte Ablehnung der ausländischen Einflüsse im Gefolge der Direktinvestitionen erklären. Vgl. dazu Teil II

178

Die V-E bemühten sich von Anfang an, Direktinvestitionen regional zu begrenzen (z.B. durch SWZ) und sektorale Beschränkungen (z.B. Immobilien, Telekommunikation und Dienstleistungsbranche) vorzunehmen.[507]

2) Regionales Interesse gegenüber ausländischem Kapital

Die regionalen V-E waren dem Reformprozeß, insbesondere dem Dezentralisierungsprozeß gegenüber aufgeschlossen. Um mehr Investitionen in die eigenen Regionen zu holen und damit die regionale Wirtschaft zu entwickeln sowie das politische Establishment zu sichern, bemühten sich die regionalen V-E, günstige Bedingungen für ausländische Direktinvestitionen zu bieten.

Seit 1992 gibt es einen aggressiven Wettbewerb um ausländische Investitionen zwischen den Provinzen, dem Küstengebiet, dem Hinterland, den SWZ und Nicht-SWZ.[508] Dieses Verhalten der regionalen und lokalen V-E führt zu einer raschen Steigerung der Direktinvestitionen und einer Aufweichung der zentralen Planung. Würde sich diese Entwicklung fortsetzen, verlöre das zentrale Entscheidungs- und Kontrollsystem zunehmend an Bedeutung und würde langsam überflüssig.

(2.1) dieser Arbeit.

[507] Vgl. Harding, Harry (1987), S. 134 und auch Teil II (2.4.1) dieser Arbeit.

[508] Vgl. Chu, Xiangyin (1994), S. 54.

Tabelle 18: Indikator für Verschuldung und Schuldendienst in ausgewählten Ländern

Jahr	1980	1987	1989	1991
Verschuldung/BSP (%)				
China	1,5	11,6	10,7	16,4
Brasilien	31,2	42,3	25,6	28,8
Indien	11,9	22,0	23,9	29,2
Südkorea	48,7	31,0	15,6	14,4
Schuldendienstquote(%)				
China	4,4	9,5	11,4	12,0
Brasilien	63,1	41,9	34,6	13,8
Indien	9,3	29,4	27,6	30,6
Südkorea	19,7	32,3	11,8	10,7*

* Zahl des Jahres 1990.

Quelle: Weltbank (1993), World Debt Tables.

3.2.2 Das Verhalten der U-E

Die folgenden Charakteristika sind bei der Beurteilung ihres Verhaltens in Außenfinanzierungsfragen zu beachten:

1) Motiv der Außenfinanzierung: Wie die regionalen V-E wollen die U-E zwar ihren Finanzierungsspielraum erweitern, dabei besteht jedoch ein Unterschied zwischen kleinen und mittleren und Großunternehmen.

Normalerweise verfügen die Großunternehmen durch staatliche Investitionen über eine bessere innerbetriebliche Infrastruktur im technischen, maschinellen und personellen Bereich als die kleinen und mittleren Unternehmen. Zudem besitzen sie eine Monopol-Position auf dem Markt und den besseren Zugang zu den Weltmärkten (durch Export- und Importlizenzen und direkten Außenhandel[509]).[510] Sie benötigen vornehmlich ausländisches Kapital, um selbst ihre Maschinen und Technologien zu modernisieren. Dieser Modernisierungsbedarf behindert die chinesischen staatlichen Unternehmen im internationalen Wettbewerb jedoch erheblich.

Die mittleren und Kleinunternehmen benötigen jedoch außer Maschinen auch Managementwissen, Know-how und Zugang zum Außenhandel. Nur so könnten sie sowohl auf den inländischen Märkten als auch auf den Weltmärkten mit den Großunternehmen konkurrieren und überleben.

2) Unterschiedliche Haltungen gegenüber der Außenfinanzierung:

Nicht nur wegen der Motive, sondern auch angesichts der Tatsache, daß die mittleren und Kleinunternehmen keinen bzw. nur erschwerten Zugang zu indirekter Finanzierung (z.B. Kreditaufnahme auf den internationalen Kapitalmärkten) haben, war und ist das Joint Venture mit ausländischen Investoren die bestgeeignete Investitionsform für mittlere und Kleinunternehmen. Für viele (mittlere und kleine) staatliche Betriebe sind solche Überlegungen bei der Entscheidung für ein Joint Venture ausschlaggebend.

Wollen sie mit heimischen Unternehmen konkurrieren, die sich unter marktwirtschaftlichen Bedingungen entwickelt und am Markt etabliert haben, müssen sie mit ausländischen Investoren kooperieren. Ein Joint-Venture mit einer auslän-

---

[509] Vgl. Teil III (5.2) dieser Arbeit.

[510] Vgl. Chu, Xiangyin (1994), S. 54 f.

dischen Firma reduziert den Steuersatz von 55 auf 30 Prozent, hinzu kommen oft-
mals großzügige Steuerfreibeträge.[511] Mittlere und kleine Unternehmen (inklusive
ländliche Unternehmen) verwandten allein im Jahr 1991 4,13 Mrd. USD, also
98% der gesamten ausländischen Direktinvestitionen.[512]

Die Großunternehmen, als Vertreter des Staatsinteresses in allen wichtigen Industrien, bevorzugen im Gegensatz zu kleinen und mittleren Unternehmen, indirekte
Investitionen oder Projektkooperationen. Sie sind wenig interessiert an einer
engen Zusammenarbeit mit ausländischen Investoren und wehren sich aus Kon-
kurrenzgründen gegen WFOEs.

1991 nahm China indirekte Investitionen in Höhe von insgesamt 6,89 Mrd. USD
in Anspruch (Tabelle 10). Davon erhielten die regionalen Regierungen 34% für
den Aufbau der Infrastruktur. Mit dem Rest wirtschafteten die verschiedenen
Ministerien bzw. die ihnen angehörenden Großunternehmen.[513] Diese wehren sich
gegen die Investitionen in der WFOE-Form, da sie die dadurch entstehende
Konkurrenz fürchten und ihre Monopolposition gefährdet sehen.[514] In der Resolution des 12. Parteitags der KPCh wird deshalb ausdrücklich betont: "Das Ziel der
Verbreiterung der wirtschaftlichen Kooperation mit Ausländern ist, die nationale
Wirtschaftsentwicklung zu fördern, aber nicht der nationalen Wirtschaft zu scha-
den".[515]

---

[511] Vgl. Overholt, William (1994), S. 45 f.

[512] Vgl. Chu, Xiangyin (1994), S. 54 f.

[513] Vgl. Statistisches Jahrbuch Chinas (1993), S. 650 f.

[514] Vgl. Liu, Xiangdong u.a. (1993), S. 859 f.

[515] Vgl. Zhang, Bingliang (1989), S. 10 ff.

4. Fallstudie: Problematik der Entscheidung über die Außenfinanzierungsstruktur im siebten Fünfjahresplan (1986-1990)

4.1 Die Entscheidung über die Außenfinanzierungsstruktur

Im "Siebten Fünfjahresplan zur Entwicklung der nationalen Wirtschaft und Gesellschaft"[516] findet sich der Satz: "Die Möglichkeiten der Verwendung ausländischen Kapitals sollen erweitert werden; insbesondere sollen Kredite zu Vorzugsbedingungen von den ausländischen Regierungen und internationalen Organisationen in Anspruch genommen werden. Vor allem aber sollen die Kredite von ausländischen Privatbanken genutzt werden...Es sollen mehr staatliche Finanzinstitutionen sowie Banken zugelassen werden, um Marktdarlehen auf den internationalen Kapitalmärkten in Anspruch zu nehmen...". Der Siebte Fünfjahresplan gibt also die indirekte Außenfinanzierung im Zeitraum von 1986-1990 als Hauptform der Außenfinanzierung vor.

Aufgrund dieser Vorgabe für die Außenfinanzierung nahmen die Marktdarlehen im Zeitraum von 1986 bis 1988 um 68% zu; die öffentlichen Darlehen dagegen blieben konstant (s. Grafik 4). Es ist zu vermuten, daß diese Tendenz sich über das Jahr 1989 fortgesetzt hätte, wenn es nicht zu den politischen Unruhen gekommen wäre.

4.2 Bewertung

Betrachtet man die inländische und die internationale Situation auf den Kreditmärkten zur Zeit des siebten Fünfjahresplans, so erscheint die Entscheidung für mehr Marktdarlehen unverständlich.

---

[516] Gesetzblatt des chinesischen Staatsrates (5.10. 1986), Nr. 11.

Erstens bedarf es für indirekte Marktdarlehen eines Akteurs, der in der Lage ist, das Darlehen wirtschaftlich rational und effizient einzusetzen. Die ordnungspolitische Reform war bis zu diesem Zeitpunkt noch nicht weit genug gediehen, als daß es zu einer effizienten Allokation hätte kommen können. Es fehlte eine private Eigentumsordnung, ein funktionierendes Marktsystem und ein aufgeschlossener, effizienter Verwaltungsapparat.[517]

Zweitens galt die Inanspruchnahme privater Banken durch die Entwicklungsländer aufgrund der Erfahrungen der Verschuldungskrise (in Mexiko u.a.) als unpopulär. Marktdarlehen waren zu jener Zeit hoch zu verzinsen und ihre Vergabe an strikte Konditionen gebunden.[518]

Drittens begann sich die Weltwirtschaft nach der Verschuldungskrise Mitte der achtziger Jahre wieder zu stabilisieren. Direktinvestitionen spielten gegenüber indirekten Investitionen eine zunehmende Rolle. Im Zuge dieser Entwicklung trieben die NIACs bereits die neue Internationalisierungspolitik voran.[519]

Die Entscheidung des siebten Fünfjahresplans, die indirekte Außenfinanzierung zu forcieren, zeigt, daß die V-E weiterhin erhebliche Vorbehalte gegenüber einer direkten Außenfinanzierung hegten. Zwar war ein Finanzbedarf dadurch entstanden, daß China in eine entscheidende Reformphase eintrat, denn zu diesem Zeitpunkt hätte eine entschlossene Unternehmensreform durchgeführt werden müssen. Um trotz nicht erfolgender Unternehmensreform die Insolvenz der großen staatlichen Unternehmen abzuwenden und damit drohende Arbeitslosigkeit und Unruhen in der Bevölkerung mit politischen Konsequenzen zu ver-

---

[517] S. Teil III (2) dieser Arbeit.

[518] z.B. betrug im Zeitraum von 1976-83 der durchschnittliche reale LIBOR 3,5% (per 6 Monate) und im Zeitraum 1984-91 4,4%. Der LIBOR ist der Referenzzinssatz für die internationalen Geld- und Kapitalmärkte. Mehr dazu vgl. IWF (1994a), S. 177 und Krueger, Anne O. (1986), S. 62 ff.

[519] S. Teil I (3.5.4) dieser Arbeit.

meiden, waren die V-E (die als Folge einer Unternehmensreform den Verlust des eigenen Einflusses befürchteten) gezwungen, den Kapitalbedarf durch Marktanleihen zu decken.

Eine Folge der indirekten Außenfinanzierung war jedoch zunehmende Inflation, die die Studentenbewegung 1989 mitverursachte.[520] Die V-E sahen sich schließlich durch ausbleibende internationale Darlehen genötigt, eine weitere Öffnung nach außen und eine Unternehmensreform einzuleiten, da sie weitere Unruhen vermeiden wollten, die wohlmöglich das Ende der kommunistischen Herrschaft in China bedeutet hätten.[521]

5. Die Rolle der Ressourcenstruktur, der Außenhandelspolitik und der weltwirtschaftlichen Entwicklung für die Außenfinanzierung Chinas: Ein Überblick

Wie die bisherige Untersuchung in diesem Teil zeigte, existiert in China trotz der Reformpolitik noch eine weitgehend durch die ehemalige Zentralplanwirtschaft geprägte Wirtschaftsordnung. Dennoch attrahierte China insbesondere seit 1992 ausländische Direktinvestitionen in erheblichem Umfang.[522] Es muß gefragt werden, warum China trotz der unsteten Bemühungen die Wirtschaftsordnung zu transformieren, so viele Direktinvestitionen attrahieren konnte und ob ausländische Investoren weiterhin in diesem Umfang in China investieren werden?

---

[520] Die wirtschaftliche Entwicklung vor der Studentenbewegung war eine der Ursachen der Studentenbewegung, z.B. betrug das Defizit im Staatshaushalt 21,1 Mrd. RMB. Davon waren 13 Mrd. RMB durch die ausländische Kreditaufnahme verursacht. Das Defizit hatte sich also gegenüber dem Vorjahr nahezu verdreifacht. Die Inflationsrate erreichte Ende 1988 bis zu 30%. Dies führte zur Verschlechterung des Lebensstandards und zur Unzufriedenbeit bei Arbeitern, Bauern und Studenten. Mehr dazu vgl. Krug, Barbara (1993a), S. 114 und Tálas, Barna (1991), S. 229 f.

[521] S. Teil II (2.4.2) dieser Arbeit.

[522] Vgl. Teil II (2.4) dieser Arbeit.

Es bietet sich an, die drei in Teil I herausgearbeiteten Determinanten der Außenfinanzierung - Ressourcenstruktur, Außenhandelspolitik, weltwirtschftliche Entwicklung - im Zusammenhang mit dieser Frage kursorisch nochmals zu betrachten.

5.1 Ressourcenstruktur und Außenfinanzierung

Die Ressourcen teilen sich - wie in Teil I dargestellt - in zwei Kategorien: Natur- und Wirtschaftsressourcen.[523] Die Ressourcenstruktur Chinas und ihre Rolle in der Außenfinanzierung wird im folgenden erläutert.

Die Naturressourcen wiederum können in natürliche Ressourcen und unausgebildete Arbeitskräfte unterteilt werden.[524] Es ist festzustellen, daß China ein naturressourcenreiches Land ist. In der Welt steht es nach Rußland und den USA an dritter Stelle vor Kanada, Australien und Südafrika.[525] Absolut betrachtet, zeichnen sich die chinesischen Ressourcen durch ihre Vielfalt und ihre Menge aus (Ackerland, Klima, Wasser, Artenreichtum in Flora und Fauna, Meer, Mineralien).

Relativ betrachtet, ist China jedoch arm an natürlichen Ressourcen. Die Chinesen besitzen nur 0,09 ha Ackerland pro Kopf. Dies entspricht einem Drittel der durchschnittlichen Menge der Welt (0,27 ha pro Kopf). Die Bevölkerungszahl begrenzt die relative Größe der Ressourcen. Mit 1,3 Mrd. Menschen stellen die Chinesen

---

[523] Vgl. Teil I (3.2) dieser Arbeit.

[524] Vgl. Teil I (3.2) dieser Arbeit.

[525] Vgl. Xiao, Zhuoji (1992), S. 36 ff.

ein Fünftel der Weltbevölkerung. Davon zählen 44,5% zu den unausgebildeten Arbeitskräften.[526]

Die Marktressourcen können an verschiedenen Indikatoren wie z.B. Bevölkerung (potentielle Konsumenten), BIP-Wachstumsrate, privater Konsum, öffentliche Ausgaben sowie Inlandsinvestitionen gemessen werden. Die Entwicklung der chinesischen Marktressourcen hatte seit der Einführung der Reformpolitik steigende Tendenz.[527]

Die Bevölkerungsgröße und der Zuwachs der Nachfrage nach Konsum- und Kapitalgütern hat in den vergangenen Jahren daraufhin gedeutet, daß die chinesischen Marktressourcen groß sind und eine außerordentlich gute Perspektive bieten. Diese positive Einschätzung der Marktressourcen wurde auch durch die Außenhandelspolitik seit 1992 unterstützt (Exportförderungspolitik, Bewerbung um den Wiedereintritt in das GATT usw.)

Die chinesische Ressourcenstruktur bietet dem ausländischen Investor die Möglichkeit, in ressourcen- und arbeitsintensive Sektoren mit der Perspektive des Marktzugangs zu investieren. Die Investitionen in den vergangenen Jahren zeigen, daß diese Einschätzung zutrifft.

5.2 Außenhandelspolitik

Die Außenhandelspolitik hat als Teil der Entwicklungsstrategie in den vergangenen Jahren eine wichtige Rolle in der chinesischen Außenfinanzierung

---

[526] 466,9 Mill. Menschen sind 25 Jahre und älter (1987). Davon haben 1% einen Universitätsabschluß, 21,8% einen Mittelschulabschluß und 32,7% einen Grundschulabschluß. Vgl. Xiao, Zhouji (1992), S. 54 und Teil II (3.1.2) dieser Arbeit.

[527] Vgl. Weltbank (1991b), S. 185.

gespielt. Die Veränderung der Außenhandelspolitik kann in drei Phasen eingeteilt werden.

In der ersten Phase (1979-1987) war die Importsubstitutionspolitik die vorherrschende Außenpolitik.[528] Sie war unmittelbar mit dem zentralen staatsmonopolistischen Handelssystem verknüpft. Damit wurden Import und Export bzw. das Gleichgewicht der Leistungsbilanz strikt unter staatliche Kontrolle gebracht. Trotz der Öffnungspolitik und der Reformbemühungen blieb die staatliche Monopolstruktur erhalten, in der nur den staatlichen Außenhandelsunternehmen erlaubt war, entsprechend dem Plan die Im- und Exportgeschäfte abzuwickeln.[529] Als Kontrollmechanismus fungierten Import- und Exportlizenzen. In dieser Phase wurden nur unwesentliche Reformmaßnahmen im Außenhandel eingeführt. Es wurde den regionalen Regierungen gestattet, eigene Außenhandelsunternehmen zu eröffnen und die Außenhandelsunternehmen wurden nach Branchen aufgeteilt. So entstanden viele neue Außenhandelsunternehmen.[530]

Ab 1987 wurde das VVS[531] im Außenhandelsbereich zur Unternehmensumstrukturierung eingesetzt.[532] Die Zentrale und die regionalen Regierungen wollten die Außenhandelsunternehmen mit mehr Entscheidungsbefugnissen ausstatten, um damit die Exportwirtschaft effizienter zu gestalten. Auf experimenteller Basis

---

[528] Zur chinesischen Importsubstitutionspolitik vgl. auch Lardy, Nicholas R. (1987), S. 44 ff.

[529] Bis zum Beginn der Reform gab es nur 12 solcher Außenhandelsunternehmen. Andere Unternehmen hatten keinen direkten Zugang zum Außenhandel. Mehr dazu vgl. Bell Michael W. u.a. (1993), S. 33 f und Shen, Jueren (1992), S. 69 ff.

[530] Bis 1987 bestanden bereits 2200 Außenhandelsunternehmen, die allerdings in Südchina die größte Dichte erreichten, z.B. bestanden in Guangdong 810 und in Fujian 200. Mehr dazu vgl. Shen, Jueren (1992), S. 72.

[531] Zum VVS vgl. Teil III (2.1.1) dieser Arbeit.

[532] Vgl. Shen, Jueren (1992), S. 76 ff.

wurden auch Produktionsunternehmen zum direkten Außenhandel zugelassen.[533] In der zweiten Phase (1987-1991) ging China von der Importsubstitution zur Exportförderung über.

Seit 1992 gewann die Exportförderungspolitk im Zuge der Liberalisierung der Import- und Exportkontrollen und der Bewerbung um den Wiedereintritt ins GATT an Boden. Schon 1991 fielen im Export die Planungs- und Kontrollverfahren mit der Abschaffung der Exportsubventionen weg. Bei den Importen wurden nur noch 18% der gesamten Importe von der Zentrale gelenkt und kontrolliert. 30% der Importe bedurften allerdings noch einer Importlizenz. Davon waren hauptsächlich Maschinenbau und Elektronik sowie einige Konsumgüter (z.B. Weine, Tabake) betroffen.[534]

Die Bemühung um den Wiedereintritt in das GATT nahm insbesondere seit 1992 zu.[535] Motivation der chinesischen Seite ist dabei die Förderung der Export- und damit der gesamten Volkswirtschaft.[536] Durch die intensive Teilnahme an der internationalen Arbeitsteilung und dem Wettbewerb sollen die chinesischen Unternehmen mit Druck von Außen noch effizienter produzieren und ihre Produkte weltweit vertreiben. Daher sollen nicht nur die Weltmärkte für chinesische Produkte, sondern auch der chinesische Markt für die Welt geöffnet werden.

---

[533] Mit dem direkten Exportzugang wurde auf zweierlei Weise experimentiert: a) Fusion von Außenhandelsunternehmen und Produzenten (z.B. Shanghai Spielzeug Import & Export Corporation, Hunan Liling Porcelain Plant); b) Erlaubnis zum direkten Außenhandel (z.B. Wuhan Stahl & Eisen Werk). Mehr dazu Shen, Jueren (1992), S. 74 f.

[534] Vgl. IWF (1994d), S. 10 ff.

[535] Die Bewerbung um den Wiedereintritt in das GATT wurde zwar schon 1986 formell eingereicht, aber Verhandlungen zwischen China und dem GATT fanden erst seit 1992, bei der 10. Versammlung der China-Arbeitsgruppe, statt. Vgl. Lardy, Nicholas R. (1987), S. 5. und Zhang, Zuoqian (1992), S. 82 ff. sowie Kleineberg, Robert (1990), S. 150 ff.

[536] Vgl. Zhang, Zuoqian (1992), S. 91.

Die Entwicklung der chinesischen Außenhandelspolitik, insbesondere seit 1992 erleichtert die Markterschließung für ausländische Investoren. Folglich kann festgestellt werden, daß die Exportförderungspolitik Chinas - genau wie die der anderen NIACs - ausländische Direktinvestitionen gefördert hat.

5.3 Weltwirtschaftliche Entwicklung

Seit der Mitte der achtziger Jahr tendierte die Weltwirtschaft zu einer weltweiten und regionalen Integration, die insbesondere die internationale Produktion bzw. die Direktinvestitionen begünstigt hat.[537] Dadurch wurde gefördert, daß alle Länder, insbesondere die Entwicklungsländer, an diesem Integrationsprozeß teilnehmen und daher eine offenere Außenwirtschaftspolitik einführen, um ausländische Direktinvestitionen zu attrahieren.

Wie die Fallstudie über den "Siebten Fünfjahresplan" zeigte, ist China diesem Erfordernis gerade im Zeitraum zwischen 1986 und 1990 nicht ausreichend nachgekommen. Die Integrationstendenz der Weltwirtschaft stellt für China - wie für alle anderen Länder - eine große Herausforderung dar.

6. Zwischenergebnis

Die chinesische Reformpolitik seit 1979 beinhaltet die Öffnungspolitik und ordnungspolitische Reform. Die Öffnungspolitik hat zwar die ausländischen Investitionen zugelassen, aber die Unentschlossenheit der ordnungspolitischen Reform hat negative Folgen für den Zufluß des ausländischen Kapitals, Teil III hat dies folgendermaßen bewiesen:

---

[537] Vgl. Teil I (3.5.4) dieser Arbeit.

Die chinesische Eigentumsstruktur hat sich während der Reformpolitik nicht wesentlich geändert. Der Anteil des Staatseigentums und der staatlichen Unternehmen blieb konstant. Private Unternehmen sind zwar erlaubt aber gesetzlich benachteiligt und daher schwach. Diese Eigentumsstruktur beeinflußt die chinesische Außenfinanzierung insofern, als direkte Investitionen behindert werden. Insbesondere große Unternehmen unter staatlicher Verwaltung bevorzugen indirekte Investitionen.

Das chinesische Marktsystem ist für ausländische Direktinvestitionen nicht gut geeignet. Es mangelt nicht nur bei der Marktinfrastruktur sondern auch an marktwirtschaftsorientierten gesetzlichen Rahmenbedingungen. Die Märkte sind häufig derart unvollständig, daß ihre Funktionsfähigkeit nicht gewährleistet ist. Diese Bedingungen begünstigen indirekte Investitionen.

Die Bezeichung der Planungs- und Lenkungsform entwickelte sich während der Reformzeit von einer Zentralverwaltungswirtschaft zu einer sozialistischen Warenwirtschaft und schließlich zu einer sozialistischen Marktwirtschaft. Während dieser Entwicklung reduzierte der Staat zwar seine Rolle, aber das Volkseigentum blieb weiterhin Hauptbestandteil der Eigentumsordnung, die Herrschaft der KPCh wurde nicht angetastet. Grundlegende Veränderungen der Wirtschaftsordnung konnten also nicht beobachtet werden, ein Zustand, der ausländische Investitionen behindert.

Die ausländischen Direktinvestitionen zeitigten dennoch positive Wirkungen. Sie wirkten graduell auf eine Veränderung der Wirtschaftsordnung hin, indem sie zur Lockerung der staatlichen Planung, zum weitergehenden Schutz des Eigentums und zur Bildung von Märkten beitrugen. Diese Auswirkungen traten ein, obwohl sie ursprünglich von den Entscheidungsträgern nicht beabsichtigt waren.

Die Interdependenz von Direktinvestitionen und Wirtschaftsordnung sollte von den chinesischen Entscheidungsträgern unterstützt und ausgenutzt werden. Ein derartiges Verhalten ist in China bisher jedoch nicht zu beobachten.

Dennoch wurde festgestellt, daß China, obwohl die ordnungspolitische Reform nur unstet vorangetrieben wurde, seit 1992 einen rasanten Zuwachs des Zuflusses von Direktinvestitionen zu verzeichnen hat. Um dies zu erklären wurden die in Teil I erzielten Erklärungsmethoden angewandt. Außer der Wirtschaftsordnung spielten die Ressourcenstruktur, die Außenfinanzierungspolitik und die weltwirtschaftliche Entwicklung kurzfristig eine nicht zu übersehende Rolle in der chinesischen Außenfinanzierung.

Zusammenfassung

Die Außenfinanzierung ist für die wirtschaftliche Entwicklung eines Landes von entscheidender Bedeutung. Allerdings ist durch die wirtschaftswissenschaftliche Forschung derzeit noch nicht umfassend erörtert worden, welche Form der Außenfinanzierung bzw. welche Zusammensetzung aus verschiedenen Formen der Außenfinanzierung für die rasche wirtschaftliche Entwicklung und die Umstrukturierung der Wirtschaftsordnung eines Entwicklungslandes mit einer Zentralverwaltungswirtschaft am besten geeignet ist. Mit anderen Worten: Inwieweit kann die Art der Außenfinanzierung einen Beitrag zur raschen und dauerhaften Systemtransformation eines Entwicklungslandes leisten?

In der vorliegenden Arbeit wurden nun - vornehmlich am Beispiel Chinas - die folgenden Fragen untersucht: (1) Welche Außenfinanzierungsstrukturen gibt es und was determiniert sie? (2) Welche Außenfinanzierungsstruktur ist für die rasche wirtschaftliche Entwicklung und die Umstrukturierung der Wirtschaftsordnung eines Entwicklungslandes am besten geeignet? (3) Welche Außenfinanzierungsstrukturen hatte China im ordnungspolitischen Reformprozeß (1979-1993)? (4) Wieso gelang es China - trotz unsteter Transformationsbemühungen - (insbesondere seit 1992) Direktinvestitionen in erheblichem Umfang zu attrahieren?

Im Zusammenhang mit diesen Fragen wurden zwei Thesen aufgestellt und erörtert: (1) Die Art der Außenfinanzierungsstruktur ist entscheidend abhängig von der Art der Wirtschaftsordnung. (2) Das Ausmaß der wirtschaftlichen Entwicklung und der Transformationsgeschwindigkeit eines Landes hängt u.a. von der Art der Außenfinanzierung ab.

In Teil I der Arbeit "Außenfinanzierung der Entwicklungsländer: Formen, Struktur und Determinanten" wurden anhand des Beispiels der Länder Korea, Taiwan,

Singapur und Indien verschiedene Außenfinanzierungsstrukturen dargestellt und die Determinanten der Entstehung dieser spezifischen Strukturen analysiert.

Diese Untersuchung zeigt (1), daß neben den drei Determinanten Ressourcenstruktur, Außenhandelspolitik und weltwirtschaftliche Entwicklung, die Wirtschaftsordnung eine entscheidende Determinante für die Außenwirtschaftsstruktur darstellt. Die aufgestellte Hypothese wird so auf induktivem Wege gefestigt. Die untersuchten individuellen Außenfinanzierungsstrukturen lassen sich in drei Klassen unterteilen: direkte, indirekte und gemischte Außenfinanzierung. Darauf aufbauend wird (2) gezeigt, daß die direkte Außenfinanzierung eine "systemtransformierende Kompetenz" hat. Dies soll heißen, daß die direkte Außenfinanzierung die Systemtransformation am schnellsten voranbringt.

Im Kapitel "Außenfinanzierungsstruktur und ihre Auswirkungen auf den Systemtransformationsprozeß" wurde zunächst eine Klassifizierung der Außenfinanzierungsformen vorgenommen. Die Formen der Außenfinanzierung wurden klassifiziert nach Kontroll- und Kapitalträgeraspekten. Nach dem Kontrollaspekt unterscheidet man direkte und indirekte Investitionen und nach dem Kapitalträgeraspekt öffentliche und private Investitionen. Im Anschluß an diese Klassifizierung wird untersucht, welche Auswirkung die verschiedenen Klassen auf (1) die Kapitalakkumulation, (2) den Technologie- (Humanressourcen-) transfer, (3) auf die Außenhandels- und Wachstumsförderung (Auswirkung auf den Wirtschaftsprozeß), (4) auf die Eigentumsordnung (5) auf das Marktsystem und (6) auf die Planungsform (Auswirkungen auf die Wirtschaftsordnung) haben.

ad (1) Kapitalakkumulation: hier wird zwischen dem quantitativen Aspekt der Kapitalakkumulation und dem qualitativen Aspekt der Investitionstätigkeit unterschieden. Direktinvestitionen bedeuten nicht nur einen Zufluß von Kapital, sondern induzieren auch sofort Investitionen, was bei indirekter Außenfinanzierung nicht der Fall sein muß.

ad (2) Technologietransfer: Ausländische Unternehmen bringen neben dem Kapital auch moderne Technologie, Know-How und Managementtechniken in das Entwicklungsland. Zwar könnten diese auch im Rahmen der indirekten Außenfinanzierung gekauft werden, aber es zeigt sich, daß es hier sehr viel eher zu Fehlentscheidungen kommt.

ad (3) Außenhandels- und Wachstumsförderung: Im Rahmen der direkten Außenfinanzierung übernehmen die multinationalen Unternehmen auch die Verpflichtung, ihre Produkte weltweit zu vermarkten. Dies fördert den Export, den Arbeitsmarkt und die wirtschaftliche Entwicklung sowie die weltwirtschaftliche Integration. Desweiteren wird die Export-Diversifikation stärker gefördert als bei indirekter Finanzierung.

ad (4) Eigentumsordnung: Da die indirekte Finanzierung im allgemeinen in der Form von Krediten zu Vorzugsbedingungen an staatliche Institutionen erfolgt, wird hierdurch die private Wirtschaft benachteiligt. Direktinvestitionen sind nur durchführbar in einer Wirtschaftsordnung, in der Privateigentum an Produktionsmitteln zugelassen und geschützt wird.

ad (5) Marktsystem: Multinationale Unternehmen bilden zusammen mit ihren Lieferanten und Abnehmern einen neuen Markt, der mit den Weltmärkten in Verbindung steht. Dies fördert den Aufbau eines marktwirtschaftlichen Marktsystems und die Integration der Entwicklungsländer in die Weltwirtschaft.

ad (6) Planungsform: Die multinationalen Unternehmen können die staatlichen Planer dazu bringen, die marktwirtschaftlichen Regeln zu akzeptieren und sie dazu anhalten, sich marktwirtschaftlicher zu verhalten. Indirekte Investitionen führen im Gegensatz dazu, daß der staatliche Planer und die Bürokratie den Wirtschaftsablauf mehr planen und kontrollieren.

Im folgenden Kapitel "Modelle der Außenfinanzierungsstruktur in den Bei-spielländern" wurde zunächst der Begriff der "Außenfinanzierungsstruktur" erläutert. Außenfinanzierungsstruktur wurde in dieser Arbeit definiert als Zu-sammensetzung verschiedener Außenfinanzierungsformen. Anschließend wurden vier verschiedene Länder vorgestellt, die jeweils eine andere Strategie der Außen-finanzierung verfolgen.

Singapur weist aufgrund einer bewußt liberalen Politik gegenüber ausländischen Investitionen eine Außenfinanzierungsstruktur mit überwiegenden Direktinve-stitionen (direktes Modell) auf. Taiwan begann erst Ende der 60er Jahre mit einer Exportförderungsstrategie und einer aktiveren Außenfinanzierungspolitik. Tai-wan stellt daher bezogen auf die Außenfinanzierungsstruktur ein Beispiel für ein gemischtes Modell dar. Indien verfügt aufgrund seiner nach der Unabhängigkeit vertretenen konservativen Haltung gegenüber dem Ausland kaum über Direkt-investitionen. Es ist somit ein Beispiel für ein indirektes Modell der Außenfinanzierung. Zu dieser Klasse zählt ebenfalls Südkorea, das im Gegensatz zu Indien allerdings eine aktivere Außenfinanzierungspolitik betreibt.

Im Kapitel "Erklärungshypothese der Entstehung verschiedener Außenfinanzie-rungsmodelle" wurden nicht allgemein die Determinanten internationaler Kapi-talbewegungen analysiert, sondern speziell die Determinanten der Außenfinan-zierungsstruktur aus der Sicht des Kapitalempfängerlandes.

Vier Determinanten sind wesentlich für die Struktur der Außenfinanzierung eines Landes: die (1) Ressourcenstruktur, (2) die Außenhandelspolitik, (3) die Wirt-schaftsordnung und (4) die weltwirtschaftliche Entwicklung. Diese Deter-minanten und ihr Einfluß auf die Außenfinanzierungsstruktur wurden dann im folgenden untersucht.

ad (1) Ressourcen: Für die ungleichmäßig verteilten natürlichen Ressourcen läßt sich folgende Hypothese aufstellen: Rohstoffreiche Länder (z.B. das rohstoffreiche Brasilien) sind Zielländer für Direktinvestitionen aus rohstoffarmen Industrieländern (z.B. Japan). Südkorea dagegen ist rohstoffarm und es liegt tatsächlich eine indirekte Außenfinanzierung vor.

Bezüglich der Marktressourcen wurde folgende Hypothese untersucht: Da der Wettstreit um Marktanteile zwischen den Industrieländern immer härter wird, sind Länder, die über einen großen Absatzmarkt oder ein großes Angebot an billigen Arbeitskräften verfügen, beliebte Zielländer für Direktinvestitonen aus Industrieländern. Indien hat in dieser Hinsicht gute Voraussetzungen, Direktinvestitionen zu attrahieren. Dies ist aber nicht der Fall. Gründe sind u.a. die Verarmung großer Teile der Landbevölkerung, das Kastensystem und die nationalistische Wirtschaftspolitik.

Bezüglich der Humanressourcen wurde folgende Hypothese untersucht: Hoher Reichtum an Humanvermögen kann die Außenfinanzierungsstruktur in zweierlei Richtung beeinflussen. Zum einen wird ein Land dadurch eher in der Lage sein, eigene Investitionstätigkeit zu entfalten, wodurch die direkte Außenfinanzierung zurückgedrängt wird. Andererseits stellt in diesem Fall das Land einen attraktiven Partner für Direktinvestitionen dar, weil es gut ausgebildete Arbeitskräfte anbieten kann, die dennoch meist billiger sind als in den Industrieländern. Korea verfügt über ein großes Angebot an Humanressourcen, hat aber aufgrund seiner politisch bedingten Ablehnung gegenüber dem Ausland dennoch kaum Direktinvestitonen anziehen können; Singapur kann jedoch als Beispiel für die Richtigkeit der angestellten Überlegungen angeführt werden.

ad (2) Außenhandelspolitik: Die Außenfinanzierung wird vielfach als Mittel der Realisierung der Außenhandelspolitik bzw. der Entwicklungsstrategie eingesetzt. Drei Außenhandelspolitiken können unterschieden werden: die Importsubstitution, die Exportförderung und die Internationalisierungsstrategie. Zwi-

schen der Außenhandelspolitik und der Außenfinanzierungsstruktur besteht eine
Beziehung.

Bis zu den 60er Jahren betrieben die meisten Entwicklungsländer eine Importsub-
stitutionsstrategie, diese entsprach dem Konzept des "inward-developments".
Diesem Konzept wiederum entsprach es, daß diese Länder auch keine Direktinvestitionen in Anspruch nehmen wollten. Gegen Ende der sechziger Jahre
spaltete sich jedoch die Entwicklung. Insbesondere die Länder, die über natürliche Ressourcen und Marktressourcen verfügten, blieben vielfach bei der Politik
der Importsubstitution, Länder mit geringen natürlichen Ressourcen und kleinen
inländischen Märkten betonten nun die Exportförderung. Seit Mitte der achtziger
Jahre betreiben einige Länder (die NIACs) aktiv eine Internationalisierungsstrategie, einhergehend mit einer aktiven Außenfinanzierungspolitik.

ad (3) Wirtschaftsordnung: Um den Zusammenhang zwischen Wirtschaftsordnung und Außenfinanzierungsstruktur zu belegen, wurde zunächst eine Klassifizierung in Staatswirtschaft, Marktwirtschaft mit starker staatlicher Lenkung und
Marktwirtschaft mit überwiegender Privatwirtschaft vorgenommen und die untersuchten Länder diesem Schema zugeordnet. Es wurde aufgezeigt, daß es zwischen der Wirtschaftsordnung und der Außenfinanzierungsstruktur eines Landes
eine zwingende Verbindung gibt.

So ist in einem Land mit überwiegend staatlicher Lenkung eine überwiegende
Finanzierung durch Direktinvestitionen kaum möglich, da dies die staatliche Planung durchkreuzen würde (z.B. Indien). Am Beispiel Koreas, eine Marktwirtschaft mit starker staatlicher Lenkung, und Singapurs, eine Marktwirtschaft
mit überwiegender Privatwirtschaft, wird dies erläutert. Die Ähnlichkeit mit der
Wirtschaftsordnung im Heimatland des Investors bedeutet für die mulitnationalen
Unternehmen ähnliche Rahmenbedingungen wie in ihrem Heimatland. Dies
fördert die rationale nationale Kapitalbewegung und eine effiziente weltweite
Ressourcenallokation.

ad (4) Weltwirtschaftliche Entwicklung: In diesem Abschnitt wurde erörtert, daß neben den anderen genannten Faktoren auch die weltwirtschaftliche Entwicklung entscheidend für die wirtschaftliche Entwicklung eines Landes ist, da sie mitbestimmt, inwieweit Kapital für Investititonen vorhanden ist, wie hoch der Bedarf an neuen Absatzmärkten ist, welche Kreditpolitik die Banken betreiben usw.

In Teil II der Arbeit "Chinas Außenfinanzierungsstruktur im Wandel von 1979 bis 1993" wurde die Entwicklung der Außenfinanzierungsstruktur in China untersucht. Es kann gezeigt werden, daß zwar die Bedeutung der ausländischen Direktinvestitionen in China zugenommen hat, daß aber China noch nicht zur Klasse der Länder mit überwiegend direkter Außenfinanzierung (wie Singapur) gezählt werden kann. Dabei wurde jeweils untersucht, inwieweit Änderungen in der Außenfinanzierungsstruktur mit einer bestimmten Änderung in der allgemeinen Wirtschaftspolitik einhergingen.

Zuerst wurde - zum besseren Verständnis der dann folgenden Entwicklung - ein kurzer Überblick über die Situation vor 1979 gegeben. Nach der Gründung der Volksrepublik China 1949 und der Machtübernahme der kommunistischen Partei unter Mao verfolgte China wie viele andere Entwicklungsländer die Politik der "self-reliance". Im Rahmen dieser Politik wurde die Außenfinanzierung - unabhängig von ihrer Form - gänzlich abgelehnt. Von diesem Prinzip wurde in nur drei Ausnahmefällen Abstand genommen: (1) In den fünfziger Jahren wurden Export-Kredite und Joint-Ventures mit der Sowjetunion, Polen und anderen osteuropäischen Ländern vereinbart. Nach der Verschlechterung der diplomatischen Beziehungen zur UdSSR mußte China bis 1964 alle Schulden an die UdSSR zurückzahlen. (2) In den sechziger Jahren wurden Export-Kredite von Japan und anderen westeuropäischen Ländern in Anspruch genommen, die begonnenen Projekte wurden aber mit Beginn der Kulturrevolution wieder abgebrochen. (3) In den siebziger Jahren wurden die diplomatischen Beziehungen mit den USA, Japan und anderen Industrieländern wieder aufgenommen. Die Außenfinanzierung wurde zu dieser Zeit mit geringer Sorgfalt und unwirtschaftlich betrieben. 1979 wurde dann mit dem Machtwechsel von Hua zu Deng eine wirtschaftliche Reformpolitik und eine Öffnung nach außen angestrebt. Damit ist die Außenfinanzierungspolitik ein wichtiger Bestandteil der Außenwirtschaftspolitik.

Im Kapitel "Die Entwicklung der chinesischen Außenfinanzierungsstruktur: 1979-1993" wurde 1979 als Ausgangspunkt gewählt, da erst ab diesem Zeitpunkt von einer kontinuierlichen Verwendung ausländischen Kapitals gesprochen werden kann. In diesem Abschnitt wurden drei Phasen in der Reform- und Wirtschaftspolitik Chinas untersucht: 1) die Übergangsphase (1979-1983), (2) die Versuchsphase (1984-1991) und (3) die Zauderphase (1992-1993). In jeder Phase kann beobachtet werden, daß die Entwicklung der Außenfinanzierungsstruktur jeweils von gesetzlichen Bestimmungen abhängig war, die wiederum von den Schritten in der Reformpolitik und den Entscheidungen in der Wirtschaftspolitik sowie Außenwirtschaftspolitik abhängig waren.

ad (1) Übergangsphase: Die Wirtschaftspolitik der Übergangsphase ist durch Dengs neue "open-door"-Politik gekennzeichnet. Bedeutend für die Außenfinanzierungsstruktur ist das Gesetz über Joint Ventures (1979). Es erlaubt ausländische Direktinvestitionen mit einheimischer Kapitalbeteiligung und die Einrichtung von Sonderwirtschaftszonen mit günstigen Investitionsbedingungen. Jedoch verhindern mehrere Faktoren in dieser Phase, daß tatsächlich ausländisches Kapital, speziell Direktinvestitionen, Bedeutung erlangen: (1) Machtkonflikte innerhalb der KPCh verunsicherten ausländische Investoren. (2) Die marxistisch-leninistische Ideologie überwog noch in weiten Teilen der Partei und der Bevölkerung; dies führte ebenfalls zu einer Verunsicherung über die Beibehaltung des eingeschlagenen Kurses. (3) Die Kommandostruktur der Wirtschaft wurde in weiten Teilen beibehalten und dies widersprach der Verwendung von Direktinvestitionen. (4) Die Betonung der landwirtschaftlichen Entwicklung bedeutete, daß die Kapitalknappheit nicht so dringlich war. (5) Die Kredite für die unter Hua begonnenen Prestigeprojekte mußten zunächst zurückgezahlt werden. Die Außenfinanzierung war in dieser Periode dominant indirekt, die wenigen Direktinvestitionen erfolgten im wesentlichen, weil die ausländischen Investoren Naturressourcen und Arbeitskräfte Chinas zu nutzen suchten.

ad (2) Versuchsphase: Die Wirtschaftspolitik in der Versuchsphase war durch folgende Merkmale gekennzeichnet: (1) Es erfolgte eine Öffnung von 14 Küstenstädten als Erweiterung der SWZ. (2) 1983 wurden Bestimmungen über die verstärkte Förderung und Verwendung ausländischen Kapitals erlassen. Während dieser Zeit wurde experimentell erprobt, welche Außenfinanzierungsformen welche Erfolge zeitigten. Die Niederschlagung der Demokratiebewegung beendete diese experimentelle Phase.

ad (3) Zauderphase: Für die Wirtschaftspolitik in der Zauderphase war der Parteitag von 1992 von Bedeutung. Dort wurde eine weitere Öffnung nach außen gefordert, insbesondere um neue Technologien und neues Management nach China zu bringen. Aktiengesellschaften wurden für ausländische Investoren zugelassen. China bewarb sich um die Wiederaufnahme in das GATT. Direkte Investitionen überwiegen bei der Außenfinanzierung. China ist unter den Entwicklungsländern der größte Empfänger von Direktinvestitionen und weltweit auf Platz 2 hinter den USA.

Im Abschnitt "Die Außenfinanzierungsstruktur Chinas: Eine kritische Betrachtung" wurde dann untersucht, wie erfolgreich die Verwendung ausländischen Kapitals für die wirtschaftliche Entwicklung Chinas war. Es erfolgte eine detaillierte Betrachtung der Entwicklung der Außenfinanzierungsstruktur und dann eine Einordnung Chinas in die Modellklassifikation unter diesem Aspekt.

Zuerst wurden die chinesischen Begriffe und Unterteilungen der Direktinvestitionen vorgestellt. Die Arten der Direktinvestitionen lassen sich in China unterteilen in (1) Equity-Joint-Ventures: Sie stellen die wichtigste Form der Außenfinanzierung in China dar (1992: 55,6% der Direktinvestitionen). Sie genießen höchste wirtschaftspolitische Unterstützung durch günstige steuerliche Bedingungen und verbesserten Zugang zu inländischen Material- und Absatzmärkten. (2) Projektkooperations-Joint-Ventures: sie nahmen an Bedeutung ab (1992: 19,3%). Es erfolgt kein klarer Schutz durch den Staat. (3) WFOEs (100% ausländische Investitionsmittel): ihr Anteil beträgt 1992: 22,9%; sie erfahren jedoch staatliche Benachteiligungen (durch fehlende steuerliche Begünstigung, Behinderung beim inländischen Marktzugang usw.) und (4) Ölförderungs-Ventures (1992: 2,3%).

Nach dieser Darstellung erfolgte ein Vergleich der Außenfinanzierungsstruktur Chinas mit der Singapurs. Dabei wurde festgestellt, daß, obwohl die Direkt-investitionen in China deutlich an Bedeutung gewonnen haben, China im Gegen-satz zu Singapur kein Beispiel für ein direktes Außenfinanzierungsmodell dar-stellt. Ausländische Investoren gehen nach China, um sich die Marktressourcen und die Naturressourcen zu sichern. In Singapur hingegen wird überwiegend aufgrund der günstigen Humanressourcen und marktwirtschaftlichen Rahmenbe-dingungen investiert.

Die Arten der indirekten Investitionen lassen sich unterteilen in (1) öffentliche Anleihen (bilaterale und multilaterale Kredite und Hilfen) und (2) Marktanleihen (private Bankdarlehen und Wertpapieremissionen). Die öffentlichen Darlehen dominieren dabei 1992 deutlich die Marktanleihen.

Nach einer kurzen Darstellung dieser Formen wurde China mit Südkorea als Bespiel für ein Land des indirekten Modells verglichen. Während in Südkorea die privaten Banken und Finanzinstitutionen die wichtigsten Abnehmer ausländischer indirekter Investitionen geworden sind, existieren in China nur die staatlichen Finanzinstitutionen als Empfänger.

Teil III "Ordnungspolitische Erklärungsansätze für die chinesische Außenfinan-zierungsstruktur" stellt den Schwerpunkt der Arbeit dar. Dieser Teil analysiert den Zusammenhang zwischen Außenfinanzierungsstruktur und der Umstruktu-rierung der Wirtschaftsordnung. Es wird gezeigt, daß durch einen marktwirtschaftlich orientierten Reformkurs in China Direktinvestitionen angezogen wurden. Da aber eine tatsächliche Systemtransformation in China noch nicht stattgefunden hat, ist ein kontinuierlicher Ausbau der Direktinvestitionen nicht gesichert, so daß vermutlich die indirekte Außenfinanzierung weiterhin dominieren wird.

Teil I der Arbeit erläuterte bereits, daß vier Determinanten für die Struktur der Außenfinanzierung entscheidend sind. Teil III analysiert die Bedeutung der Wirtschaftsordnung für die Außenfinanzierungsstruktur Chinas. Die anderen drei Faktoren Ressourcenstruktur, Außenhandelspolitik und weltwirtschaftliche Entwicklung werden nur kursorisch im Kapitel "Die Rolle der Ressourcenstruktur, der Außenhandelspolitik und der Weltwirtschaftlichen Entwicklung für die chinesische Außenfinanzierung" aufgezeigt.

Im Kapitel "Der ordnungspolitische Reformprozeß und die Außenfinanzierungsstruktur" wird aufgezeigt, daß (1) die Eigentumsordnung, (2) das Marktsystem und (3) die Planungsform, als Teile der Wirtschaftsordnung, die entscheidenden Einflußfaktoren für die Außenfinanzierung darstellen. Um dies genauer zu begründen, wurden dann im folgenden die Zusammenhänge zwischen der Außenfinanzierungsstruktur und diesen drei Elementen der Wirschaftsordnung im Falle Chinas genauer dargestellt.

ad (1) Eigentumsordnung und Außenfinanzierung: Privateigentum ist erst nach der Einführung der Reformpolitik als komplementär zum staatlichen Eigentum in China entstanden. Wie gezeigt werden kann, dominieren aber das Volkseigentum und das Kollektiveigentum immer noch deutlich hinsichtlich der Beschäftigtenzahl, der Höhe der Anlageinvestitionen, des Bruttoproduktionswertes und des Einzelhandelsumsatzes. Aufgrund der offensichtlichen Effizienzmängel entstanden zu Beginn der Wirtschaftsreform Überlegungen hinsichtlich einer Unternehmensreform. Nach der Einführung des vertragsgebundenen Verantwortungssystems wurde 1986 die erste Aktiengesellschaft gegründet. Wenn auch im Rahmen dieser Unternehmensreform die Betriebe größere Entscheidungsfreiheit erhalten haben, so ist doch die Eigentumsstruktur in China noch nicht grundlegend geändert worden, denn der Staat behält die größten Anteile an der Aktiengesellschaft.

Folgende Auswirkungen auf die Außenfinanzierung lassen sich feststellen: (1) Staatliche und kollektive Unternehmen sind zur Zeit die einzigen Kooperationspartner für Direktinvestitionen. (2) Auch bei indirekten Investitionen aus dem Ausland sind die staatlichen und kollektiven Unternehmen die einzigen Kreditempfänger. (3) Zwar sind die WFOE als ausländische private Unternehmensform zugelassen, aber sie werden immer noch benachteiligt.

ad (2) Marktsystem und Außenfinanzierung: Hier wurde der Warenmarkt, der Kapitalmarkt und der Arbeitsmarkt untersucht. Da der Entwicklung aller drei Märkte lange Zeit die marxistisch-leninistische Ideologie im Wege stand, müssen auch derzeit noch alle drei Märkte als unvollständig bezeichnet werden. Dies hat vor allem zwei Auswirkungen auf die Außenfinanzierung: (1) Das unvollständige Marktsystem verursacht höhere Transaktionskosten und verhindert ausländische Direktinvestitionen und (2) die erfolgenden ausländischen Direktinvestitionen sind Joint-Ventures.

ad (3) Planungsform und Außenfinanzierung: Erst nach dem Parteitag 1984 erfolgte eine marktorientierte Reform, die insbesondere drei Bereiche betraf: (1) Es erfolgte eine Trennung zwischen dem Verwaltungsapparat und den Betrieben, (2) es wurde eine Preisreform durchgeführt und (3) es fand ein Dezentralisierungsprozeß statt. Ungeachtet dieser Reformen, die zu einer "sozialistischen Marktwirtschaft" geführt haben, soll jedoch die Form des Volkseigentums Hauptbestandteil der Eigentumsordnung bleiben und die Herrschaft der KPCh nicht angetastet werden.

Dies hat folgende Auswirkungen auf die Außenfinanzierung: (1) Die Zunahme der Direktinvestitionen bewirkte trotz aller Widrigkeiten eine Aufweichung des Planungssystems. Diese Beobachtung ist von großer Bedeutung für diese Arbeit, da sie die vom Verfasser aufgestellte These der besonderen Bedeutung von Direktinvestitionen für Wirtschaftswachstum und Systemtransformation unterstützt. (2) Die Investoren bevorzugen bei ihren Direktinvestitionen kleinere Investitionen, da in diesem Fall die Konfrontation mit den Behörden am geringsten ist. Dieser Befund stützt die Meinung des Verfassers, daß ohne rasche und tiefgehende weitere Reformen der Transformationsprozeß in China vor ernstlichen Schwierigkeiten steht.

Im Kapitel "Entscheidungs- und Kontrollsysteme in der Außenfinanzierung" wurde zunächst das Entscheidungs- und Kontrollsystem der chinesischen Wirtschaft dargestellt. Zwei Entscheidungsträger sind wichtig: die staatliche Verwaltung und die staatlichen Unternehmen. Untersucht wurden die Entscheidungs- und Kontrollverfahren im Falle der ausländischen Direktinvestitionen und im Falle der indirekten Außenfinanzierung.

Im Anschluß daran wurden die Verhaltensweisen der Entscheidungsträger in der Außenfinanzierung näher erläutert. Im Falle der staatlichen Verwaltung wurde festgestellt, daß die staatliche Verwaltung die Außenfinanzierung zwar als Mittel zur Modernisierung der Wirtschaft benutzt, daß aber das "Feindbild" des kapitalistischen Systems zu einer konservativen Haltung gegenüber dem ausländischen Kapital führte. Dies beschränkt insbesondere die Direktinvestitionen. Allerdings führte der Wettbewerb der Provinzen um ausländisches Kapital auf der regionalen Ebene im Zuge des Dezentralisierungsprozesses zu einer Zunahme des ausländischen Kapitals.

Im Falle der staatlichen Unternehmen kann beobachtet werden, daß die Großunternehmen im wesentlichen an Maschinen interessiert sind, während die kleinen und mittleren Unternehmen auch ausländisches Management und Marktzugang benötigen. Großunternehmen bevorzugen eher die indirekte Finanzierung aus dem Ausland, Kleinunternehmen dagegen die direkte Außenfinanzierung (in der Form von Joint Ventures).

Abschließend kann festgehalten werden, daß die Außenfinanzierungsstruktur auf Wachstum und Transformationsgeschwindigkeit der Wirtschaft eines Entwicklungslandes Einfluß nehmen kann. Im Falle Chinas muß jedoch - mit Bedauern des Verfassers - festgestellt werden, daß es kaum Grund für die weitverbreitete Annahme gibt, daß die derzeitige chinesische Außenfinanzierungsstruktur entscheidend zu raschem Wachstum und einer umfassenden Transformation der chinesischen Wirtschaftsordnung und Gesellschaft beitragen wird. Dies wird nur dann der Fall sein, wenn China gezielt Direktinvestitionen fördert, um damit nicht nur die Wirtschaftsentwicklung voranzutreiben, sondern insbesondere auch die ordnungspolitische Reform beschleunigt, um so eine langfristige, friedliche und erfolgreiche Systemtransformation zu erreichen.

Literaturverzeichnis

Abraham, George (1988), Foreign Direct Investment in Singapur, in: ADB, Foreign Direct Investment in the Asia and Pacific Region, Manila 1988, S. 79-92

Agarwal, Jamuna P. (1976), Reflections on Foreign Investment in Natural Ressources of Developing Countries, Kiel 1976

Agarwal, Jamuna P. (1984), Intra-LDCs Foreign Direct Investment: A Comparative Analysis of Third World Multinationals, Kiel 1984

Agarwal, Jamuna P. (1985), Pros and Cons of Third World Multinationals --- A Case Study of India, Tübingen 1985

Agarwal, Jamuna P. (1986), Home Country Incentives and FDI in ASEAN Countries, Kiel 1986

Agarwal, Jamuna P. (1989), Determinants and Structural Development of FDI in Pacific-Rim Developing Countries, Kiel 1989

Agarwal, Jamuna P.; Gubitz, Andrea; Nunnenkamp, Peter (1991), Foreign Direct Investment in Developing Countries --- The Case of Germany, Tübingen 1991

Agarwal, Jamuna P.; Nunnenkamp, Peter (1992), Methods and Sequencing of Privatization --- What Post-Socialist Countries Can Learn from Chile, Kiel 1992

Aggarwal, Vinod K. (1989), Interpreting the History of Mexico's External Debt Crisis, in: Eichengreen, B.; Lindert, P. (Hrsg.), The International Debt Crisis in Historical Perspective, Cambridge Ma. 1989, S. 140-188.

Ahmed, Masood; Gooptu, Sudarshan (1993), Der Zustrom von Portfolioinvestitionen in die Entwicklungsländer, in: Finanzierung und Entwicklung, März 1993, S.9-12

Ahn, D. S. (1989), The New Paradigm or the Economic Policy for the "Second Take-off" of the Korean Economy, in: Klenner, Wolfgang (Hrsg.), Trends of Economic Development in East Asia, Berlin 1989, S. 447-461

Aliber, Robert Z. (1970), A Theory of Direct Foreign Investment, in: Kindleberger, Charles P. (Hrsg.), The International Corporation, Cambridge Ma. 1970, S. 17-34

Aliber, Robert Z. (Hrsg.)(1987), The Reconstruction of International Monetary Arrangements, London 1987

Almanac of China's Economy, jährlich (1984-1993), Beijing

Almanac of China's Foreign Economic Relations and Trade, jährlich (1984-1993), Beijing

Armacost, Michael H.; Lau, Lawrence J. (1994), America Needs China in GATT and the World Trade Organisation, in: IHT v. 20.12.1994, S. 6

Asian Development Bank (1992), Key Indicators of Developing Asian and Pacific Countries, Vol. 23, Oxford 1992

Aw, Bee Yan (1991), Singapur, in: Papageorgiou, Demetris u.a., Liberalizing Foreign Trade, Chicago 1991, S. 309-428.

Bae, Jin-Young (1990), Importsubstitution in weltmarktorientierten Entwicklungsländern --- Theoretische Analyse und empirische Befunde am Beispiel der Republik Korea, Berlin 1990

Balassa, Bela (1962), The Theory of Economic Integration, London 1962

Balassa, Bela (1985), The Role of Foreign Trade in the Economic Development of Korea, in: Galenson, Walter (Hrsg.), Foreign Trade and Investment --- Economic Development in the Newly Industrialising Asian Countries, Wisconsin 1985, S. 141-175

Ball, Donald A.; McCulloch, Wendell H.jr. (1985), International Business, Plano (Texas) 1985

Bauer, Siegfried u.a. (1993), Chinas Reformen in der ländlichen Wirtschaft, in: Bohnet, Armin (Hrsg.), Chinas Weg zur Marktwirtschaft --- Muster eines erfolgreichen Reformprogramms?, Band II, Hamburg 1993, S. 257-338

Beamish, Paul W.; Spiess, Lorraine (1993), Foreign Direct Investment in China, in: Kelley, Lane; Shenkar, Oded (Hrsg.), International Business in China, London 1993

Behrmann, Jack N. (1988), Orientations and Organization of Transnational Corporations, in: Teng, Weizao; Wang N. T. (Hrsg.), Transnational Corporations and China's Open Door Policy, Lexington 1988, S. 61 ff.

Beijing Rundschau (1993), Resolution des ZK der KPCh über einige Fragen zur Errichtung eines sozialistischen Marktwirtschaftssystems, Heft 48, Beijing 1993, S. 31-50

Bell, Michael u.a. (1993), China at the Threshold of a Market Economy (IMF), Washington D.C. 1993

Bender, Dieter u.a. (1988a), Vahlens Kompendium der Wirtschaftstheorie und Wirtschaftspolitik, Bd. 1, 3. Aufl., München 1988

Bender, Dieter (1988b), Entwicklungspolitik, in: Bender, Dieter u.a., Vahlens Kompendium der Wirtschaftstheorie und Wirtschaftspolitik, Bd. 2, 3. Aufl., München 1988, S. 459 ff.

Bender, Dieter (1988c), Die Rolle finanzieller Innovation bei der Lösung internationaler Verschuldungsprobleme, in: Bender, Dieter u.a., Die internationale Verschuldung der Entwicklungsländer im Konfliktfeld von Schuldner-Gläubiger-Interessen und multilateraler Auflagenpolitk, Bochum 1988, S. 1-34

Bender, Dieter (1988d), Weltwirtschaftliche Verflechtung und Internationalisierung der Politik, in: Cassel, Dieter u.a. (Hrsg.), Ordnungspolitik, München 1988, S. 285-312

Berg, Hartmut (1988), Wettbewerbspolitik, in: Bender, Dieter u.a., Vahlens Kompendium der Wirtschaftstheorie und Wirtschaftspolitik, Bd. 2, 3. Aufl., München 1988

Bergsten, C.F; Graham, E.M. (1992), Global Corporations and National Governments --- Are Changes needed in the International Economic and Political Order in the Light of the Globalization of Business, Batam 1992

Bertelsmann Lexikon Institut (1992), Das neue Taschenlexikon, Gütersloh 1992

Bhagwati, Jagdish N. (1984), North-South Economic Relations: Then and Now, in: Frenkel, Jacob A.; Mussa, Michael L. (Hrsg.), The World Economic System: Performance and Prospects, Dover 1984, S. 49-61

Black, John; Dunning, John H.(Hrsg.)(1982), International Capital Movements, Byfleet 1982

Blejer, Mario u.a. (1991), China: Economic Reform and Macroeconomic Management, Washington D.C. 1991

Bohnet, Armin u.a. (1993), Chinas Öffnung nach außen als wichtige Komponente der chinesischen Wirtschaftsreform, in: Bohnet, Armin (Hrsg.), Chinas Weg zur Marktwirtschaft --- Muster eines erfolgreichen Reformprogramms?, Bd. 1, Münster 1993, S. 451-512

Bolz, Klaus u.a. (1990), Freihandels- und Sonderwirtschaftszonen in Osteuropa und in der VR China, Hamburg 1990

Bradford Jr., Colin I. (Hrsg.) (1992), Strategic Options for Latin America in the 1990's, OECD, Paris 1992

Brooke, Michael Z.; Buckley, Peter J. (1988), Handbook of International Trade, London 1988

Brown, Richard Harvey; Liu, Willam T. (Hrsg.) (1992), Modernization in East Asia -- Political, Economic and Social Perspectives, Westport 1992

Buckley, Peter J. (1979), The Foreign Investment Decision, in: Management Bibliographies and Reviews, Vol. 5, 1979

Budley, Peter J.; Casson, Marc C. (1976), The Future of the Multinational Enterprises, London 1976

Busse, Franz-Joseph (1991), Grundlagen der betrieblichen Finanzwirtschaft, München 1991

Byrd, William A. (1990), The Market Mechanism and Economic Reforms in China, New York 1990

Campagna, Anthony S. (1981), Macroeconomics, New York 1981

Campbell, Nigel; Henley John S. (1990), Joint Ventures and Industrial Change in China, in: Campbell, Nigel (Hrsg.), Advances in Chinese Industrial Studies, Vol. 1, 1990 (Part B), Greenwich 1990

Cardoso, Eliana A.; Dornbusch, Rüdiger (1989), Brazilian Debt Crisis: Past and Present, in: Eichengreen, B.; Lindert, P., The International Debt Crisis in Historical Perspective, Cambridge Ma., S. 106-139

Cassel, Dieter (1988), Wirtschaftspolitik als Ordnungspolitik, in: Cassel, Dieter u.a. (Hrsg.), Ordnungspolitik, München 1988, S. 313-333

Cassel, Dieter (1990), Wettbewerb der Systeme: Politische, wirtschaftliche und technologische Determinanten, in: Cassel, Dieter (Hrsg.), Wirtschaftssysteme im Umbruch, München 1990, S. 1-16

Casson, Mark; Pearce, Robert D. (1987), Multinational Enterprises in LDCs, in: Gemmell, Norman (Hrsg.), Surveys in Development Economics, Oxford 1987, S. 90-132

Chai, C. H. (1989), China's GATT Membership: Impact on her Foreign Trade and Consequences for Trading Partners, in: Klenner, Wolfgang (Hrsg.), Trends of Economic Development in East Asia, Berlin 1989, S. 75-93

Chen, Edward K. Y. (1993), Foreign Direct Investment in East Asia, in: Asian Development Review, Vol. 11, No. 1, Manila 1993, S. 24

210

Chen, Jiwei (1984), Notwendigkeit der Öffnungspolitik, in: Weltwirtschaft, Vol. 12, Peking 1994

Chen, Xiushan; Ensthaler, Jürgen (1993), Neues Gesellschaftsrecht in der Volksrepublik China, in: Recht der internationalen Wirtschaft 1993, S. 825-827

Chenery, Hollis; Syrquin, Moises (1975), Patterns of Development, 1950-1970, Oxford 1975

Cheng, Chuyuan (1982), China's Economic Development: Growth and Structural Change, Colorado 1982

Child, John; Locket, Martin (1990), Reform Policy and the Chinese Enterprise, in: Campbell, Nigel (Hrsg.), Advances in Chinese Industrial Studies, Vol. 1, Part A, Greenwich 1990

Cho, Lee-Jay; Kim, Yoon-Hyung (1991), Major Economic Policies of the Park Administration, in: Cho, Lee-Jay; Kim, Yoon-Hyung (Hrsg.), Economic Development in the Republic of Korea - A Policy Perspective, Hawaii 1991

Cho, Lee-Jay; Breazedale, Kennon (1991), The Educational System, in: Cho, Lee-Jay; Kim, Yoon-Hyung (Hrsg.) Economic Development in the Republic of Korea - A Policy Perspective, Hawaii 1991

Choi, Ki-Chul (1991), Koreanische Direktinvestition in Europa --- insbesondere in der BRD, Göttingen 1991

Chowdhury, Anis; Islam, Iynatul (1993), The Newly Industrialising Economies of East Asia, London 1993

Chu, Xiangyin (1994), Beobachtung und Überlegung über die Anwendung ausländischer Direktinvestitionen in China, in: Finance and Trade Economics, Vol. 3, Beijing 1994, S. 52-56

Classen, Emil-Maria (1992), Financial Liberalization and its Impact on Domestic Stabilisation Policies: Singapore and Malaysia, in: Weltwirtschaftliches Archiv, Bd. 128, H. 1, Tübingen 1992, S. 136-167

Cole, David C.; Lyman, Princeton N. (1971), Korean Development --- The Interplay of Politics and Economics, Cambridge Ma. 1971

Conklin, David W. (1991), Comparative Economic Systems, Cambridge 1991

Corden, Max W. (1974), The Theory of International Trade, in: Dunning, John H.

(Hrsg.), Economic Analysis and the Multinational Enterprises, London 1974, S. 209-232

Corsepius, Uwe (1988), Government Regulations, External Financing and Economic Performance: The Case of Mexico, Kiel 1988

Corsepius, Uwe u.a. (1989), Debt versus Equity Finance in Developing Countries --- An Empirical Analysis of the Agent-Principal Model of International Capital Transfers, Tübingen 1989

Crane, George T. (1990), The Political Economy of China's Special Economic Zones, New York 1990

Cremerius, Ruth u.a.(1990), Studentenprotest und Repression in China April-Juni 1989, Hamburg 1990

Deng, Xiaoping (1987), Ausgewählte Werke, Beijing 1987

Deng, Xiaoping (1988), Die Reform der Revolution, Berlin 1988

Deng, Xiaoping (1992), Interne Rede, Beijing 1992

Deng, Liqun (1988)(Hrsg.), Modern China, Beijing 1989

Denison, Edward F. (1985), Trends in American Economic Growth 1929-1982, Washington D.C. 1985

Dernberger, Robert F.; Eckaus, Richard S. (1988), Financing Asian Development --- China and India, Lanham New York, 1988

Dhirathaginant, K. (1991), Privatisation of Public Enterprises --- The Case of Thailand, in: Gouri, Geeta, Privatisation and Public Enterprise --- The Asia-Pacific Experience, New Delhi 1991, S. 687-719.

Domar, Evsey D. (1947), The Problem of Capital Accumulation, in: American Economic Review, Vol. 37, March 1947, S. 34-55

Domar, Evsey D. (1957), Essays in the Theory of Economic Growth, New York 1957

Donges, Jürgen B. (1971), Die Entwicklungsländer als Anbieter industrieller Erzeugnisse, in: Die Weltwirtschaft, H. 1, Tübingen 1971, S. 41-61

Donges, Jürgen B. (1981), Außenwirtschafts- und Entwicklungspolitik, Berlin 1981

Donges, Jürgen B.; Hiemenz, Ulrich (1988), Export Liberalization and the Outward-

Oriented Trade Regime, Kiel 1988

Donges, Jürgen B.; Müller-Ohlsen, Lotte (1978), Außenwirtschaftsstrategien und Industrialisierung in Entwicklungsländern, Tübingen 1978

Draguhn, Werner (Hrsg.)(1989), Indien in den 90ger Jahren, Hamburg 1989

Dürr, Ernst (1991), Funktionsbedingungen der sozialen Marktwirtschaft in Entwicklungs- und Schwellenländern, in: Dürr, Ernst (Hrsg.), Soziale Marktwirschaft in Entwicklungs- und Schwellenländern, Bern 1991, S. 15-40

Dürr, Ernst (1994), Die Einführung von Marktwirtschaften in Lateinamerika, in: Herrmann-Pillath, Carsten u.a. (Hrsg.), Marktwirtschaft als Aufgabe --- Wirtschaft und Gesellschaft im Übergang vom Plan zum Markt, Stuttgart 1994, S. 79-97

Dunning, John H. (1973), The Determinants of International Production, in: Oxford Economic Papers, Vol. 25, 1973, S. 289-336

Dunning, John H. (1988a), Explaining International Production, London 1988

Dunning, John H. (1988b), Transnational Corporations in a Changing World Environment: Are New Theoretical Explanations Required?, in: Teng, Weizao; Wang, N. T. (Hrsg.), Transnational Corporations and China´s Open Door Policy, Lexington 1988, S. 3-29

Economic Daily (Jingji Ribao) (12.12.1985), Verwaltungssystem der Kreditinanspruchnahme, Beijing 1985

Economic Information (Jingji Cankao) (17.3.1983), Eurokapitalmarkt und Verwendung ausländischen Kapitals, Beijing 1983

Eichengreen, Barry; Lindert, Peter (1989), The International Debt Crisis in Historical Perspective, Cambridge Ma. 1989

FAIR (Foundation for Advanced Information and Research) (1991), Financial and Capital Markets in Asia, Tokyo 1991

Fang, Sheng (1992), Öffnung nach Außen und Ausnutzung des Kapitalismus, in: He, Wei; Wei, Jie, Reformtheorien berühmter chinesischer Wirtschaftswissenschaftler, Beijing 1992, S. 851-871

Far Eastern Economic Review (1993), Kim Opens the Door --- South Korea Reforms for Foreigners and for Itself, in: Far Eastern Economic Review (9.12.1993), S. 5

Fayerweather, John (1982), International Business Strategy and Administration, 2. Aufl., Cambridge 1982

Feinberg, Richard E. u.a. (1990), Economic Reform in Three Giants, New Brunswick 1990

Feng, Lanrui (1991), Der chinesische Arbeitsmarkt, Beijing 1991

Fewsmith, J.; Zou, G. (Hrsg.)(1991) Introduction to Chinese Economic Studies, New York 1991

Forschungsgruppe der Peking Universität (1988), Der Grundriß der chinesischen ord-nungspolitischen Reform 1988-1995, in: Komitee der Wirtschaftsreform Chinas (Hrsg.), Grundgedankengang der chinesischen Reform, Beijing 1988, S. 90-128

Freeman, Duncan (Hrsg.)(1994), Life and Death of a Joint Venture in China, Hong Kong 1994

Frenkel, Jacob A.; Mussa, Michael L. (Hrsg.) (1984), The World Economic System: Performance and Prospects, Dover 1984

Frey, René L. (1993), Wirtschaft, Staat und Wohlfahrt - Eine Einführung in die National-ökonomie, 8. Aufl., Basel 1993

Friedmann, Milton (1993), Friedmann says Beijing still controls Economy, in: IHT v. 30./31.10.1993, S. 17.

Friedrich, Alexander G. (1986), Foreign Direct Investment and Development, Berlin 1986

Gabler Volkswirtschaftslexikon, 3. Aufl., Wiesbaden 1990

Galeisch, Günter (1988), Konjunktur und Wachstum, in: Vahlens Kompendium der Wirt-schaftstheorie und Wirtschaftspolitik, Bd.1, 3. Aufl., München 1988

Galenson, Walter (Hrsg.) (1985), Foreign Trade and Investment --- Economic Deve-lopment in the Newly Industrialising Asian Countries, Wisconsin 1985

Gemmell, Norman (Hrsg.)(1987), Surveys in Development Economics, Oxford 1987

Gesammelte Gesetze der VR China 1979-1992, Beijing 1992
Glismann, Hans H. u.a. (1987), Weltwirtschaftslehre, Bd. 2: Entwicklungs- und Beschäf-tigungspolitik, 3. Aufl., Göttingen 1987

Glismann, Hans H. u.a. (1992), Weltwirtschaftslehre, Bd. 1: Außenhandels- und Währungspolitk, 4. Aufl., Göttingen 1992

Goldberg, Michael A. (1972), Determinants of U.S. Direct Investment in the E.E.C.: Comment, in: The American Economic Review, Vol. 62, 1972, S. 692-699

Gouri, Geeta (1991), Privatisation and Public Enterprise --- The Asia-Pacific Experience, New Delhi 1991

Granick, David (1990), Chinese State Enterprises -- A Regional Property Rights Analysis, Chicago 1990

Grimm, Klaus (1987), Theorien der Unterentwicklung und Entwicklungsstrategien, Opladen 1979

Grub, Phillip D.; Lin, Jianhai (1991), Foreign Direct Investment in China, New York 1991

Grubel, Herbert G. (1982), The Theory of International Capital Movements, in: Black, John; Dunning, John H. (Hrsg.), International Capital Movements, Byfleet 1982, S. 1-21

Gui, Shirong (Hrsg.) (1987), Chinas makroökonomisches Management, Beijing 1987

Guo, Jia (1987), Deepening the Theoretical Principle of the Contract System, in: Guangming Daily 5.9.1994, S. 3

Gupta, K. L. (1984), Finance and Economic Growth in Development Countries, London 1984

Gutmann, Gernot (1993), Volkswirtschaftslehre - Eine ordnungstheoretische Einführung, 5. Aufl., Stuttgart 1993

Gutmann, Gernot (1994), Die Funktion von Unternehmen in der Marktwirtschaft, in: Herrmann-Pillath, Carsten u.a. (Hrsg.), Marktwirtschaft als Aufgabe --- Wirtschaft und Gesellschaft im Übergang vom Plan zum Markt, Stuttgart 1994, S. 335-345

Hamel, Hannelore (1992a), Wirtschaftssystem, in: Schüller, Allfred; Krüsselberg, Hans-Günter (Hrsg.), Grundbegriffe zur Ordnungstheorie und politischen Ökonomik, 3. Aufl., Marburg 1992, S. 11-12

Hamel, Hannelore (1992b), Marxismus, in: Schüller, Allfred; Krüsselberg, Hans-Günter (Hrsg.), Grundbegriffe zur Ordnungstheorie und politischen Ökonomik, 3. Aufl., Marburg 1992, S. 71-81

Han, Zhiguo (1986), Die Funktionsweise und Realisierung des Marktsystems, in: Finance and Trade Economics, Dezember 1986, S. 36

Harbinson, Frederick H.; Myers, Charles H. (1964), Education, Manpower and Economic Growth: Strategies of Human Resource Development, London 1964

Harding, Harry (1987), China's Second Revolution --- Reform after Mao, Washington D.C. 1987

Hax, Herbert (1989), Ownership and Management in the Chinese Firm --- The Agency Problem, in: Klenner, Wolfgang (Hrsg.), Trends of Economic Development in East Asia, Berlin 1989

He, Wei; Wei, Jie (Hrsg.)(1992), Reformtheorien berühmter chinesischer Wirtschafts- wissenschaftler, Beijing 1992

Heinen, Hjalmar (1982), Ziele multinationaler Unternehmen, Wiesbaden 1982

Hemberger, H. (1974), Direkte Auslandsinvestitionen --- Elemente der Entscheidungs- prozesse und Eklärungsansätze, Frankfurt 1974

Hemmer, Hans-Rimbert (1987), Ökonomische und politische Vorbedingungen trans- nationaler Unternehmen in Entwicklungsländern, in: Em, Jürgen u.a., Transnationale Un- ternehmen im Blickfeld der Entwicklungspolitik, Köln 1987, S. 19-29

Herrmann-Pillath, Carsten (1990), China zwischen "Kapitalistischem Sozialismus" und "Sozialistischem Kapitalismus"? --- Notwendigkeit und Grenzen ordnungspolitischer Entscheidung, in: Cassel, Dieter (Hrsg.) Wirtschaftssysteme im Umbruch, München 1990, S. 294-326

Herrmann-Pillath, Carsten (1991), Institutioneller Wandel, Macht und Inflation in China, Baden-Baden 1991

Hirsch, Seev (1976), An International Trade and Investment Theory of the Firm, in: Oxford Economic Papers, Vol. 28, 1976, S. 258-270

Ho, Alfred K. (1990), Joint Ventures in the People's Republic of China --- Can Capita- lism and Communism Coexist?, New York 1990

Ho, Samuel P. S.; Huenemann, Ralph W. (1985), China's Open Door Policy, The Quest for Foreign Technology and Capital, Vancouver 1985

Holz, Carsten (1992), The Role of Central Banking in China's Economic Reforms, New York 1992

Hsu, Paul P. (1992), The Taiwan Experience and Future Prospects for Promoting Direct Foreign Investment in the Asia Pacific Region, Batam 1992

Hsu, Robert C. (1991), Economic Theories in China 1979-1988, New York 1991

Hu, Yebi (1994), China's Capital Market, Hong Kong 1994

Huan, Xiang; Dai, Lunzhang (1984), Weiterführung der Öffnungspolitik, in: Weltwirtschaft, Beijing 1984, S. 1-16

Huan, Xiang u.a. (1984), Weltwirtschaft, Beijing 1984

Huang, Weixin (1992), Economic Integration as a Development Device --- The Case of the EC and China, Saarbrücken 1992

Hymer, Stephen; Rowthorn, Robert (1970), Multinational Corporations and International Oligopoly, in: Kindleberger, Charles P. (Hrsg.), The International Corporation, Cambridge Ma. 1970, S.57-94

IHT (1994), China Reports Problem Loans Plaguing Banks, 2.9.1994, S. 15

IHT (1995), China Pledges to Repay Loans, 18.1.1995,
S. 9

Indische Botschaft (BRD) (1994), Indien Wirtschaftsnachrichten, Oktober 1994

IWF (1991), Determinants and Systemic Consequences of International Capital Flows, Washington D. C. 1991

IWF (1994a), World Economic Outlook, Washington D.C., May 1994

IWF (1994b), International Capital Markets --- Developments, Prospects and Policy Issues, Washington D.C., Sept. 1994

IWF (1994c), World Economic Outlook, Washington D.C., Oct. 1994

IWF (1994d), Economic Reform in China --- A New Phase, Washington D.C., Nov. 1994

Jacobson, Harold K.; Oksenberg, Michel (1990), China's Participation in the IMF, the World Bank, and GATT, Ann Arbor 1990

Jahrbuch der Shanghaier Wirtschaft (1987), Shanghai 1987

Jha, Prem S. (1980), India --- A political Economy of Stagnation, Bombay 1980

Ji, Chongwei (1982), Mehr Verwendung ausländischen Kapitals um den Wirtschafts-
aufbau zu beschleunigen, in: World Economic Herald (8.2.1982), Shanghai 1982

Jiang, Zemin (1993), Rede auf dem 14. Parteitag der KPCh, in: Li, Jingwen (Hrsg.),
China Economic Science Yearbook, Beijing 1993

Jonas, Rainer; Tietzel, Manfred (Hrsg.) (1976), Die Neuordnung der Weltwirtschaft,
Bonn 1976

Jungfer, Joachim (1991), Entwicklungs- und Schwellenländer auf dem Weg zur sozialen
Marktwirtschaft --- Taiwan, in: Dürr, Ernst (Hrsg.), Soziale Marktwirtschaft in Ent-
wicklungs- und Schwellenländern, Bern 1991

Jungk, Wolfgang (1978), Multinationale Unternehmen und Nationalsstaat ---Theoreti-
sche Ansätze zum Verhältnis von internationalisierter Produktion und Wirtschaftspolitik
hochentwickelter Industriestaaten, erläutert an der bundesdeutschen Politik gegenüber
Direktinvestitionen, Frankfurt 1978

Kaiser, M.; Wagner, N. (1986), Entwicklungspolitik, Bonn 1986

Kallwen, Paul-Bernhard (1987), Direktinvestitionen deutscher Unternehmen in Entwicklungsländern --- Theoretische Analyse und empirische Befunde, Frankfurt a.M.
1987

Kamath, Shyam J. (1990), Foreign Direct Investment in a Centrally Planned Economy:
The Chinese Case, in: Economic Development and Cultural Change, Vol. 39, Chicago
1990, S. 107-128

Kawack, Sung Y. (1972), A Model of U.S. Direct Investment Abroad: A Neoclassical
Approach, Western Economic Journal, Vol. 10, 1972, S. 373-383

Kelley, Lane; Shenkar, Oded (Hrsg.), International Business in China, London 1993

Kim, Si Joong (1992), Koreas Foreign Direct Investment: Major Characteristics and
Prospects, in: Economic Planning Board, Economic Bulletin of the Republic of Korea,
August 1992

Kim, Kyo Shik (1993), Measures to Promote Foreign Direct Investment in Korea, in:
OECD, Foreign Direct Investment between the OECD and the Dynamic Asian Economies, Paris 1993, S. 125-130.

Kim, Kwan S.; Ruccio, David F. (Hrsg.)(1985), Debt and Development in Latin America, Notre Dame 1985

Kindleberger, Charles P. (Hrsg.)(1970), The International Corporation, Cambridge 1970

Kindleberger, Charles P. (1987), International Capital Movements, Cambridge 1987

Kleinberg, Robert (1990), China's "Opening" to the Outside World -- The Experiment with Foreign Capitalism, San Francisco 1990

Klenner, Wolfgang (1981), Der Wandel in der Entwicklungsstrategie der VR China --- Umstrukturierung undd Reform in der chinesischen Wirtschaft seit 1978, Hamburg 1981

Klenner, Wolfgang (Hrsg.) (1989) Trends of Economic Development in East Asia, Berlin 1989

Knickerbocker, Frederick T. (1973), Oligopolitic Reaction and Multinational Enterprise, Boston 1973

Koo, Bohn Young (1985), The Role of Direct Foreign Investment in Korea's Recent Economic Growth, in: Galenson, Walter, Foreign Trade and Investment --- Economic Development in the Newly Industrialising Asian Countries, Wisconsin 1985

Koo, Bon Ho (1992), Sociocultural Factors in the Industrialization of Korea, San Francisco 1992

Kraus, Lawrence B. (1985), Introduction, in: Galenson, Walter, Foreign Trade and Investment --- Economic Development in the Newly Industrialising Asian Countries, Wisconsin 1985, S. 259 ff.

Kraus, Willy (1991), Private Business in China, London 1989

Kraus, Willy (1994), Plan und Markt im Transformationsprozeß der Volksrepublik China, in: Herrmann-Pillath, Carsten u.a. (Hrsg.), Marktwirtschaft als Aufgabe --- Wirtschaft und Gesellschaft im Übergang vom Plan zum Markt, Stuttgart 1994, S. 99-121

Krueger, Anne O. (1984), The Developing Countries Role in the World Economy, in: Frenkel, Jacob A.; Mussa, Michael L. (Hrsg.) (1984), The World Economic System: Performance and Prospects, Dover 1984, S. 63-83

Krueger, Anne O. (1986), Aid in the Development Process, in: World Bank, Research Observer, Vol. 1, Nr. 1, Washington D.C. 1986, S. 63-67

Krug, Barbara (1993a), Chinas Weg zur Marktwirtschaft
--- Eine politisch-ökonomische Analyse der Wirtschaftstransformation 1978-1988, Marburg 1993

Krug, Barbara (1993b), Die Wechselwirkungen zwischen politischem Umfeld und Wirtschaftsreformen, in: Bohnet, Armin, Chinas Weg zur Marktwirtschaft --- Muster eines erfolgreichen Reformprogramms, Bd. 1, Münster 1993, S. 21-43

Kuhn, Robert L.(Hrsg.)(1990), International Finance and Investing, Homewood 1990

Kung, James K. S. (1987), Beyond Subsistence: The Role of the Collectives in Rural Economic Development in Post-Mao China --- An Exploratory Village Study in South China, in: Chai, Joseph C.H.; Leung, Chi-Keung (Hrsg.) China's Economic Reforms, Hong Kong 1987, S. 293 ff.

Kuo, Shirley W. Y.; Fei, C. H. (1985), Clauses and Roles of Export Expansion in the Republic of China, in: Galenson, Walter, Foreign Trade and Investment --- Economic Development in the Newly Industrialising Asian Countries, Wisconsin 1985, S. 45-84

Kuznets, Paul W. (1977), Economic Growth and Structure in the Republic of Korea, New Haven 1977

Kuznets, Paul W. (1994), Korean Economic Development --- An Enterprise Model, London 1994

Lachmann, Werner (1994), Entwicklungspolitik, Bd. 1, München 1994

Lall, Sanjaya (1993), Foreign Direct Investment in South Asia, in: Asian Development Review (ADB), Vol. II, No. 1, Manila 1993, S. 103-119

Lall, Sanjaya; Streeten, Paul (1977), Foreign Investment, Transnationals and Developing Countries, London 1977

Langhammer, Rolf J.; Hiemenz, Ulrich (1990), Regional Integration among Developing Countries: Opportunities, Obstacles and Options, Tübingen 1990

Lardy, Nicholas R. (1987), China's Entry into the World Economy, New York 1987

Lardy, Nicholas R. (1992), Foreign Trade and Economic Reform in China 1978-90, Cambridge 1992

Lee, Kuen (1991), Chinese Firms and the State in Transition, Property Rights and Agency Problems in the Reform Era, New York 1991

Lee, Chung L.; Ranstetter, Eric (1991), Direct Investment and Structural Change in Korean Manufacturing, in: Ranstetter, Eric (Hrsg.), Direct Foreign Investment in Asia's Developing Economies and Structural Change in the Asia Pacific Region, Boulder 1991

Leipold, Helmut (Hrsg.)(1975), Sozialistische Marktwirtschaften --- Konzeptionen und Lenkungsprobleme, München 1975

Leipold, Helmut (1983), Eigentum und wirtschaftlich-technischer Fortschritt, Köln 1983

Leipold, Helmut (1988), Wirtschafts- und Gesellschaftssystem im Vergleich --- Grundzüge einer Theorie der Wirtschaftssysteme, Stuttgart 1988

Leipold, Helmut (1992), Transaktionskostentheorie, in: Schüller, Allfred; Krüsselberg, Hans-Günter (Hrsg.), Grundbegriffe zur Ordnungstheorie und politischen Ökonomik, 3. Aufl., Marburg 1992, S. 104-108

Lele, Uma; Nabi, Ijaz (Hrsg.)(1991), Transitions in Development --- The Role of Aid and Commercial Flows, San Francisco 1991

Li, Bo (1988), Wirtschaftspolitische Rahmenbedingungen und ausländische Direktinvestitionen in der V.R. China, Kiel 1988

Li, Debin (1987) Wirtschaftsgeschichte der V.R. China, Beijing 1987

Li, Fengjiang (1990), Analysis of China's Macroeconomic Policy Decisions on Patterns of Using Foreign Funds, in: World Economy Study, H. 5, Shanghai 1990

Li, Jingwen, u.a. (Hrsg.) (1993), China Economic Science Yearbook, Beijing 1993

Li, Jinyan (1990), Taxation in the People's Republic of China, New York 1990

Li, Lunshu (1992), Rationalisierung der alten Betriebe durch Verwendung ausländischen Kapitals, in: Deng, Liqun, Almanach der wirtschaftlichen Strukturreform Chinas, Beijing 1992, S.717-719

Li, Xianglin (1993), Verwendung ausländischen Kapitals und Investitionen im Ausland, Beijing 1993

Li, Yining (1989), A Guide to Chinas Economic Reform, Beijing 1989

Li, Yining (1992) Funktionsweise der Warenwirtschaft Chinas, Beijing 1992

Lim, Linda Y. C.; Fong, Pang Eng (1991), Foreign Direct Investment and Industrialisation in Malaysia, Singapore, Taiwan and Thailand, Paris 1991

Lin, Shuzhong (1993), Die Verwendung ausländischen Kapitals und die Entwicklung der Outward-led Wirtschaft, 3. Auflage, Beijing 1993

221

Liu, Guoguang (1992), Zielsetzung und Umstellung der chinesischen Reform, in: He, Wei; Wei, Jie, Reformtheorien berühmter chinesischer Wirtschaftswissenschaftler, Beijing 1992, S. 23-45

Liu, Shangxi (1994), Nicht-staatliche Wirtschaft: Chinas zukünftige Wirtschaftsakteure, in: Finance & Trade Economics, Mai 1994, S. 14-19

Liu, Xiangdong u.a. (1993), Kompaß für die Außenhandels- und Außenwirtschaftspolitik Chinas, Beijing 1993

Long, Ngo Van; Siebert, Horst (1989), Optimal Foreign Borrowing: The Impact of the Planning Horizon on the Half und Full Debt Cycle, Kiel 1989

Louven, Erhard (1988), Die Wirtschaftspolitik der VR China, in: Aus Politik und Zeitgeschichte, Januar 1988

Ma, Hong u.a. (1993), Was ist Sozialistische Marktwirtschaft?, Beijing 1993

Ma, Kai (1987), Wage Reform and Economic Efficiency, in: Chai, Joseph C.H.; Leung, Chi-Keung, Chinas Economic Reforms, Hong Kong 1987

Machlup, Fritz (1977), A History of Thought on Economic Integration, New York 1977

Mao, Tse-tung (1964), Ausgewählte Werke, Beijing 1964

Marsh, Felicity (1983), Japanese Overseas Investment --- The New Challenge, The Economist Intelligence Unit, Special Report No. 142, London 1983

Mayrzedt, Hans u.a. (1981), Perspektiven des Nord-Süd-Dialogs und internationale Verhandlungsmechanismen, Köln 1981

Meier, Gerald M. (1989), Leading Issues in Economic Development, 5. Aufl., New York 1989

Miller, Lyman (1994), China's Reformist Road Looks Safe from a Soviet-Style Breakup, IHT v. 17.-18.9.1994

Millington, Ann (1990), Rescheduling Sovereign Debt, in: Terry, Brian (Hrsg.), International Finance and Investment -- Multinational Corporate Banking, London S. 479-518.

Morgan, Maria C. (1991), Decentralization in China: The Special Economic Zones as Legacy of an Unresolved Policy Dilemma, in: Romich, Manfred F. (Hrsg.), Wirtschaftsreform und gesellschaftliche Entwicklung --- China im zweiten Jahrzehnt nach Mao, Frankfurt a.M. 1991, S. 75-106

MTI (Ministry of Trade and Industry) (1988), Economic Survey of Singapore 1987, Singapore 1988

Müller, Anton P. (1993), Zwischen Schuldenerlaß und Staatsbankrott --- Brasilien in der permanenten Zahlungskrise, in: Aus Politik und Zeitgeschichte, B 39/91, September 1993

Müller, Christian (1990), Exportorientierte Direktinvestitionen in die V.R. China, Berlin 1990

Müller, Frank (1993), Entwicklung und Funktionsweise verschiedener Eigentumsformen in der V.R. China, in: Bohnet, Armin (Hrsg.), Chinas Weg zur Marktwirtschaft - Muster eines erfolgreichen Reformprogramms?, Bd. 1, Münster Hamburg 1993, S. 233-300

Mun, Kin-Chok (1990), Stakeholders in the Chinese Enterprise: An Examination of Li Yining's Ownership Reform Model, in: Campbell, Nigel (Hrsg.), Advances in Chinese Industrial Studies, Vol. 1, 1990 (Part A), Greenwich 1990

Münzel, Frank (1989), Unternehmens-und Gesellschaftsrecht in der V.R. China, Hamburg 1989

Murphy, Kevin (1994), China's Cool Down Debate Heats Up, in: IHT (4.11.94), S. 11.

Myint, H. (1971), Economic Theory and the Underdeveloped Countries, London 1971

Myrdal, Gunnar (1989), Ursache und Ergebnis der Korruption in Südostasien, Peking 1989

Nafziger, W. (1978), Class, Caste and Entrepreneurship, Honolulu 1978

Nafziger, W. (1986), Entrepreneurship, Equity, and Economic Development, Greenwich 1986

Neuberger, Egon; Duffy, William (1976), Comparative Economic Systems --- A Decision-Making Approach, Boston 1976 (Beijing 1986)

Nunez, Wilson P. (1990), Foreign Direct Investment and Industrial Development in Mexico, Paris(OECD) 1990

Nunnenkamp, Peter (1989), Bank Lending to Developing Countries in the 1980s --- An Empirical Test of Major Hypotheses on Voluntary and Involuntary Lending, Kiel 1989

Nunnenkamp, Peter (1991), Überschuldung von Entwicklungsländern --- Nach fast 10 Jahren eine Lösung in Sicht?, in: Zeitschrift für Wirtschaftspolitik, Jg. 40 (1991), Heft 2,

S. 139-156

Nurkse, Ragnar (1935), Internationale Kapitalbewegungen, Wien 1935

Oberhänsli, Herbert (1992), Foreign Direct and Local Private Sector Investment Shares in Developing Countries: The Impact on Investment Efficiency, in: Aussenwirtschaft, 4. Jg., Heft I, Zürich 1992, S. 34-54

OECD (DAC) (1985), Development Cooperation 1985 Review, Paris 1985

OECD Sekretariat (1986), Foreign Direct Investment in Developing Countries, in: Friedrich, Alexander G. (Hrsg.), Foreign Direct Investment and Development, Berlin 1986

OECD (1992), DAC Principles for Effective Aid, Paris 1992

Ohlin, Bertil (1933), Interregional and International Trade, Cambridge Ma., 1933

Osborne , Michael (1986), China's Special Economic Zones, Paris (OECD) 1986

Overholt, William D. (1994), Gigant der Zukunft --- Chinas Wirtschaft vor dem großen Sprung, München 1994

Page, John (1994), Das ostasiatische Wirtschaftswunder: Schaffung einer Wachstums-basis, in: Finanzierung und Entwicklung, März 1994, S. 3-5

Park, Eul Yong (1985), Foreign Economic Policies and Economic Development, in: Koo, Youngnok; Han, Sung-Joo (Hrsg.), The Foreign Policy of the Republic of Korea, New York 1985

Park, Young-Chul (1986), Koreas Experience with External Debt Management, in: Smith, Gordon W.; Guddington, John T. (Hrsg.), International Debt and the Developing Countries, Washington D.C., 1986, S. 289-327

Park, Young-Chul (1991), The Development of Financial Institutions and the Role of Government in Credit Allocation, in: Cho, Lee-Jay; Kim, Yum-Hyung (Hrsg.) Economic Development in the Republic of Korea - A Policy Perspective, Hawaii 1991

Pearson, Margaret M. (1991), Joint Ventures in the People's Republic of China --- The Control of Foreign Direct Investment, Princeton 1991

Peebles, Gavin (1991), Money in the People's Republic of China --- A Comparative Perspective, Sydney 1991

People's Daily (1994), Erfolg der chinesischen Unternehmensreform, 14.9.1994, S. 2

Phylaktis, Kate; Pradhan, Mahmood (1990), International Finance and the Less Developed Countries, London 1990

Porter, Michael E.(1990), The Competitive Advantage of Nations, in: Harvard Business Review 1990, March/April S. 73-93

Priebe, Herrmann (Hrsg.)(1974), Beiträge zur Beurteilung von Entwicklungsstrategien, Berlin 1974

Prybyla, Jan S. (1987), Market and Plan under Socialism: The Bird in the Cage, Stanford 1987

Rana, Pradumna B.; Dowling, Malcolm J. jr. (1988), The Impact of Foreign Capital on Growth: Evidences from Asian Development Countries, in: The Developing Economies, XXVI-1, March 1988

Ranis, Gustav; Schive, Chi (1985), Direct Foreign Investment in Taiwan's Development, in: Galenson, Walter (Hrsg.), Foreign Trade and Investment --- Economic Development in the Newly Industrializing Asian Countries, Madison 1985

Reddy, K. J. (1988), Foreign Direct Investment in India, in: ADB, Foreign Direct Investment in the Asian and Pacific Region, Manila 1988

Rieger, Hans Ch. (1989), Aktuelle Trends in der indischen Wirtschaftspolitik und Wirtschaftsentwicklung, in: Draguhn, Werner (Hrsg.) Indien in den 90er Jahren --- Politische, soziale und wirtschaftliche Rahmenbedingungen, Hamburg 1989, S. 83-104

Richter, Peter (1974), Der Kapitaltransfer in die entwickelten Länder --- Theoretische und empirische Analyse seiner Wohlstandswirkung, Berlin 1974

Rinsche, Günter (1993), Globalisierung und Interdependenz --- Neue Herausforderung für Europa, in: Konrad-Adenauer-Stiftung, Politischer Wandel in Asien, Bonn 1993, S. 4-17

Riskin, Carl (1987), China's Political Economy, New York 1987

Roe, Alan; Roy, Jayanta (1989), Trade Reform and External Adjustment --- The Experiences of Hungary, Poland, Portugal, Turkey, and Yugoslavia, Washington D.C. 1989

Romich, Manfred F. (Hrsg.) (1991), Wirtschaftsreform und gesellschaftliche Entwicklung --- China im zweiten Jahrzehnt nach Mao, Frankfurt a.M. 1991

225

Ruffin, Roy J. (1993) The Role of Foreign Investment in the Economic Growth of the Asian and Pacific Region, in: Asian Development Review, Vol. 11, No. 1, 1993, S. 1 ff.

Safarian, Edward (1992), Direct Investment Issues for the 1990s --- An Overview, Batam 1992

Sakong, Il (1993), Korea in the World Economy, Washington D.C. 1993

Samuelson, Paul A.; Nordhaus, William D. (1989), Economics, 13. Aufl., New York 1989

Sander, Harald (1988), Das internationale Schuldenmangement und die Autonomie der Schuldnerländer, in: Die internationale Verschuldung der Entwicklungsländer im Konfliktfeld von Schuldner-Gläubigerinteressen und multilateraler Auflagenpolitik, Bochum 1988

Sanders, Martin H.; Secchi, Carlo (1974), Private Foreign Investment in Developing Countries --- A Quantitative Study on the Evaluation of the Macroeconomic Effects, Boston 1974

Sankar, T. L.; Reddy, Y. (1991), Privatisation of Activities and Enterprises in the Public Sector in India, in: Gouri, Geeta, Privatisation and Public Enterprise --- The Asia-Pacific Experience, New Delhi 1991

Scharping, Thomas (1988), Auf der Suche nach dem Sozialismus chinesischer Prägung, in: Aus Politik und Zeitgeschichte, Januar 1988

Schmiegelow, Michèle (1991), The Asian Newly Industrialized Economies: An Universal Model of Action, in: L' Asie et le Pacifique, Vol. XL, No. 1, Brüssel 1991, S. 131 ff.

Schröder, Jürgen (1993), Die Reform des Bankensystems und der Finanzmärkte in der VR China, in: Bohnet, Armin (Hrsg.), Chinas Weg zur Marktwirtschaft --- Muster eines erfolgreichen Reformprogramms, (Bd. 2), Giessen 1993, S. 89-170

Schüller, Allfred (1992), Wirtschaftsordnung - Ordnungstheorie, in: Schüller, Allfred; Krüsselberg, Hans-Günter (Hrsg.), Grundbegriffe zur Ordnungstheorie und politschen Ökonomik, 3. Aufl., Marburg 1992, S. 1-11

Schüller, Margot (1993), Chinas Wirtschaft in den neunziger Jahren, in: China aktuell, April, Hamburg 1993, S. 347 ff.

Schultz, Theodore W.(1971), Investment in Human Capital: The Role of Education and

Research, New York 1971

Schultz, Theodore W. (1980), Investing in People: The Economics of Population Quality, Berkeley 1980

Schweickert, Rainer (1989), Government Regulations, External Financing, and Economic Performance: The Case of Korea, Kiel 1989

Shen, Jueren (1992), Contemporary Foreign Trade of China, Beijing 1992

Shenzhen, Special Economic Zone Yearbook (1993), Shenzhen 1993

Sieber, Eugen H. (1966), Die internationale Unternehmung, in: Engelleiter, H. J. (Hrsg.) Gegenwartsfragen der Unternehmensführung, Berlin 1966

Smith, Gordon W.; Cuddington, John T. (Hrsg.)(1985), International Debt and Developing Countries --- A World Bank Symposium, Washington D.C. 1985

Solow, Robert (1957), The Technical Change and the Aggregate Production Function, in: Review of Economics and Statistics, Vol. 39, No.3, 1957, S. 313-320

Song, Yangxi (1992), Eigentumsrecht ist das ewige Thema der Wirtschaftsreform, in: He, Wei; Wei, Jie, Reformtheorien berühmter chinesischer Wirtschaftswissenschaftler, Beijing 1992, S. 661-686

Song, Dae Hee (1991), Privatisation and Private Enterprise in the Republic of Korea, in: Gouri, Geeta, Privatisation and Public Enterprise --- The Asia-Pacific Experience, New Delhi 1991, S.583-594.

Song, Byung-Nak (1990), The Rise of the Korean Economy, Hongkong 1990

Statistisches Jahrbuch Chinas (1993), Beijing 1993

Statistisches Jahrbuch Chinas (1994), Beijing 1994

Stehn, Jürgen (1992), Ausländische Direktinvestitionen in Industrieländern --- Theoretische Erklärungsansätze und empirische Evidenz, Tübingen 1992

Stevens, Guy V. (1969), U.S. Direct Manufacturing Investment to Latin America: Some Economic and Political Determinants, Washington 1969

Strohm, Gunther Veit (1991), Direktinvestitionen in ausgewählten sozialistischen Ländern unter besonderer Berücksichtigung von Equity-Joint Ventures in der V.R. China, Frankfurt a.M. 1991

Su, Zhenxing (1987), Strategien der Wirtschaftsentwicklung in Latein Amerika, Beijing 1987

Tálas, Barna (1991), Economic Reforms and Political Reform Attempts in China 1979-1989, Berlin 1991

Tambunlertchai, Somsak; Ranstetter, Eric D. (1991), Foreign Firms in Promoted Industries and Structural Change in Thailand, in: Ranstetter, Eric (Hrsg.), Direct Foreign Investment in Asia's Developing Economies and Structural Change in the Asia Pacific Region, Boulder 1991

Tang, Fengyi (1992), Orientierung und Basis der chinesischen Reform, in: He, Wei; Wei, Jie, Reformtheorien berühmter chinesischer Wirtschaftswissenschaftler, Beijing 1992

Tang, Zongkun (1992), Eigentumsreform in der Staatswirtschaft, in: He, Wei; Wei, Jie, Reformtheorien berühmter chinesischer Wirtschaftswissenschaftler, Beijing 1992, S. 687-710

Taubmann, Wolfgang, Widmer, Urs (1987), Supply and Marketing in Chinese Cities: Reforms in the Urban Commercial System, in: Chai, Joseph C. H.; Leung Chi-Keung (Hrsg.) China's Economic Reforms, Hong Kong (1987), S. 293 ff.

Teng, Weizao; Wang, N.T.(Hrsg.) (1988), Transnational Corporations and China´s Open Door Policy, Lexington 1988

Terry, Brian J. (Hrsg.) (1987), International Finance and Investment --- Multinational Corporate Banking, London 1987

The China Investment Guide (1989), 4. Aufl., Hong Kong 1989

Thiel, Elke (1990), Weltwirtschaftlicher Wandel und internationale Wirtschaftsordnung, in: Bundeszentrale für politische Bildung, Wirtschaftspolitik, Bd. 292, Bonn 1990, S. 459-458.

Thieme, Jörg H.(1988) Wirtschaftssysteme, in: Bender, Dieter u.a., Vahlens Kompendium der Wirtschaftstheorie und Wirtschaftspolitik, Bd.1, 3. Aufl., München 1988

Thieme, Jörg H.; Vollmer, Uwe (1990), Internationale Integration der Finanzmärkte: Wirtschaftspolische Herausforderungen durch liberalisierten Kapitalverkehr?, in: Cassel, Dieter (Hrsg.), Wirtschaftssysteme im Umbruch, München 1990, S. 47-71

Thirlwall, A. P. (1989), Growth and Development, 4. Aufl., London 1989

Timmermann, Vincenz (1982), Entwicklungstheorie und Entwicklungspolitik, Göttingen

1982

UN (1992a), World Investment Report --- Transnational Corporations as Engines of Growth, New York 1992

UN (1992b), World Investment Directory --- Asia and the Pacific, Vol. 1, New York 1992

UN (1992c), China --- Towards Sustainable Growth, Oxford 1992

UN (1993), World Investment Report --- Transnational Corporations and Integrated International Production, New York 1993

UN (1994), World Investment Report --- Employment and the Workplace, New York 1994

Urata, Shujiro (1993), Globalization and Regionalization in the Pacific-Asia Region, in: Business & the Contemporary World, Vol. V, Nr. 4, Berlin 1993, S. 26-46

Vernon, Raymond (1966), International Investment and International Trade in the Product Cycle, in: The Quarterly Journal of Economics, Vol. 80, 1966, S.190-207

Waltz, Kenneth N. (1970), The Myth of National Interdependence, in: Kindleberger, Charles P. (Hrsg.), The International Corporation, Cambridge, MA. 1970, S. 205-227

Wang, N. T. (1967), New Proposals for the International Finance of Development, Princeton 1967

Wang, N. T. (Hrsg.) (1980), Business with China --- An International Reassessment, New York 1980

Wang, N. T. (1984), China's Modernization and Transnational Corporations, Lexington 1984

Wang, Jianxin (Hrsg.) (1993), Vierzehn Jahre der chinesischen Reform, Beijing 1993

Warner, Malcolm (Hrsg.) (1978), Management Reforms in China, London 1978

Weggel, Oskar (1981), China zwischen Revolution und Etikette, München 1981

Weggel, Oskar (1988), Die Modernisierung der Institutionen und des Rechtssystems, in: Aus Politik und Zeitgeschichte, Januar 1988, S. 13 ff.

Welfens, Paul J. (1990a), Internationalisierungsprozesse auf Unternehmensebene und

Politiksystem: eine Analyse der Interdependenz von Wirtschaft und Politik, Zeitschrift für Wirtschaftspolitik, Vol. 39, H.2, Köln 1990

Welfens, Paul J. (1990b), Internationalisierung von Güterproduktion und Ressourceneinsatz, Wirtschaftspolitsche Herausforderung durch Standort-Wettbewerb offener Volkswirtschaften?, in: Cassel, Dieter (Hrsg.), Wirtschaftssysteme im Umbruch, München 1990, S. 17-46

Wells, Louis T. jr.; Wint, Alvin G. (1990), Marketing a Country --- Promotion as a Tool for Attracting Foreign Investment, Washington D.C. 1990

Weltbank (1975), Die Weltbankgruppe, Zielsetzung und Arbeitsweise, Washington D.C. 1975

Weltbank (1980), Weltentwicklungsbericht, Washington D.C. 1980

Weltbank (1984), Weltentwicklungsbericht, Washington D.C. 1984

Weltbank (1985), Weltentwicklungsbericht, Washington D.C. 1985

Weltbank (1987), Weltentwicklungsbericht 1987, Washington D.C. 1987

Weltbank (1990), Industry and Energy Department, Technology Strategy and Policy for Industrial Competitions, A Case Study of Thailand, Washington D.C. 1990

Weltbank (1990b), World Tables, Baltimore 1991

Weltbank (1991), Trends in Developing Economies, Washington D.C. 1991

Weltbank (1991b), China --- Between Plan and Market, Washington D. C. 1991

Weltbank (1992), World Bank Support for Industrialization in Korea, India and Indonesia, Washington D.C. 1992

Weltbank (1993), World Debt Tables, Washington D.C. 1993

Wentzel, Dirk (1992), Transformation von Wirtschaftssystem, in: Schüller, Allfred; Krüsselberg, Hans-Günter (Hrsg.), Grundbegriffe zur Ordnungstheorie und politischen Ökonomik, 3. Aufl., Marburg 1992, S. 163-165

Werner, Horst (1978), Internationale Kapitalbewegungen --- Ordnungsprobleme internationaler Kapitalmärkte, in: Gröner, H.; Schüller, A., Internationale Wirtschaftsordnung, Stuttgart, New York 1978, S. 193-213

White, Gordon (1987), Labour Market Reform in the Chinese Industry, in: Warner, Malcolm (Hrsg.) Management Reforms in China, London 1987

Wiemann, Jürgen (1983), Selektiver Protektionismus und aktive Strukturanpassung, Berlin 1983

Wiemann, Jürgen (1987), Indien --- Selbstfesselung des Entwicklungspotentials, Berlin 1987

Williams, E. E. (1990), Collective Property Right, in: Campell, Nigel (Hrsg.), Advances in Chinese Industrial Studies, Vol. 1, Part B, Greenwich 1990, S.247-265

Wilmore, Larry N. (1986), The Comparative Performance of Foreign and Domestic Firms in Brasil, in: World Development, Vol. 14, No. 4, 1986, S. 489-502

Wöhe, Günter; Bilstein, Jürgen (1986), Grundzüge der Unternehmensfinanzierung, München 1986

Woo, Henry K. H. (1991), Effective Reform in China - An Agenda, New York 1991

Wu, Jinglian (1992), Wesen der Reform: Transformation von der zentralen Planwirtschaft in die Marktwirtschaft, in: He, Wei; Wei, Jie, Reformtheorien berühmter chinesischer Wirtschaftswissenschaftler, Beijing 1992, S. 416-443

Wu-Beyens, I-Chuan (1991), The Years of Reform in China: Economic Growth Versus Modernization, in: L' Asie et le Pacifique, Vol. XL, No. 1, Brüssel 1991, S.101 ff.

Xiao, Zhuoji (1992), Einführung in die chinesische Wirtschaft, Beijing 1992

Xu, Dixin (1981), Charakter der Wirtschaft in Sonderwirtschaftszonen, in: World Economic Herald (15.6.1981), Shanghai 1991

Xue, Muqiao, Ziel der Reform ist die Erholung der Produktivität, in: He, Wei; Wei, Jie, Reformtheorien berühmter chinesischer Wirtschaftswissenschaftler, Beijing 1992, S. 1-22

Yang, Peixin (1992), Festlegung des VVS um die goßen staatlichen Unternehmen wiederzubeleben, in: He, Wei; Wei, Jie, Reformtheorien berühmter chinesischer Wirtschaftswissenschaftler, Beijing 1992, S. 605-619

Yin Jieyan (1991), Handbook of China's Foreign Exchange Practice, Beijing 1991

Yoshino, Michael (1975), Emerging Japanese Multinational Enterprises, in: Vogel, Ezra F., Modern Japanese Organization and Decision Making, Berkeley 1975

Yu, Guangyuan, Über die Wirtschaftsreform Chinas, Beijing 1985

Yuan, Chongwu (1993), Reform des betrieblichen Arbeitssystems in China, in: Arbeits-jahrbuch Chinas (1990-91), Beijing 1993

Yue, Bing (1991), Globalsteuerung in der Sozialen Marktwirtschaft und ihre Anwend-barkeit im Modernisierungsprozeß der Volksrepublik China, Frankfurt a.M., 1991

Yue, Chia Siow (1985), The Role of Foreign Trade and Investment in the Development of Singapore, in: Galenson, Walter, Foreign Trade and Investment---Economic Deve-lopment in the Newly Industrialising Asian Countries, Wisconsin 1985, S. 259 ff.

Yue, Chia Siow (1993), Foreign Direct Investment in ASEAN Economies, in: ADB, Asian Development Review, Vol. 11, No. 1, 1993 S. 60 ff.

Zhang, Bingliang (1989), Öffnung nach Außen mit chinesischen Besonderheiten, in: Theoretische Studien, Vol. 10, S. 10-17.

Zhang, Minru (Hrsg.)(1993), Studie über die Anwendung ausländischen Kapitals in Shenzhen, Shenzhen 1993, S. 25

Zhang, Weibin (1992), A Development Model of Developing Economies with Capital and Knowledge Accumulation, in: Journal of Economics, Vol. 55, No.1, Stockholm 1992, S. 43-63

Zhang, Zhouyuan (1993), in: Li, Jingwen u.a. (Hrsg.), China Economic Science Year-book, Beijing 1993

Zhang, Zuoqian (1992), GATT und China, Guangzhou 1992

Zhao, Haikuan (1987), Reform of China's Banking System, in: Chai, Joseph C.H.; Leung, Chi-Keung (Hrsg.), China's Economic Reforms, Hong Kong 1987

Zhou, Shulian (1992), Meine Ansicht über die Reform der staatlichen Unternehmen, in: He, Wei; Wei, Jie, Reformtheorien berühmter chinesischer Wirtschaftswissenschaftler, Beijing 1992, S.586-504

Jianmin Wang

Ordnungskonzeptionen für die Wirtschaftsreform in der Volksrepublik China
Vergleichende Analyse und Vorschlag einer Synthese der Planwirtschaft und der Sozialen Marktwirtschaft

Frankfurt/M., Bern, New York, Paris, 1990. 230 S., zahlr. Tab. u. Abb.
Europäische Hochschulschriften: Reihe 5, Volks- und Betriebswirtschaft. Bd. 1077
ISBN 3-631-42499-X   br./lam. DM 75.--*

Die marktwirtschaftsorientierte Wirtschaftsreform in China ist zunehmend von Inflation und Korruption begleitet. Es droht ein Rückschlag. Ein Grund dafür ist der allzu pragmatische Charakter der Reform. Ausgehend von einer ins einzelne gehenden Untersuchung und Gegenüberstellung von Theorie und Praxis der Planwirtschaft in China und der Sozialen Marktwirtschaft in der Bundesrepublik Deutschland wird eine Ordnungskonzeption für die Refom in China entwickelt. Um die inhärenten Probleme der Planwirtschaft systematisch lösen zu können, muß ein Leistungswettbewerb zwischen staatlichen Betrieben und privaten Unternehmen eingeführt werden. Zu diesem Zweck müssen staatliche Betriebe eine größere Selbständigkeit erhalten. Private Unternehmen dürfen nur im Fall eines Monopols oder wettbewerbswidrigen Verhaltens gegängelt werden. Weiter müssen die wirtschaftspolitischen Entscheidungsbefugnisse auf selbständige staatliche Institutionen aufgeteilt werden, die sich gegenseitig kontrollieren sollen. Dadurch kann die Machtkonzentration und damit der Machtmißbrauch durch den Staat verhindert werden. Schließlich müssen die Individuen durch staatliche Hilfe zur Selbsthilfe unabhängig gemacht und die Interessen der sozial schwächeren Schichten dadurch geschützt werden. Diese Synthese soll der Reform in China zum Durchbruch verhelfen.

Aus dem Inhalt: Die Planwirtschaft in der VR China · Die Soziale Marktwirtschaft in der Bundesrepublik Deutschland · Wirtschaftssysteme im Vergleich · Wirtschaftsreform in China · Vorschlag einer Ordnungskonzeption für die Reform in China

Peter Lang   **Europäischer Verlag der Wissenschaften**
Frankfurt a.M. • Berlin • Bern • New York • Paris • Wien
Auslieferung: Verlag Peter Lang AG, Jupiterstr. 15, CH-3000 Bern 15
Telefon (004131) 9402121, Telefax (004131) 9402131
- Preisänderungen vorbehalten - *inklusive Mehrwertsteuer